당당한 신입사원의 7가지 습관

당당한 신입사원의 7가지 습관

초판 1쇄 발행일 2017년 6월 26일
초판 2쇄 발행일 2021년 11월 8일

지은이 황진규
펴낸곳 도서출판 유심
펴낸이 이헌건

주소 서울 은평구 통일로 684 서울혁신파크 미래청 1동 303B(녹번동 5-29)
전화 0505.625.7979
팩스 02.6007.1725
URL www.bookusim.co.kr
등록 제2017-000077호(2014.7.8)

ISBN 979-11-87132-12-7 13320
값 14,000원

당당한 신입사원의 7가지 습관

황진규 지음

도서출판 유심

개 정 판　prologue

첫 책의
개정판을 내며

누구든 자신의 문제를 해결할 답은 이미 알고 있다!

벌써 6년이다. 이 책의 탈고를 끝낸 게 2011년이다. 6년이 지난 지금 개정판 서문을 쓰고 있다. 그 사이 내게는 많은 일들이 있었다. 직장을 그만두었고, 오래 묵혀둔 몇 개의 꿈을 이뤘고, 열 권의 책을 낸 저자가 되었다. 그 6년 동안 나의 첫 책, 《당당한 신입사원의 7가지 습관》은 많은 사람들에게 사랑을 받았다. 개정판 서문을 쓰려고 다시 읽어보니 부족한 부분이 많다. 그래서 많은 독자들이 보낸 준 관심과 애정에 그저 감사하고 고마울 따름이다.

출판사에서 개정판을 내면서 원고 전체를 다시 손보는 게 어떤지 물었다. '싫다'고 답했다. 고치고 싶은 부분이 없어서가 아니다. 다시 읽어보니 수정하고 싶은 부분이 한둘이 아니다. 하지만 그냥 두기로 했다. 우선 개인적인 이유 때문이다. 이 책은 분명 조금 거칠고 조금 부족하다. 하지만 그건 20대 후반부터 30대 중반까지 뜨거웠던 직장생활의 내 모습이다. 그 흔적을 그대로 두고 싶다. 나이가 들어 사진 속 옛 모습을 보며 과거를 추억하듯, 이 책 또한 그렇게 있는 그대로 남겨두고 싶다.

또 다른 이유가 있다. 이건 이 책을 읽는 여러분을 위한 배려다. 부족한 이 책이 왜 사람들에게 사랑받았는지 생각해보았다. 책의 내용이 훌륭해서는 아닐 게다. 직장에서 눈물, 콧물 흘리며 갓 대리를 달았던 선배가 절절하게 쓴 글이기 때문이라 믿고 있다. 그 펄떡거리는 생동감과 뭉클거리는 공감 때문에 많은 신입사원들이 이 책을 찾았을 거라 생각한다. 그 펄떡거리는 생동감과 뭉클한 공감 가득한 이 글을 세월과 성숙이란 이름으로 훼손하고 싶지 않다. 그것이야말로 독자에 대한 예의가 아닐 게다.

믿고 있는 삶의 진실이 하나 있다. '누구든 자신의 문제를 해결할 답은 이미 알고 있다'는 것이다. 믿지 못할 수도 있겠지만 사실이다. 중요한 건 '그 답을 실천할 용기가 있느냐'의 문제일 뿐. 그런데, 그 용기라는 것이 누군가 '이게 정답이야!'라고 말한다고 생기는 것이 아니다.

그 용기는 '이 사람도 그랬구나……'라는 한 사람의 삶을 통해 생긴다. 이 책의 내용은 다 믿지 마시라. 하지만 이 책이 전하는, 한 사람의 삶 속에 녹아 있는 생동감과 공감만은 충분히 느끼시라. 그렇게 용기를 내시라. 이것이 개정판을 내며 여러분께 드리고 싶은 이야기다.

직장 호신술을 위하여!

하나 더 이야기하고 싶은 것이 있다. 이 책의 활용법에 관한 것이다. 직장에서 상처받지 않는 사람은 없다. 하지만 어느 직장이건 가장 상처받는 건 분명 신입사원이다. 이제 갓 사회에 나와서 어리바리하고 서툰 것은 물론 업무에 관한 아무런 권한도, 지식도 없는 존재가 신입사원이다. 그러니 신입사원은 좌충우돌하며 적응하는 사이에 수많은 상처를 받을 수밖에 없다. 내가 직장을 떠나온 지 제법 시간이 흘렀지만 이 사실은 변하지 않았을 것이다.

이 책을 직장에서 큰 성취를 이루기 위해 사용할 수도 있다. 고백하자면, 6년 전에는 분명 그런 야심으로 이 책을 썼다. 이 책이 닿는 신입사원이라면 직장에서 큰 성취를 이루고 '당당한 신입사원'이 되기를 바라는 욕심이었다. 하지만 지금은 조금 다르게 이 책을 사용했으면 좋겠다. 큰 성취를 이뤄야만 당당할 수 있는 것은 아니다. 정글 같은 직장에서, 야수 같은 동료들 사이에서 자신의 몸 하나 정도만 잘 지킬 수 있어도 충분히 당당할 수 있다.

하지만 그것도 어디 쉽던가? 정글 같은 직장에서 아직 미숙하고 유약한 신입사원이 자신의 몸을 지키는 것은 녹록치가 않다. 업무를 떠넘기고, 책임도 떠넘기는 야수 같은 동료·상사들과 맞서기 위해 무엇이 필요할까? 호신술이 필요하다. 직장 호신술. 어떤 상황, 어떤 상대와 일을 하더라도 상처를 최소화하며 자신을 지킬 수 있는 호신술. 그런 호신술을 익힐 수만 있다면 당당한 신입사원이 될 수 있지 않을까? 요즘같이 힘든 세상, 그런 바람으로 이 책을 읽어도 좋겠다.

직장에서 남다른 성취를 꿈꾸는 신입사원도, 직장에서 상처받지 않고 자신의 몸 하나 건사하기를 바라는 신입사원도 모두 응원한다. 각자에겐 각자의 삶이 있는 것이니까. 어떤 신입사원이라도 상관없다. 바라는 것은 하나다. 이 책의 제목처럼, 어제보다는 조금 더 '당당한' 신입사원이 되기를 바란다. 누구에게 닿을지 모르는 유리병 편지 같은 이 글을 마무리하며 이 말을 전하고 싶다. "당신이 누구든 고된 삶 굽이굽이에서 한 번쯤 만날 수 있기를!"

2017년 초여름. '6년 후'의 황 진 규

초판 prologue

대한민국의
모든 신입사원에게

나는 '그저 그런' 신입사원이었다

"이놈의 회사 정말 때려치우고 싶다!"

나의 신입사원 시절을 한마디로 표현하는 말이다.

대한민국의 많은 신입사원이 그렇듯 나 역시 무엇이 그리도 못마땅했는지 당시에는 회사의 모든 게 싫었다. 왜 그랬을까? 그 모든 것은 우연히 화장실에서 들은 어떤 이야기에서 시작되었다.

"진규는 일하는 게 영 시원찮아. 일하는 게 답답해! 말귀도 잘 못 알아듣는 것 같고 말이야."

당시 나의 팀장이 동료 팀장에게 화장실에서 나를 평가하면서 했던 말이다. 그다지 특출나게 잘하는 것은 없었지만, 특별히 못한다고 핀잔 듣는 일은 없이 살아왔다. 그래서 그날 팀장의 나에 대한 평가는 더욱 충격이었다.

그 짧은 이야기는 내가 살아왔던 시간 동안의 자부심, 그리고 나름 일을 괜찮게 하고 있다는 스스로의 합리화를 깡그리 짓밟아 뭉개버렸다. 나는 참을 수 없이 화가 났다. 하지만 그 순간 냉정히 뒤돌아보니 나는 정말 할 줄 아는 것이라곤 없었고, 일이 안 되는 것은 내가 모자라서가 아니라 주위 여건이 좋지 않기 때문이라 여기는 피동적인 삶을 살고 있었다. 그리고 알게 되었다. 내가 그토록 분노했던 대상은 다른 누군가가 아닌 바로 나였음을.

취업의 한파가 불어닥친 2007년, 이런저런 행운으로 나는 꽤 괜찮은 대기업에 입사를 했다. 살면서 닥치는 일은 그때그때 잘 해왔다고 생각했고, 그래서인지 무엇이든 잘할 수 있다는 근거 없는 자신감 같은 것이 있었다. 하지만 지방대 출신으로 대기업에 입사했다는 자부심은 곧 자만심이 되었고, 그렇게 나는 아무런 준비 없이 신입사원이 되었다.

공대 출신이었던 나는 엔지니어로 입사했지만, 무엇인가 답답했고 새로운 일에 도전해보고 싶다는 막연한 기대감이 있었다. 행운의 여신이 도왔던 것일까, 때마침 회사에 마케팅팀이 신설되면서 그곳에 발탁되었다. 나는 망설이지 않았다. 두려움보다는 설렘이 컸고 무엇인가 새로운 인생이 기다리고 있을 것만 같은 기대감에 충만했다. 하지만 서울 생활 1년 만에 우울증이라는 것이 찾아왔다. 학창시절, 사춘기도 겪지 않았던 나였는데 말이다. 지금 생각해보면 당연한 결과였다. 의욕만 앞섰을 뿐 나는 아무것도 준비하지 못했다. 그 흔한 보고서 하나 제대로 만들지 못했으니 더 말해 무엇을 하겠는가. 직장인으로서 어느 것 하나 자신 있게 잘할 수 있는 것이 없음을 깨닫기 시작할 바로 그 무렵, 설상가상으로 화장실에서 나에 대한 팀장의 평가를 엿듣게 된 것이다. 다른 사람에게 숨기고 싶었던 상처, 아직 아물지 않은 상처를 누군가가 후비는 듯한 고통이었다. 원래 자존심이 강한 편이라 그 고통이 더욱 심했다.

그 일이 있은 후 나는 직장에서 급격히 위축되었고, 우울증의 증세가 시작되었다. 일을 할 때마다 사소한 실수라도 할까 봐 노심초사했고, 늘 주위의 눈치를 살피기에 바빴다. 말수도 적어지고 점점 자신감도 잃어갔다. 일요일 저녁에는 다음 날 회사에 가는 것이 두려워 혼자 자취방에 앉아 울기도 했다. 다른 사람에게 무시당하고 점점 자신감을 잃어가는 모습을 마주하는 것이 두려웠다. 항상 당당한 삶을 살고 싶었는데 그러지 못하는 내 자신이 너무 초라하고 한심해 보였다. 그렇게 나의 우울증은 점점 깊어졌다.

답답했고, 숨이 막혔다. 많은 고민 끝에 회사를 그만둬야겠다고 생각했다. 이대로는 내가 먼저 죽을 것 같았기 때문이다. 어느 날 밤 하염없이 흐르는 울음을 닦으며 밤새 사표를 썼다. 그리고 다음 날 가슴에 품은 사표를 내기 위해 회사를 갔다. 인생의 전환점을 앞둔 비장한 심정이었다.

하지만 회사에 들어서서 팀장의 얼굴을 보는 순간, 모든 결심이 무너졌다. 사고만 치던 아들이 대기업에 입사했다고 좋아하시던 어머니 얼굴, 나에게 전폭적인 지지를 아끼지 않던, 나에게는 절반의 엄마와도 같은 누나 얼굴, 힘든 삶을 살아내신 아버지 얼굴, 그리고 아무것도 가진 것 없는 초라한 미래의 내 얼굴이 마치 마법처럼 순식간에 내 머리를 스쳐 지나갔다. 그 사표는 내 책상 깊숙한 곳에 숨겨졌고, 나는 결국 회사를 떠나지 못했다.

두려움 때문에 사표를 내지 못했지만 비장한 마음만은 그대로였다. 어찌되었든 이대로는 안 된다는 결심뿐이었다. 어차피 그만둘 생각까지 한 마당이라 무리해서 회사에 일주일간 휴가를 냈다. 자전거를 타고 부산의 집까지 가기로 마음먹었다. 도착할 때까지 고민해보고, 그래도 아니라고 생각되면 회사를 그만둘 생각이었다.

자전거 한 대와 지도 한 장. 나는 서울에서 시작해 경기도, 충청도, 전라도, 경상도를 넘어 부산으로 국도변 500킬로미터를 내달리기 시작했다. 팔, 다리, 엉덩이 할 것이 없이 어디 하나 안 아픈 곳이 없었다. 하지만 이상하게도 마음만은 하루하루 가벼워졌다. 그러다 4일째 되던 날이었다. 전라도에서 경상도로 가기 위해 육십령 고개를 넘었다. 가파른 고갯길에 자전거를 끌고 올라가는 것이 정말 죽을 맛이었다. 끝이 없어 보이는 오르막길에 한여름 날씨까지 더해져 숨이 턱턱 막혔다. 겨우 천근만근 같은 자전거와 내 몸을 이끌고 육십령을 넘어 어느 여인숙에서 짐을 풀었다.

그때, 갑자기 이런 생각이 들었다.

"내가 정말 회사에서 열심히 해보기는 한 걸까?"

목표를 세우니 일이 재미있어졌다

문득 스스로에게 던진 그 질문의 답은 "아니다"였다. 순식간이었지만, 그 질문으로 머릿속에 깨달음이 스쳤다. 나는 힘든 고갯길을 오르는 것이 두려워 스스로에게 꼭 오를 필요는 없다며 자기합리화를 하고 있었다. 비겁한 선택을 하려고 한 것이다. 지금 그만두면 평생 후회할 일을 만들게 될 것이라는 생각이 들었다. 그 여인숙 방 안에서 스스로에게 다짐했다.

"1년만 미친 듯이 해보자. 그래도 안 되면 그때는 정말 미련 없이 그만두자."

그리고 남은 3일 동안 끝없이 펼쳐진 국도를 달리면서 어떻게 하면 미련 없이 일할 수 있을지 고민했다. 그렇게 나는 조금씩 변했다. 일을 잘할 수 있는 모든 방법을 동원했다. 주위 사람들은 어찌 일하는지 유심히 살피기 시작했고, 회사라는 곳이 어떤 곳인지 알기 위해 경영서적을 읽으며 공부했고, 업무의 전문지식을 익히기 위해 일에 빠져 들어갔다.

'5년 안에 회사에서 이름을 날릴 것이며, 10년 안에는 동종업계에서 최고가 되겠다'고 목표를 정했다. 목표는 일을 재미있게 만들었고, 나를 더욱 열정적이게 만들었다. 상황과 여건을 탓하는 대신 스스로에게 엄격해졌고 성과를 만드는 것에 집중했다. 그렇게 시간이 흘러 나는 대리가 되었다. 이제는 가끔 선배들도 내게 업무를 물어보고 도움을 요청하는 일이 많아졌지만, 다른 사람들이 진정으로 나를 인정하는지는 알 수 없다. 하지만 중요한 것은 이제 나 스스로에게 당당하다는 것이다. 업무에 자신이 있고, 내가 진정으로 회사에 공헌하는 사람이라 자부하게 되었다. 이것은 정말 중요한 변화였다. 예전엔 힘들기만 했던 일이 이제는 재미있고, 일에 재미를 붙이니 하루의 3분의 2가 즐거워졌다. 이런 변화들로 나는 감히 행복한 사람이 되었다고 말할 수 있다.

상사가 끌어주고 싶은 신입사원은 따로 있다

열병 같은 신입사원 시절을 겪고 난 뒤, 이제는 내가 신입사원을 가르쳐야 하는 시간이 되었다. 그들에게 나의 모습이 스쳐 지나갈 때도 있고, 나보다 더 힘들어 하는 친구들을 볼 때도 있다. 가끔은 신입사원들의 무책임함과 부주의함에 화가 나서 호되게 야단칠 때도 있지만, 나는 그들에게 기본적으로 애정이 있다. 나 역시 열병 같은 신입사원 시절을 겪었고, 그들의 모습에서 바로 얼마 전 나의 모습을 볼 수 있기 때문이다.

무엇이 문제인지조차 모르고 지나가는 신입사원들에게 퇴근 후 맥주 한잔하며 이런저런 이야기를 자주 해주었다. 그런 진솔하고 따뜻하며 때로는 따끔한 이야기들을 이제 사회에 첫발을 내딛는, 좀 더 많은 신입사원들에게 해주고 싶어서 이 글도 쓰게 되었다.

내가 그들에게 강조하는 것은 '회사가 인정하고 상사가 끌어주고 싶은 신입사원은 따로 있다'는 것이다. 회사와 상사가 바라는 건 착한 사원도 머리가 좋은 사원도 아니다. 신입사원은 백지 상태와도 같기 때문에 작은 마음가짐 하나만 바꿔도, 업무에 대한 태도만 바꿔도 평생의 커리어를 결정할 수 있다. 따라서 '얼마나' 잘해야 하는지가 아니라 '어떻게' 잘해야 하는지부터 고민해야 한다. 그 간단한 사실을 알지 못해 아등바등하며 출근하기 싫어 밤마다 우는 (실제로 우는 사람이 있을 거라 생각한다. 나 역시 그랬으니까) 신입들에게 나는 그 사실을 제대로 알려주고 싶다.

자신이 진정으로 성장하고 발전하고 싶은 신입사원들에게 이 책을 권하고 싶다. 이 책에 담겨 있는 7가지 습관이 단순한 위로나 가벼운 처세로 끝나지 않기를 바란다. 나의 한 시절과, 역경과, 깨달음과 체온이 담긴 실질적이고 구체적인 멘토링이다. 그때의 나처럼 조금은 설레고, 조금은 두렵게 직장생활을 시작하는 친구들이 입사 3년, 5년차가 되어도 이 책을 사무실 책상에 꽂아놓고 두고두고 도움을 받을 수 있었으면 좋겠다.

때로 따끔하여 듣기 거북한 내용이 있을지라도 행간의 애정을 헤아리기를 바란다. 일요일 저녁에 혼자 눈물을 흘리고 있을지 모르는 신입사원에게 조그만 도움이라도 되기를 희망하는 선배의 마음이라고 생각해주면 고맙겠다.

마지막으로 주말이면 책을 쓴다고 서재에서 컴퓨터와 씨름하느라 육아에 신경 쓰지 못한 나를 대신해 우리 사랑스런 아들 '주먹'이를 혼자 돌본 나의 아내 심유나 씨에게 진심으로 고맙고 사랑한다는 말을 전한다.

황 진 규

contents

신입사원이 가져야 할 **세 번째 습관**

현실을 인식하라

편한 것은 어디에도 없다

신입사원이 가져야 할 **네 번째 습관**

일하는 습관을 바꿔라

똑똑하게 일하고 제대로 인정받아라

contents

신입사원이
가져야 할
일곱 번째 습관

가치관을 키워라

그저 그런 월급쟁이로 살지 마라

epilogue

YES!!

신입사원이 가져야 할
첫 번째 습관

마음가짐을 바꿔라

치열한 밥벌이의 시작이다

당당한 신입사원의 7가지 습관

치열한 밥벌이의 시작이다

싫으면 그만둬라, 괜찮다

많은 사회 초년생들이 결정을 유보한다.
그만두고는 싶은데, 월급이 주는 안락함을 포기하기 싫은 것이다.
지극히 유아적인 발상이다.

죽어도 안 맞으면 그만둬라

매년 1월이면 많은 신입사원들이 청운의 꿈을 안고 회사로 온다. 저마다 다른 직장인의 모습을 꿈꾸며 회사에 적응한다. 그리고 대부분의 신입사원이 몇 달 지나지 않아 자신이 생각했던 직장의 이미지와 실제 그것과의 괴리감을 느낀다. 어떤 이는 그만두기도 하고 어떤 이는 남기도 한다. 가끔 신입사원들이 퇴사 여부를 상담해오는 경우가 있다. 그럴 때마다 나는 이렇게 이야기해준다.

"싫으면 그만둬도 된다."

짧은 이 한마디는 냉소나 빈정거림이 아니다. 진심이다. 정말 자신에게 맞지 않고 견디기 힘들면 그만둬야 한다. 나는 인생에 정답이 하나만 있다고 생각하지 않는다. 또 모든 일에는 장점과 단점이 함께 있다고 생각하는 사람이다. 산만하고 자유분방한 친구들은 창의적인 경우가 많았으며, 조직에 잘 적응하고 순응하는 사람들 중에는 성과 도출이 미약한 친구들도 있었다. 어떠한 경우든 장점과 단점은 항상 붙어 다니게 마련이다.

개인은 저마다의 기질과 성향이 있다. 하지만 기업의 문화는 모든 직장인의 성향과 기질을 고려하지 않으며 또 그럴 수도 없다. 더욱 슬픈 것은 개인의 기질과 성향은 쉽게 변할 수 있는 것이 아니라는 점이다. 산만하지만 창의적인 친구라면 전체의 규율과 규범을 중시하는 기업문화 속에서 얼마나 하루하루가 고통스럽겠는가? 또 성과 도출은 다소 미약하지만 조직에 잘 순응하는 친구들은 자유로운 기업문화를 바탕으로 하지만 성과 도출에 엄격한 기업에서는 얼마나 스트레스를 받겠는가?

사실 나도 처음에는 회사에 적응 못하는 신입사원들을 한심하게 생각했다. 성실하지 못하고, 책임감이 없고, 곱게 자라서 나약하다고만 여겼다. 하지만 B라는 신입사원과 함께하면서 내 생각이 잘못되었다는 것을 알게 되었다.

우리 회사는 전형적인 한국계 제조업체이다. 상명하복식 문화이고 회사 내에서 엄격히 지켜야 하는 규율이 존재한다. 아침 출근은 8시까지 반드시 해야 하고, 회사 내의 모든 행동은 상사에게 보고해야 한다. 이와 비슷한 조직체계를 하나 꼽는다면, 군대와 가장 유사하다. 이런 회사에 B가 신입사원으로 입사하게 되었다.

B는 자유분방하고 개성이 넘치는 친구였다. 자기주장에 거침이 없었으며, 상사들과도 격의 없는 대화를 하려고 하는 등 우리 회사의 기업문화에서는 다소 파격적인 친구였다. 때로는 출퇴근시간을 어길 때도 있었고, 업무시간에 말도 없이 사라졌다 돌아오곤 했다. 나는 B가 무책임하며 불성실하고 예의 없는 신입사원이라 생각했다. 나를 포함한 많은 선배나 상사들은 B의 행동에 야단을 치고, 핀잔을 주기도 했다.

하지만 B에게 단점만 있는 것은 아니었다. 한 번은 많은 분량의 자료를 정리하는 작업을 B에게 맡긴 적이 있는데, 그 전까지는 다들 아무 의심 없이 자료를 업무 진행 순서에 따라 날짜별로 관리를 해왔다. 하지만 B는 그것을 날짜 단위가 아니라 프로젝트 단위로 바꿔 정리해놓았다. 사실 자료를 찾을 때는 날짜별이 아니라 프로젝트 단위로 찾는 경우가 많았던 터라 자료를 찾는 시간이 줄어 효율적이 되었다. 간단한 것이기는 하지만 신입사원으로서 그런 업무 효율성을 높이는 발상을 하는 것은 쉽지도 않고, 그런 신입사원들이 많지도 않다.

이외에도 B가 자신의 업무를 진행하는 모습을 보고 있노라면 '아~ 저거 참신한데, 난 왜 저걸 생각 못했지?' 하는 생각이 들 때가 한 번씩 있다. 편견 없이 바라본 B의 장점은 나에게 큰 깨달음과 자극제가 되었다. 하지만 안타깝게도 그런 B의 업무적 장점보다도 B의 거침없는 행동이 더 부각되어, 사람들은 그가 신입사원으로서 부적절한 태도를 가지고 있다고 말했다.

그러던 어느 날 B가 나에게 커피를 한잔하자고 했다. 평소 다른 동료들과의 대화가 적었던 그였기 때문에 나는 B에게 어떤 심적 변화가 있다는 것을 직감적으로 알 수 있었다. 그리고 나의 직감은 그대로 들어맞았다. B는 회사를 떠나겠다고 말했다.

지금 생각하면 정말 어설픈 충고지만, 나는 이렇게 말했다.

"여기서 그만두면 딴 데서도 잘하기 힘들 텐데, 좀 더 노력해보는 게 어때?"

하지만 B는 이미 마음의 결정을 내린 듯했다. 그리고 일주일 후 그는 사표를 내고 회사를 떠났다.

시간이 한 6개월쯤 흘렀을까. 카카오톡에서 문득 B의 '자기소개'를 보고 갑자기 그의 생활이 너무 궁금해졌다. 해맑게 웃고 있는 사진과 함께 '행복한 월급쟁이'라는 말이 적혀 있었기 때문이다.

나는 조금 혼란스러웠다. 무책임하고 불성실하며 예의 없는 B가 행복한 직장생활을 한다는 사실이 의아했다. B의 태도로는 어디서든 훌륭한 직장생활을 하기가 꽤 힘들 거라고 생각했기 때문이었다. 개인적인 관심 반, 호기심 반으로 나는 그에게 밥 한 번 먹자는 메시지를 보냈다. B는 흔쾌히 그러자고 했고, B와 다시 만나 이야기를 하게 되었다.

"직장생활 어때?"

"재밌어요, 진짜로!"

"어디 들어갔는데?"

"아…… IT관련 회사예요. P라는 회산데, 아세요?"

"알지 그럼. 외국계 회사로 갔네?"

"그게 저한테 좀 더 잘 맞을 것 같더라고요."

"그래? 우리 회사랑 뭐가 제일 다른데?"

"아무래도 자유롭죠, 출퇴근시간도 조금 플렉시블하고, 자기 주장하는 거 핀잔주기는커녕 오히려 자신감 있다고 칭찬해주니까요. 일도 재미있고요."

회사 동료라는 이해관계를 떠나 나눈 대화는 예전보다 한결 부드러웠고, 이런저런 이야기를 많이 나누었다. 그렇게 대화가 끝날 무렵 나는 B에게 좀 미안해졌다. 내가 이 친구의 장점을 제대로 보아주지 못한 것은 아닐까 하고 말이다. 그 회사에 마침 아는 대학 시절 친구가 있어 B가 잘하고 있는지 물어볼 기회가 있었는데, B는 새로운 직장에서 나름 인정받으면서 성장하고 있다고 들려주었다.

B는 자유분방하지만 창의적인 사람이었고, 예의가 없는 것이 아니라 수직적인 인간관계보다는 수평적 인간관계를 더 편안하게 느끼는 사람이었다는 것을 알게 되었다. 그런 친구가 상명하복식 기업문화에 얼마나 답답했겠는가? 자신을 표현하는 것에서 생기를 얻는 친구가 얼마나 힘이 들었겠는가? 지금 생각해보면 B는 그때 회사를 그만둔 것이 현명한 판단이었다. 그 일이 있은 뒤 나는 신입사원이 회사를 그만두고 싶다고 말할 때마다 "싫으면 그만둬도 된다"라고 말한다. 회사는 저마다의 기업문화가 있고, 거기에는 좋고 나쁨이 없다. 기업문화는 그 회사가 해당 사업 부문에서 잘 성장하기 위한 진화의 결정체이기 때문이다.

제조업이 상명하복식의 기업문화인 이유는 대부분의 제조업이 대량생산, 대량소비 체제에 순응하기 위해서 효율성을 극대화하려고 하기 때문이다. 또한 IT분야 기업이 비교적 자유로운 기업문화를 가지고 있는 이유는 창의성이나 독창성이 기업의 핵심이기 때문이다. 중요한 것은 개인의 성향과 기질이 자신의 회사의 기업문화와 어울리느냐 아니냐의 문제로 보아야 옳다. 먹고사는 문제도 중요하지만 개인의 삶 또한 그만큼 혹은 그보다 더 중요한 것일 수 있지 않는가? 하루 중 대부분을 보내는 직장이 나의 적성과 전혀 맞지 않는다면 얼마나 외롭고 고통스럽겠는가.

싫으면 그만둬도 된다. 회사는 일을 하는 곳이고, 회사에서는 일로서 나를 표현한다. 따라서 나를 나답게 표현할 수 없는 직장에서의 시간은 고통일 것이다. 나와 어울리지 않는 기업문화 속에서는 긍정적 성장 또한 이룰 수 없다. 회사가 즐거운 곳이 될 수 있으면 더할 나위 없지만, 최소한 매일 아침 눈을 떠서 출근하는 것이 죽기보다 괴로운 일이 되어서는 안 된다.

피터 드러커는 자신의 저서에서 "첫 직장은 복권과 같다"라고 말했다. 사회인으로서 처음 얻게 되는 직장은 행운의 요소가 많이 작용한다는 말이다. 하지만 자신을 잘 파악하고 첫 복권과 타협점을 찾을 수 없을 정도로 이질감이 있다면 과감히 그만두어야 한다. 시간이 지날수록 괴로움은 커질 뿐이다. 실제로 회사에서는 자신과 맞지 않는 곳에서 10년 이상을 지내면서 괴로워하는 사람들이 꼭 한둘은 있다.

단, 결정을 내리기 전에 꼭 알아야 하는 사실 하나는 직장을 그만두는 것은 모험이며 그 뒤에는 위험이 따른다는 것이다. 이 위험에 대한 대비가 되어 있다면, 1년이라도 젊을 때 결단을 내려라. 시간이 지나면 지날수록 더욱 떠나기가 힘들어진다는 것은 말하지 않아도 알 것이다.

제발 진짜 '결정'해라

회사, 그만둘 수 있다. 그리고 다닐 수도 있다. 그 어느 선택도 옳고 그름은 없다. 어느 결정도 온전히 스스로 숙고하여 결정하면 될 일이다. 하지만 제발, 진짜 '결정'을 좀 해라.

무슨 말이냐 하면, 회사에 들어오면 월급이라는 것을 받는다. 이것은 생각보다 중독성이 강하다. 나에게 맞지 않는 길이라는 생각이 들더라도 꾸역꾸역 다니게 될 정도로 중독성이 강하다.

앞서 말한 B는 회사를 그만두기로 결정한 친구다. 월급이라는 달콤한 안정성을 뿌리치고 진짜 결정을 한 것이다. 그럼 그 반대의 경우를 보자. 한 번이라도 퇴사를 고민하다가 회사에 남은 신입들은 회사에 남기로 '결정'한 것인가? 내가 보기엔 대부분 아니다. 그들은 단지 결정을 유보한 것뿐이다. 직장인으로서 최선을 다하겠다는 결정을 한 것이 아니라 그만두고는 싶은데, 월급이 주는 안락함을 포기하기 싫은 것이다.

유아적인 발상이다. 모든 선택에는 기회비용이 들게 마련이다. 그것을 받아들일 수 있는 것이 성인이고 프로페셔널이다. B가 회사를 그만둘 당시, 그는 다시 취업을 할 수 있을지 아니면 다른 것을 할 수 있을지 몰랐다. 하지만 그는 그 기회비용을 받아들였다.

회사에 남는 신입사원들도 그렇게 해야 한다. 회사에 남아 월급을 받기로 했다면 자신의 일에 책임을 지는 태도로 직장생활을 하겠다는 기회비용을 치를 진짜 '결정'을 해야만 하는 것이다.

하지만 많은 신입사원들은 그런 진짜 '결정'을 하지 않는다. 그러니 자신의 일에 책임감도 없고, 그저 하루 때우고 가면 된다는 식으로 일을 한다. 월급이 주는 안락함도 버리기 싫고 답답한 직장생활도 하기 싫은 것이다. 결국 아무것도 선택하지 않은 것이다.

직장에 남을 것인지 아니면 떠날 것인지에 대한 진짜 '결정'을 해야 한다. 그리고 결정한 뒤의 기회비용을 전적으로 받아들여야 한다. 떠나는 사람은 월급이 주는 안락함을 포기하는 기회비용을 치러야 하고, 남는 자들은 자신과 회사의 성장을 위해 헌신할 수 있는 기회비용을 치러야 한다. 그러한 진짜 '결정'을 해야만 자신의 삶과 일에 대한 책임감이 생긴다. 그것이 자신을 진정으로 사랑하는 능동적인 삶이다.

다른 모든 신입사원들이 그렇듯이 나도 한때는 직장을 떠나려고 했다. 하지만 밥벌이에 대한 중압감이 두려웠고 솔직히 겁도 났다. 다른 친구들이 회사를 과감히 떠나는 것을 뒤에서 바라보며 한없이 초라해졌다. 결국 나는 떠나지 못했다. 하지만 나는 여전히 나를 사랑하는 사람이라는 것을 깨달았고, 내가 선택한 것에 대해 책임을 지기로 했다. 그래서 일에서 재미를 찾으려 했고, 일을 잘할 수 있도록 무던히도 노력했다. 그래서 지금은 모 회장님처럼 매일 아침 일하러 오는 것이 설레서 잠이 오지 않을 정도는 아니지만, 일이 가끔 재미있을 때도 있고, 또 나의 일이 내 삶에 충분히 의미가 있다고 느낀다.

지금 내가 바라보는 많은 신입사원들은 잡무가 많다고, 퇴근이 늦다고, 자신이 져야 할 책임보다 권한이 터무니없이 적다고 불평한다. 구조적인 문제? 있다. 인정한다. 못 견디겠는가? 다시 한 번 말하지만 그럼 그만두면 된다.

하지만 남았다면 불평하지 마라. 바뀌는 것은 없다. 세상은 사람들이 당위적으로 이래야 한다는 도덕적 원칙대로 돌아가는 것이 아니다. 더욱이 직장에는 여전히 수많은 구조적인 문제가 존재한다. 그것이 실존적 현실이다. 회사에서 신입사원을 채용해 월급을 주는 이유는 직장에 존재하는 그 수많은 문제를 해결하라는 것이다.

때로는 억지스러운 것도 시키고, 하기 싫은 일을 시키고, 능력을 넘어서는 일을 지시받을 때도 있을 것이다. 하지만 안 된다고 말하지 마라. 도저히 못 참겠는가? 그럼 불평하든지 욕을 하든지 맘대로 해라. 단, 불평하는 것은 자유지만 반드시 결과적으로 그 일이 잘 될 방법을 찾아라. 그리고 최선을 다해라. 정 능력이 안 되겠거든 할 수 있는 것만이라도 최선을 다해라. 보고서 내용을 하나도 모르겠거든 보고서 양식이라도 최고로 깔끔하게 만들고, 오타라도 하나 없이 수정해라. 그것이 그만두지 않기로 진짜 '결정'을 한 사람이 가져야 할 태도다.

그런 긍정적인 주인의식은 회사를 위한 것이 아니다. 자신을 사랑하는 태도이다. 안 된다고 포기하는 것은 습관이 된다. 안 되는 것이 있더라도 마지막까지 물고 늘어지는 태도야말로 진정으로 자신을 아끼고 사랑하는 태도이며 주인의식이다. 잊지 마라.

회사어를
먼저 공부하라

신입사원들에게 회사어를 자상하게 설명하면서 회의를 하거나
업무를 진행할 수도 있다. 하지만 신입사원들에게 묻겠다.
"선배들이 왜 그래야 하지?

회사어, 대체 왜 이렇게 어려운 거야?

"SKT100에 미스트 콜렉트 점검하고 T/O 늦지 않게 일정 잘 챙겨라. 협조전 상신할 것 있으면 미리 하고, 저번처럼 전결자 잘못 입력하지 말고."

입사하고 첫 팀 회의에서 오고갔던 대화들이 아직도 생생하게 기억난다. 내가 신입사원으로서 첫 회의에 들어가 가장 크게 느꼈던 심정은 이것이다.

"도대체 뭔 소리들을 하는 거야?"

정말 무슨 소린지 하나도 알아들을 수가 없었다. 그때의 막막함이란 이루 말할 수가 없다.

대부분의 신입사원이 겪는 고충이다. 회사라는 공간은 추구하는 목적을 달성하기 위해 끊임없이 진화를 해온 곳이다. 그 과정 속에서 서로의 약속과 암묵적인 동의도 생겨나게 마련이다. 그러한 약속과 동의는 회사만의 언어를 만든다. 나는 이것을 '회사어'라고 정의했다. 이 회사어를 익히는 것은 쉽지 않다.

신입사원들이 회사어를 익히기 어려운 이유는 생소하기 때문이다. 회사어가 생소한 첫 번째 이유는 회사마다 채택하는 언어와 문화가 다르기 때문이다.

예를 들면 한국에 있는 미국계 회사들은 일하는 사람들이 전부 한국인이라 해도 영어를 기반으로 한 회사어가 많고, 한국 내 일본계 기업들은 일본어로 된 회사어가 압도적으로 많다. 당연한 일이다. 함께 일하는 사람들과 소통하기 위해서는 같은 언어와 문화가 반영된 회사어를 사용하는 쪽으로 점점 발전하기 때문이다.

실제로 일본계 기업에서 일하는 사람과 함께 일할 기회가 있었다. 회의를 하면서 직원이 중간중간에 메모하는 것을 슬쩍 보게 되었는데, 한국어 사이 사이에 일본어를 적고 있는 게 아닌가? 도저히 무슨 말인지 알아볼 수 없는 내용도 많았다. 그 순간 그 사람이 자신의 회사어에 얼마나 익숙해져 있는지 직관적으로 알게 되었다.

그런데 문제는 회의가 끝나고 발생했다. 그 사람이 회의 내용을 기록한 회의록을 보내왔는데, 반 정도는 내용을 알 수가 없었다. 그래서 전화를 걸어 하나씩 용어에 대해 구체적으로 물어보며 업무를 마무리했던 기억이 난다. 같은 내용을 다르게 표현하는 것도 많고, 우리 회사에서는 쓰지 않는 용어가 많다는 것도 알게 되었다.

이처럼 회사마다 고유한 문화와 언어에 의한 그 회사만의 회사어가 따로 존재한다. 학교를 갓 벗어난 신입사원들의 언어는 대부분 한정적이고 일반적인 수준을 넘지 못한다. 그래서 신입사원들은 회사라는 전혀 다른 문화와 언어로 만들어진 복잡하고 다양한 회사어를 단시간에 익히기가 쉽지 않은 것이다.

회사어를 익히기 어려운 두 번째 이유는 회사마다 주요 사업 분야가 다르기 때문이다. 같은 언어를 사용하고, 비교적 같은 기업문화를 공유하고 있는 대기업의 계열사별로도 회사어가 아주 다른 경우가 많다.

이러한 차이는 전적으로 주요 계열사별로 주요 사업 분야가 다르기 때문이다. 어떤 회사건 주력으로 하는 사업 분야가 있게 마련이다. 무한경쟁 시대에 한 사업 분야에서 두각을 나타내려면 깊이 있는 전문성을 기반으로 경쟁력을 확보해야 하는 것은 두말할 필요가 없다.

한 사업 분야의 전문성을 깊이 있게 가지게 되면 될수록 그 회사어는 일반적으로 사용하는 언어와는 점점 더 멀어진다. 병원에서 의사들이 회진을 돌며 적는 내용을 일반인들이 알아볼 수 없는 것이나 변호사들이 법정에서 사용하는 언어들 중 많은 부분을 일반인들이 이해할 수 없는 것과 같은 이치다.

내 경험을 한번 말해볼까? 우리 회사는 기계를 만들어 파는 회사라서 해마다 세계 각지의 고객들에게 기계를 홍보하기 위한 전시회를 진행한다. 전시회 준비 시기가 되면 나는 부가적으로 전시 지원 업무를 맡게 되는데, 그 과정에서 홍보 전시만을 전담하는 그룹 계열사와 함께 일하게 되는 경우가 더러 있다. 언젠가 전시회를 준비하면서 계열사 직원인 P차장과 함께 일할 기회가 있었다.

같은 그룹의 회사라 기업문화적인 측면에서 다른 회사 직원과 함께 업무를 진행할 때보다 이질감을 훨씬 덜 느낄 수 있었다. 하지만 업무를 함께하는 시간이 늘어나면서 의사소통이 안 되는 부분이 점점 많아졌다.

내가 엔지니어적인 용어를 사용하면 P차장은 잘 이해하지 못했고, P차장이 전시 진행에 대한 전문용어를 사용하면 내가 잘 이해하지 못했다. 업무가 중반으로 넘어가 점점 더 세부적인 것들을 꼼꼼하게 논의해야 할 때마다 서로의 전문용어를 이해시키는 데 많은 시간을 할애해야 했을 정도로 서로가 사용하는 회사어가 달랐다. 그럼에도 다행히 전시회는 성공적으로 잘 마무리되었다.

지금 생각해도 P차장과 내가 별다른 마찰이나 큰 문제 없이 전시회 업무를 잘 마무리할 수 있었던 가장 큰 이유를 하나 꼽으라면 그것은 서로 다른 분야의 전문용어에 대한 공유다. 그만큼 각자의 회사어는 큰 차이가 있었다. 여담이지만 P차장이 일하는 곳이 근처여서 가끔 우연히 마주칠 때가 있는데 그때마다 서로의 용어 차이로 인한 에피소드들이 기억나서 서로의 전문용어를 사용하며 농담을 주고받곤 한다.

업무의 전반적인 내용을 알면 한두 단어 정도는 처음에 못 알아들어도 추론하거나 미루어 짐작할 수 있지만 아무것도 모르는 신입사원들은 생소하고 복잡한 회사어 때문에 난감한 경우가 적지 않다.

회사어를 익히는 것이 어려운 또 다른 이유는 회사가 일을 너무 세분화시켜 놓았기 때문이다. 기업은 전문성과 효율성이라는 경쟁력을 가지기 위해 업무를 세부적으로 나누기 시작했고, 이로써 그들만의 용어가 탄생하게 되었다. 그것은 이제 더 이상 회사어(語)가 아니라 부서어(語), 팀어(語)로까지 세분화되고 있다.

이제 나는 업무에 있어서는 어느 정도 자신이 있다. 하지만 그럼에도 가끔 다른 부서, 다른 팀의 문서나 보고서를 볼 때면 모르는 용어도 많고, 당최 무슨 말인지 알 수 없는 것들 때문에 당혹스러울 때도 많다.

하나의 회사 안에서도 팀별, 부서별로 전문성과 효율을 극대화하기 위해 함축적인 전문어를 사용하거나, 서로 공감대를 형성하는 용어일 경우에는 줄여서 약자로 쓰는 경우가 많다.

예를 들자면 이런 경우다. 우리 회사는 기계를 파는 회사니 어쩔 수 없이 공학 용어나 개념을 기반으로 한 회사어가 많은데, 내가 만약 후배에게 "L700 M/P에 옵션으로 테일스톡 어플리케이션 할 수 있는지 확인해봐"라고 말했다고 치자. 이 말의 의미가 "L700이라는 제품에 'Machine Proposal'이라는 고객을 위한 제안서 내용 중에 테일스톡이라는 부가장치를 적용할 수 있는지 확인해봐"라고 찰떡같이 알아들을 수 있는 신입사원이 있겠는가? 대부분의 신입사원들은 도대체 뭔 소린지 답답해 할 것이다.

오랜 시간 동안 전문성을 가지기 위해 만들어진 전문용어나 함께 일하는 사람들의 효율성을 위해 구성원들이 공감하는 암묵적 약자들이 적지 않다는 것이 신입사원들이 회사어를 배우기 힘든 또 다른 이유이다.

왜 회사어를 공부해야 하나

신입사원은 왜 이 어려운 회사어를 배워야 하는가? 안 배우면 안 되나? 시간이 지나면 그냥 알게 되는 거 아닌가?

나의 답은 언제나 단순하다.

"안 된다. 무조건 회사어를 배워야 한다. 그것도 최대한 빨리!"

왜 회사 밖에서는 쓰지도 못하는 어렵고 귀찮은 회사어를 배워야 하는가? 첫 번째 이유는 '필요하기 때문'이다. 답이 너무 식상하고 뻔한가? 하지만 회사는 성과를 내는 곳이다. 자신이 맡은 업무에서 최대한 성과를 만들어내야 한다. 그러기 위해 다른 사람과 회의를 해야 할 때도 있을 것이고, 자신의 의견을 적절하게 주장해야 할 때도 있을 것이다. 미국의 뉴욕에 여행을 갔는데 내가 편하다고 한국어로 아무리 떠들어봐야 그 흔한 식당조차 찾을 수 없다. 배고픈 건 본인 자신이다.

가끔 신입사원들은 이런 불평을 늘어놓는다. 회의에 참석했는데 자신은 알아듣지도 못하는 '소리'(신입사원에게는 그것이 말이 아니라 정말 소리였을 것이다)만 한다는 것이다. 아무것도 알아듣지 못하니 좋은 성과를 낼 수 있겠는가? 뉴욕에서 배가 고프면 식당을 찾기 위해 영어로 듣고 말할 수 있어야 한다. 신입사원들이 회사어를 모른다고 불평하는 것은 뉴욕에서 미국 사람들이 자신의 한국말을 아무도 몰라준다고 불평하는 것만큼이나 멍청한 짓이다.

진짜 배가 고프면 체면이고 나발이고 없다. 수단 방법 가리지 않고 내가 알고 있는 모든 몸짓을 동원해 식당을 찾아내지 않는가? 회사어 역시 똑같다. 간혹 회사어를 몰라 답답하면서도 창피해서 묻지 않는 신입사원들이 있다. 걱정하지 말고 수단방법 가리지 말고 회사어를 익혀 맡은 업무를 소화해야 한다. 직장에서 진짜 '쪽팔리는' 일은 모르는 것을 남들에게 들키는 것이 아니라 자신이 맡은 일에서 아무런 성과를 내지 못하는 것임을 잊지 마라.

신입사원이 수단과 방법을 가리지 않고 회사어를 배워야 하는 또 다른 이유는 직장은 학교가 아니기 때문이다. 물론 신입사원들에게 자상하게 설명해주면서 회의를 하거나 업무를 진행할 수도 있다. 하지만, 신입사원들에게 묻겠다.

"선배들이 왜 그래야 하지?"

"L700 M/P에 옵션으로 테일스톡 어플리케이션 할 수 있는지 확인해봐"라고 하면 간결하고 효율적인데 왜 굳이 "L700이라는 제품에 Machine Proposal이라는 고객을 위한 제안서에서 테일스톡이라는 부가 장치를 적용할 수 있는지 확인해봐"라고 구구절절 귀찮게 일일이 설명해주어야 하는가. 그럴 필요도 없지만, 실제로 그렇게 말해줄 선배도 많지 않다. 신입사원을 제외한 다른 사람은 다 알아들을 뿐만 아니라 그것이 효율적이고 편하니까 말이다.

만약 그렇게 자상하게 하나씩 설명해주는 선배가 있다면 진심으로 고마워해라. 하지만 선배들이 신입사원들에게 그렇게 해줄 필요나 의무는 없다. 왜냐고? 우리 모두는 각자 회사의 급여를 받고 자신의 맡은 바 업무를 진행해야 하는 동등한 존재로 인정받아야 하기 때문이다. 신입사원은 보살핌의 대상이 아니다.

회사는 늘 바쁘게 돌아간다. 항상 해야 할 업무들이 산적해 있다. 그 많은 일들을 원만하게 처리하기 위해서는 업무를 효율적으로 진행해야 한다. 많은 설명이 필요한 개념을 한마디로 정의할 수 있는 전문용어를 사용하고, 공감대를 가지고 있는 용어는 약자를 사용함으로써 효율을 높이게 된다. 물론 용어가 지나치게 전문화되고 축약되는 이유는 자신의 분야에 진입장벽을 높임으로써 기득권을 유지하려는 기득권의 논리가 전혀 작용하지 않는 것은 아니지만, 전반적으로는 긍정적인 부분이 많은 것이 사실이다.

신입사원들은 실존적 현실을 받아들여야 한다. 그리고 회사어를 최대한 빨리 익혀야 한다. 직장은 이러이러해야 한다는 자신만의 당위성을 주장하고 불평해도 아무 소용이 없다. 자신만 손해다. 그것은 당장 바뀔 수 있는 현실이 아니기 때문이다. 어렵고 복잡한 회사어를 사용하는 것이 잘못되었다는 생각이 든다면, 자신이 그것을 최대한 빨리 익혀서 '회사어 사전'을 하나 만들라. 당신의 후배들을 위해서 말이다. 이게 현실을 바꿀 수 있는 가장 빠른 길이다.

회사어를 최대한 빨리 배워야 하는 또 다른 이유는 시간은 누구에게나 똑같이 적용되기 때문이다.

예를 들어, 함께 일하는 팀에 신입사원이 두 명 들어왔다. A와 B는 둘 다 경영학 출신이라 엔지니어적인 용어를 상당히 낯설어 했다. 함께 회의하거나 업무 논의를 할 때면 A는 그 내용에 별 관심이 없어 보였다. 반면에 B는 회의가 끝난 뒤 나를 찾아와서 회의 중간에 빼곡히 적은 모르는 용어들을 보여주며 간단하게라도 설명해달라고 부탁했다.

기특하지 않은가? 적어도 나에게는 자신의 업무를 잘 하고자 하는 열정이 정말 기특하게 보였다. 그래서 내가 아는 한도 내에서는 잘 알려주려고 노력했고, 필요하면 자료도 찾아서 보내주곤 했다.

A와 B 두 명이 입사한 지 1년 반 정도가 지났다. 그런데 가끔 두 사람이 같이 업무를 할 때면 둘의 업무 처리 능력이 확연한 차이를 보이기 시작했다. A는 회의 중에 알아듣지 못하는 내용이 여전히 많아 회의의 핵심을 짚어내지 못했지만, B는 가끔 안건에 대한 의견을 개진하기도 하면서 회의 내용의 대부분을 이해하고 참여하고 있었다.

더 심각한 문제는 둘의 실력 차이가 앞으로 더 확실히 벌어질 것이라는 것이다. 나는 확신한다. 어찌 아냐고? 신입사원들에게는 직장의 사소한 일상 전부가 공부가 될 수 있기 때문이다. 업무적인 전화통화, 업무회의, 선배들이 하는 업무 관련 사소한 이야기들이 전부 공부가 될 수 있다. 단 여기에는 회사어를 완벽하게 익혀야 한다는 전제조건이 있다.

회사어를 완벽히 익히고 나면 직장의 일상은 전부 교실이다. 여기서부터 실력은 기하급수적으로 늘게 된다. 생각해보라. 하루에 매일 최소한 8시간 이상씩을 직장이라는 공간에 있어야 하고 또 그 대부분의 시간은 업무와 관련된 내용을 듣고 이야기하고 고민하는 것이다. 그런데 그 모든 것을 알아들을 수 있다면 어찌 실력이 늘지 않을 수 있겠는가? 매일 기계 사양에 대해서 연구소 직원들과 이야기하고 듣다 보니 그 수많은 사양을 어느 순간 내가 다 외우고 있다는 사실에 놀란 적이 있다. 결코 그 수많은 사양을 외우려고 별다른 노력을 한 것이 아닌데도 말이다.

회사에서 들은 것을 모두 이해하게 되면 일도 재미있어지고, 자신의 일 자체를 입체적으로 볼 수 있는 힘이 생기게 된다. 회사어만 완벽히 익히고 있으면 시간이 더해짐에 따라 전문분야의 깊이는 자연스레 점점 깊어지는 것이다.

하지만 회사어를 모르는 사람에게는 직장의 일상에서 들리는 모든 말들은 의미 없는 소리일 뿐이고 자신에게 아무런 도움도 되지 않는다. 심지어 직장이라는 공간에서 소속감조차 느낄 수 없다.

직장생활을 하면서 시간을 내어 자신의 전문분야를 공부한다는 것은 쉽지 않은 일이다. 결국은 일상이 공부가 되어야 한다. 시간은 모두에게 똑같이 적용되므로 직장의 일상이 교실이 되고 난 이후에 시간은 진정으로 무서운 것이 된다. B는 아마 자신의 실력이 늘고 있다는 것을 알지 못하는 사이에 업무적 역량이 늘 것이다. 반면 A는 B에 비해 실력이 느는 속도가 현저히 늦을 것이다. 이러한 차이가 1년, 2년, 3년이 쌓이면 그 실력 차는 걷잡을 수 없다.

나는 이러한 사실을 경험으로 알고 있다. 내가 신입사원 때는 무엇부터 공부해야 하는지, 어찌하면 일을 잘할 수 있는지 알려주는 사람이 없었다. 그러한 상황에서 내가 선택한 전략은 '회사에서 쓰는 용어는 모조리 외우자' 하는 것이었다.

그 전략은 적중했다. 조금씩 선배들이 하는 이야기들을 알아들을 수 있게 되었고, 그 속에는 평소 내가 궁금하게 생각하던 것들에 대한 실마리가 되는 것들도 있었다. 회의 때 실력 있는 선배들의 논쟁을 알아들을 수 있게 되면서 무엇을 집중적으로 공부해야 하는지도 알 수 있었다.

신입사원들에게는 특히 회사어를 익히는 것이 매우 중요하다. 일을 잘하기 위해서도, 소속감을 느끼기 위해서도, 직장에서의 재미를 찾기 위해서도 말이다. 업무를 하다가 모르는 단어가 나오면 꼭 물어보고 하나씩 정리해두어라. 그렇게 쌓이다 보면 어느 순간, 구질구질하게 다른 사람에게 이것저것 물어보지 않고, 다른 사람들이 하는 이야기만 들어도 그것이 모두 내 것이 되는 순간을 경험하게 될 것이다. 그러니 꼭 회사어를 공부해라. 그것도 최대한 빨리.

일에도 기본기가 필요하다

기본기가 탄탄한 선수는 훈련량 대비 실력이 늘어가는 것을 몸소 느낀다.
이를 바탕으로 조금씩 훈련의 강도를 더해가게 되면 비로소
한 분야에서 다른 경쟁자들보다 압도적인 탁월함을 가지게 된다.

일하는 데 기본기가 왜 필요한데?

4년마다 대한민국 국민은 올림픽에 열광한다. 금메달을 하나씩 딸 때마다 밤잠 설쳐가며 국가대표 선수들을 응원한다. 그런 훌륭한 국가대표들이

종목을 불문하고 함께 모여 자신의 목표를 향해 끊임없이 달리는 곳이 바로 태릉선수촌이다.

태릉선수촌의 새벽은 늘 지옥 같은 달리기로 시작된다. 어느 종목을 막론하고 선수촌에 모여 있는 모든 선수들이 숨이 턱까지 차는 달리기로 새벽을 연다. 의아하지 않은가? 육상선수도 아닌데 유도, 레슬링, 탁구 등등 전 종목 선수들이 다 나와서 새벽부터 달린다는 것이 말이다.

현대 스포츠에서 좋은 성적을 거두기 위해 과학적이고 체계적인 훈련을 하는 것은 당연한 일이다. 양궁이나 사격 같은 종목 선수들이 아침마다 달리기를 한다는 것이 어찌 보면 소모적이고 불필요한 일처럼 느껴질 수도 있을 것이다. 하지만 모든 스포츠 선수들이 매일 달리기와 같은 기초체력훈련을 게을리하지 않는 이유는 간단하다. 기초체력훈련이 모든 운동의 '기본기'이기 때문이다.

훌륭한 선수 뒤에는 훌륭한 코치가 있기 마련이다. 어떤 운동 종목이건 훌륭한 코치들은 기본기의 중요성을 지겨울 정도로 강조하고 또 연습시킨다. 왜 그럴까? 첫 번째 이유는 기본기가 탄탄하게 닦이지 않으면 훈련량 대비 성과가 더디게 나타날 수 있다는 사실을 경험을 통해 아주 잘 알고 있기 때문이다.

훈련량 대비 성장이 더디면 슬럼프가 찾아오고, 슬럼프를 극복하기 위해 훈련의 강도를 더하게 된다. 하지만 기본기가 여전히 약한 상황이라면 실력은 계속 더디게 늘기 때문에 심리적, 체력적 부담이 더해지는 악순환을 겪게 된다.

반면에 기본기가 탄탄한 선수는 훈련량 대비 실력이 늘어가는 것을 몸으로 알게 되며 이로써 선수들은 크고 작은 성취감을 느끼게 된다. 이런 성취감을 바탕으로 조금씩 훈련의 강도를 더해 가면 비로소 다른 경쟁자를 압도하는 탁월함을 가지게 된다. 이러한 선순환이야말로 한 분야의 탁월한 전문가로 만들어내는 데 없어서는 안 될 중요한 요소이다.

훌륭한 코치들이 기본기를 강조하는 두 번째 이유는, 기본기가 때로는 의미 없는 반복처럼 느껴져 싫증을 내기 쉬운 속성을 가지고 있기 때문이다. 무엇인가 새로운 걸 배우는 것은 즐거운 일이지만, 매일 같은 행동을 반복하는 일은 지겹고 피곤하다. 하루 정도는 그냥 건너뛰고 싶다는 유혹이 늘 따르기 마련이다. 생각해보라. 매일 새벽 살을 에는 듯한 추위 속에 일어나 숨이 턱까지 차는 달리기를 하는 것이 즐거울 수가 있겠는가?

이런 유혹은 기본기의 중요성을 망각한 채 모래 위에 집을 짓는 것 같은 실수에 빠지기 쉽게 만든다. 모래 위에 집을 지으면 어느 정도까지는 잘 지어지는 것 같지만, 어느 시점에 가면 단번에 모든 것이 무너지고 만다.

특히 나와 같은 세대를 살아온 대략 1980~90년대 전후에 출생한 젊은이들은 영상매체와 더불어 살아오면서 새로운 것, 자극적인 것을 선호하고, 반복적이고 지루한 것에 금방 싫증을 느끼는 경향이 있다. 이것은 기본기를 가볍게 여기기에 쉬운 성향이므로 나를 포함한 신입사원들은 이를 항상 경계해야 한다.

기본기가 없으면 열의도 없다

K는 평소 일 처리도 꼼꼼하지 못하고, 업무를 잘하고자 하는 의욕도 그다지 크지 않은 사람이다. 하지만 원체 성격이 좋은 편이라 그에게 무언가 도움이 될 만한 조언을 해주고 싶었다.

나는 K에게 자신이 맡은 업무의 기본기에 대해 조금만 더 고민해보라고 조언했다. 매일 반복되는 업무를 자주 실수한다는 것은 기본기에 문제가 있다는 뜻이기 때문이다. 하지만 K에게서 돌아온 답은 다음과 같았다.

"하는 일도 바빠 죽겠는데 무슨 기본기야. 일하는 데 기본기가 어디 있어? 그냥 하면 되는 거지. 말도 안 되는 소리 하고 있어."

그는 안타깝게도 조언을 받아들일 마음의 준비가 되어 있지 않았고, 아직도 자신의 업무를 장악하지 못해 아침마다 상사에게 핀잔을 듣는 것이 하루 일과가 되어버렸다. 정말 안타까운 일이다.

일에는 분명 기본기가 있다. 만약 직장에서 기본기라는 것이 존재하지 않는다면 어째서 10년 혹은 20년이라는 엄청난 시간 동안을 똑같이 일했는데, 누구는 한 분야의 전문가가 되고 또 어떤 사람은 평범한 행정가에 머물고 만단 말인가? 물론 일에 대한 열정, 승부욕 등 전문가가 되기 위한 여러 가지 다른 요소가 있을 수 있겠지만, 진정한 전문가와 평범한 행정가를 가르는 중요한 이유 중 하나가 바로 꾸준하고 제대로 쌓은 업무의 기본기임은 틀림없다. 탄탄한 기본기에다 세월이 녹아든 경험이 더해져야 비로소 한 분야의 전문가로 입신할 수 있게 되는 것이다.

모든 일에는 기본기가 있다. 운동선수에게도 나름의 기본기가 있고, 학생에게도 학생 나름의 기본기가 있다. 그리고 직장에서도 별반 다르지 않다. 직장인에게도 당연히 기본기가 있게 마련이고, 특히 기본기는 신입사원들에게 매우 중요하다.

사실 운동선수나 학생이 기본기를 찾는 것은 그리 어렵지 않다(중요한 것은 실천의 문제다). 그것을 경험한 선배 세대들이 비교적 많기 때문이다. 선생님, 교수, 코치, 감독 등으로 불리는 경험 많은 선배들이 자신의 경험을 체계화시켜둔 기본기 매뉴얼 같은 것들이 있을 가능성이 높다.

하지만 직장인들은 좀 다르다. 기본기를 꾸준히 실천하는 것은 둘째 치더라도, 자신이 맡은 업무의 기본기가 무엇인지 찾는 것 자체가 쉽지 않다. 왜냐하면 기업들이 효율성을 극대화하기 위해 업무를 작은 단위로 쪼개면서 각자 맡은 업무를 바로 옆에 앉은 동료도 잘 알지 못하는 지경에 이르렀기 때문이다.

달리 말하면 지금 자신이 하는 일을 경험한 사람의 수가 현저히 적다는 말이고, 그러므로 자신의 일에 대한 기본기 매뉴얼 같은 것을 누군가 체계화시켜 놓았을 확률이 매우 낮다는 뜻이다. 자신의 업무에 대한 공감대를 형성하는 사람이 상대적으로 다른 분야에 비해 적다는 것, 바로 이것이 신입사원이 자신의 일의 기본기를 찾기 힘든 첫 번째 이유이다.

두 번째 이유는 대부분의 직장인들이 그렇듯 자신의 일에 애정을 가지지 못하기 때문이다. 야구, 농구 등등의 운동선수들은 대부분 자신의 일에 진심어린 애정이 있다. 밤낮으로 어떻게 하면 좀 더 잘할 수 있을지 고민한다. 자신의 일에 애정을 가지고 있으니 자연히 그 일을 조금이라도 더 잘하고 싶은 것이고, 그 과정에서 힘들지만 감내해야만 하는 중요한 기본기를 발견할 수 있게 되는 것이다.

하지만 많은 직장인들은 자신의 일에 대한 애정 따위는 없다. 그저 하루하루 직장 나오고, 한 달이 지나면 월급을 받는 것으로 족하다. 자신의 일에 애정이 없으니 그 일을 더 잘하고 싶다는 의욕도 없다. 기껏해야 중간 정도면 충분하다고 생각하는 것이다. 그러니 자신의 일을 아주 잘하기 위한 기본기가 무엇인지 깊게 고민하지 않는다.

자신의 일에 애정이 없으니 기본기가 무엇인지 고민하지 않고, 기본기를 고민하지 않으니 자신이 하는 일을 아주 잘해서 깊이를 더할 수 없게 되는 것이다. 그 결과 직장에서 자신의 일을 훌륭히 할 수 없게 되거나 심지어 자존감까지 상처를 입게 되고, 그런 상처는 다시 자신의 업무를 냉소적으로 바라보게 하는 악순환을 만드는 것이다.

이런 악순환은 그저 품삯만큼 일하는, 열정이 식어버린 직장인이 되게 만든다. 이 얼마나 슬픈 일인가? 자신의 생활 가운데 가장 많은 시간을 차지하는 직장에서 아무런 열의 없이 살아간다는 것, 이것보다 더 슬픈 일이 또 있겠는가? 안타깝게도 내가 속한 직장에서도 자신의 일에 깊은 애정을 가지고 기본기에 대해 깊게 고민하는 사람을 별로 본 적이 없다.

그래서 어쩌라고?

어떻게 자신의 일에 대한 기본기를 찾고 갈고 닦을 것인가? 우선 일의 기본기를 찾는 과정을 한번 살펴보자. 다른 사람의 예를 드는 것은 다소 현실감이 떨어질 수 있으니 나의 경우를 예로 들어보겠다. 내가 하는 일은 산업용 기계를 상품 기획하는 일이다. 자동차를 만드는 기계를 잘 팔 수 있게 하는 것이 내가 하는 일이다.

어느 날 나는 일을 아주 잘해서 국내에서 손가락 안에 꼽히는 사람이 되어야겠다고 결심했다. 마케팅 관련 책도 사서 읽고, 상품기획과 관련된 책도 보면서 나름 공부를 했다. 하지만 여전히 업무를 잘하지 못했고, 반복되는 문제들 때문에 상사들을 만족시킬 만한 성과를 내지 못했다. 무엇인가 잘못되었다는 생각이 늘 나의 머릿속을 떠나지 않았다.

내 일에 관련된 기본기의 핵심을 잘 알지 못했던 것이다. 그러다 문득 내가 하는 모든 일의 목적이 '고객을 만족시킬 수 있는 기계를 개발 기획하는 것'이라는 사실을 깨닫고 나서, '내가 팔고자 하는 제품을 구체적으로 아는 것'이 바로 기본기라는 것을 알게 되었다.

이 인식의 전환은 기계에 대한 공부를 매일 쉬지 않고 하게 하는 동기부여가 되었고, 어떤 업무를 진행하든 기계를 공부한다는 마음가짐을 가지게 했다. 아침마다 누가 시키지 않아도 제품의 사양표를 만들었고, 경쟁사 제품과 비교표를 만드는 것을 거르지 않았다. 그것이 내 일의 기본기임을 깨닫게 되었기 때문이다.

그러기를 1년여 정도 하니 자연스레 내가 하는 업무에도 자신감이 생기고 업무를 어떻게 '만들어야' 하는지도 알게 되었다. (시키는 일을 어떻게 잘할까가 아니라 나 자신의 업무를 어떻게 만들어갈 수 있을까가 중요하다.) 그렇게 나는 지금도 나의 일에 기본기를 쌓아간다는 마음가짐으로 업무를 하고 있다.

기본기에 대한 인식의 전환이 큰 의미가 있는 이유는 상사로부터 업무 성과를 인정받고, 직장인으로서 강력한 무기를 얻게 되었기 때문만이 아니라 매일 일하러 오는 아침이 싫지 않아졌기 때문이다. 적어도 누군가 시켜서 일하는 사람이라는 부정적인 느낌을 스스로 받지 않게 되었다. 덤으로 얻은 것이 있다면 2~3년 정도 후면 적어도 우리 회사에서는 내가 하는 업무 분야에서 내가 제일 잘하는 사람이 될 것이라는 확신을 얻었다는 것이다.

신입사원들에게 기본기는 중요하다. 이제 시작하는 시기에 자신이 무엇에 집중해야 하는지를 알게 해주기 때문이다. 훌륭한 선배들이 업무에 대한 기본기가 무엇인지 알려준다면 진심으로 감사하라. 직장에서 그런 선배는 흔치 않다. 그리고 때로는 지겹더라도 계속 반복해서 착실히 기본기를 쌓아두라. 그것이 언젠가는 자신을 빛나게 만들어줄 바탕이 될 것이다.

만약 주위에 기본기를 알려줄 훌륭한 선배가 없다고 해도 걱정하지 말라. 직접 찾으면 된다. 자신이 원했든, 그렇지 않았든 회사에 들어왔으면 자신의 일에 애정을 가져야 한다. 그만두지 않겠다고 결정했다면 자신의 일에 애정을 가져라. 그것이 제일 중요하다.

사실 대충 일해서 중간만 해도 별 탈 없다. 하지만 그런 태도는 스스로에 대한 모독이다. 어차피 해야 할 직장생활이라면 그것에 한번 제대로 흠뻑 빠져보는 것이 더 좋지 않겠는가? 어차피 해야 할 일이라면 끌려가는 것이 아니라 자신이 만드는 것이 더 재미있고 의미가 있다.

자신의 일에 애정을 가졌다면 이제 자신의 일을 잘할 수 있는 방법을 찾아야 한다. 자신의 일을 정말 잘할 수 있게 만드는 업무의 본질과 핵심이 무엇인지를 고민해야 한다. 또 업무를 진행하면서 늘 부족함이 있었던 부분, 문제가 발생했던 부분을 점검해야 한다. 업무의 본질과 반복적으로 발생하는 문제점 바로 거기에 업무의 기본기가 숨어 있을 것이다. 그것이 무엇인지 철저하게 고민해야 한다.

기본기가 무엇인지 찾았다면 거르지 말고 매일 반복하라. 이것이 핵심이다. 때로 지겹고 힘들더라도 반복해야 한다. 그것이 자신의 일을 더욱 더 잘할 수 있게 만들어줄 것이다. 지금 자신의 일이 재미가 없더라도 억지로라도 기본기를 찾아서 일을 잘하게 만들어라. 단언컨대 어느 순간 자신의 일을 잘하게 되었다고 느끼게 되면 자신의 일이 분명 재미있어진다. 이것은 내가 보장한다. 만약 자신의 일을 정말 잘하게 되었는데도 여전히 자신의 일에 흥미가 없다면 연락해라. 밥 한 번 사겠다.

우리는 100세가 넘게 현역에서 직장생활을 하고 있는 최장수 직장인이 어느 인터뷰에서 한 말을 진심으로 새겨들어야 한다.

"내가 하는 일을 정말 잘하게 되었을 때, 이제 남은 것은 그것을 즐기는 것뿐이다."

첫 직장은 **복권과 같다**

정말 특별한 경우가 아니라면 3년은 일해봐라.
자신의 일이 잘 맞든 그렇지 않든 그것을 균형 잡힌 시각으로
바라보기 위해서는 '일정한 시간'이 필요하다.

매일 입어야 하는 불편한 옷을 위하여

첫 직장은 복권과 같다. 내가 원한다고 해서 그 회사에 취업을 할 수 있는 것도 아니고 운이 좋아 내가 원했던 회사에 들어갔다고 해도 그곳이 내가 생

각했던 곳이 아닐 수도 있다. 모든 것이 잘 맞아떨어져 내가 원하는 회사에 입사를 했고, 또 그곳이 내가 진정으로 원했던 바로 그 회사여도 그곳에서 맡은 일이 자신이 원하지 않는 일이거나 자신에게 어울리지 않는 업무일 수도 있다. 그래서 첫 직장은 복권과 같다. 엄청난 행운이 따라주지 않는 한 첫 번째 직장에서 천직과 같은 일을 찾기란 거의 불가능하다.

나는 더 심각했다. 특별히 가고 싶은 회사가 있었던 것도 아니고 가슴 떨리게 하고 싶은 일이 있었던 것도 아니었으니 더 말할 필요도 없는 한심한 인생이었다. 그저 대학을 졸업할 때가 되었으니 취업을 해야겠다고 생각했고, 기왕 취업을 할 거면 돈 많이 주는 대기업이면 좋겠다는 한심한 생각을 했을 뿐이었다. 그리고 특별히 하고 싶거나 관심을 가진 일이 있었던 것이 아니라 공대를 나왔으니 막연히 엔지니어가 되어야겠다는 생각뿐이었다(쓰다 보니 정말 한심하네).

돌이켜 생각하면 나의 현재는 복권에 당첨될 법한 행운이 없었다면 결코 있을 수 없는 모습임을 인정하지 않을 수 없다. 나는 지금 나의 일이 만족스럽고 게다가 가끔은 재미있기도 하다. 나는 분명 운이 좋았다. 힘든 시기에 대기업에 들어갈 수 있었던 것, 그리고 그 속에서 꽤 괜찮은 기회를 얻을 수 있었던 것 모두 말이다.

하지만 모든 사람이 운이 좋을 수는 없다. 많은 신입사원들은 자신이 꿈꿔왔던 직장에 들어가는 것이 힘들다. 막상 입사를 해도 그 속에서 자신에게 어울리는 일을 할 수 있는 좋은 기회를 받는 것도 쉽지 않다. 대부분의 직장인들이 힘들어 하는 이유가 그것이다. 매일 하루 8시간 이상씩 하는 그 일이, 마치 자신에게 맞지 않는 옷을 입은 것 같은 그 불편함 말이다.

신입사원들이 가장 많이 하는 고민도 바로 이것이다. 지금 하고 있는 일이 정말 내가 하고 싶었던 일도, 나에게 적합한 일도 아니라는 것. 어찌해야 하는가? 매일 하는 일이 자신에게 맞지 않는 옷처럼 불편한 일이라면 너무 괴로운 일이 아니겠는가?

복잡하고 어려워 보이는 이 문제의 답은 사실 간단하다. 그만두면 된다. 너무 쉽게 말하는 것 같지만, 사실이다. 하지만 이것만은 알아두어라. 현실의 벽은 높다. 그만두고 나가면 당장 지금의 직장만 한 곳이 없음을 알게 될 수도 있고, 지금보다 더 못한 직장으로 가게 될 수도 있다. 나는 실제로 회사를 그만두고 그런 후회를 하는 사람들을 적지 않게 보았다. 하지만 이런 진지한 현실적 고민에도 불구하고 그만두는 것이 낫다면 그만두면 된다. 선택함으로써 선택하지 않은 것들에 대한 기회비용을 온전히 받아들일 수 있다면 두려울 것도, 후회할 것도 없으니 말이다.

그럼에도 불구하고 나는 신입사원들이 회사를 그만두는 것을 반대한다. 내가 회사에 남았기 때문이 아니다. 나의 삶이 옳다고 합리화하고 싶은 생각은 추호도 없다. 나도 회사를 그만두려고 했었다. 지금의 일이 나에게 맞지 않는다고 생각했고 그것이 참을 수 없이 고통스럽다고 생각했기 때문이다. 하지만 시간이 지나 두 가지를 깨달았기 때문에 그때 그만두지 않은 것을 참 다행스럽게 생각한다.

첫 번째 이유는 하기 싫은 일을 하며 고통받는 것보다 스스로 밥벌이를 하지 못한다는 것이 더 고통스럽기 때문이다. 좋아하고 의미 있는 일을 하기 위해 밥벌이의 궁핍함을 견디는 것은 훌륭한 일이고 존경받을 만한 일이다. 내 주위에도 이름만 대면 모두가 부러워하는 외국계 기업을 다니다 자신의 길을 찾아 홀연히 1년간 세계일주를 다녀온 친구도 있고, 또 자신이 진정으로 원하는 길을 가기 위해 당장의 궁핍함을 견디는 친구들도 꽤 있다. 나는 그들의 도전과 용기를 진심으로 존경한다. 하지만 나는 이제 안다. 자신의 진지한 밥벌이를 위해 하기 싫은 일을 묵묵히 견디는 것 역시 스스로 자부심을 가질 만한 훌륭한 삶이라는 것을. 고되고 척박한 삶을 살아내신 이 땅의 수많은 아버지들을 그것 자체로 존경해야 하는 이유가 바로 그것이다.

그리고 두 번째 이유 역시 매우 중요하다. 사실은 두 번째 이유가 나에게는 더욱더 결정적이었다. 그것은 나의 일이 나에게 잘 맞는지 아닌지 사실 잘 몰랐다는 것이다. 사표를 쓰고자 했던 당시의 나는 균형 잡힌 시각을 갖지 못했다. 그만두려는 부정적 감정에 사로잡혀 나의 일과 내가 좋은 어울림이 있다는 측면은 보지 못했고, 싫은 점이나 부조리한 면만 확대해서 보고 있었던 것이다. 더욱 적나라하게 말하면 그만두어야 할 이유를 찾아 자신을 합리화하느라 정신이 없었다. 시간이 지나 내가 하고 있는 일 중에서 나에게 어울림이 있고 재미있는 일들을 발견했을 때 나는 그만두지 않았던 것을 정말 다행스럽게 생각했다. 또한 그제야 나의 일에, 나의 직장에 진심으로 감사할 수 있게 되었다.

지금 자신의 일이 자신과 정말 잘 맞지 않을 수도 있다. 그리고 회사를 옮겨서 더 나은 생활을 하는 경우 역시 많이 보았다. 그럼에도 정말 특별한 경우가 아니라면 나는 그 속에서 3년은 견뎌봐야 한다고 생각한다. 3년은 나의 경험에서 나온 기간이니 사람마다 차이는 있을 수 있다. 중요한 것은 신입사원은 자신의 일이 잘 맞든 그렇지 않든 그것을 균형 잡힌 시각으로 바라보기 위해서는 일정한 시간이 필요하다는 것이다. 돈을 벌기 위해 비굴하게 직장에 남으라는 것이 아니다. 첫 직장은 복권과 같기 때문에 어디를 가든 자신이 통제할 수 없는 변수들이 많다. 그러므로 일정 기간 동안 자신의 일 속에서 그것이 어떤 것이든 배울 수 있어야 한다.

정말 지금의 일이 잘 맞지 않는다면, 그 일을 하면서 어떤 부분이 잘 맞지 않는지 또 어떤 부분에서 도저히 성과를 낼 수 없는지 알아야 한다. 반대로 어떤 부분이 자신에게 잘 맞고 성과를 잘 낼 수 있는지도 알아내야 한다. 그래야 비록 지금은 아니더라도 언젠가는 행복한 밥벌이를 위한 천직을 구하는 길로 갈 수 있다.

무작정 싫다고 회사를 옮기면 같은 시행착오를 거칠 뿐이다. 신입사원들 중에 회사를 1년마다 습관적으로 옮기는 친구들이 있다. 그런 친구들은 1년 동안 반복되는 시행착오만 거칠 뿐 진정으로 얻을 수 있는 것은 거의 없다. 자신의 천직이라 부를 수 있는 밥벌이를 찾는 과정에 들어설 수 없는 것이다.

도저히 일을 못해 먹겠다면 왜 못해 먹겠는지 그 이유라도 알아내고 그만둬라. 창업을 하건 이직을 하건 분명 도움이 된다. 자신에게 무엇이 잘 맞고 무엇이 잘 맞지 않는지 알아가는 과정이 필요하다. 그리고 이 과정은 그저 불평만 하고 피상적으로 업무를 해서는 알 수 없다. 최소한 3년은 일에 흠뻑 빠져 깊이 있게 업무를 해보아야 알 수 있는 것이다.

만약 지금 나의 글을 읽으면서 "니가 뭘 알아?"라는 마음이 생긴다면, 그냥 일단 '꾸역꾸역'이라도 좋으니 매일 도 닦는다고 생각하고 출근하라. 고민하고 검증한 경험에서 나온 말이니 나중에 후회하지 말고 '닥치고 출근'하라.

그녀 이야기

기왕 회사에 왔으면 열심히 일해라. 그리고 준비해라. 회사 안에서든 밖에서든 준비가 되면 반드시 기회가 온다. 나는 이것을 믿는다. 나와 아주 가까운 지인이 삶에서 그것을 증명했기 때문이다.

이것은 S의 이야기다. 그녀는 모 홈쇼핑 회사에서 영업관리 업무를 했다. 매일 쏟아지는 숫자들 속에서 그녀는 매일 힘들어 했지만 그 과정을 견뎠고, 또 그 업무를 장악했다. 주위 사람들에게 자신의 업무로 인정을 받았다. 그렇게 3년이 조금 더 지나서 자신의 업무에 자신이 생기고 나니 업무가 재미있을 때도 있었지만 자신에게 지금의 옷이 잘 맞지 않는다는 것을 어렴풋이 알게 되었다. 그녀는 사람들과 부딪히며 일하는 것이 자신에게 잘 맞는다는 것을 알았고, 자신의 업무 성과가 전체에 가려지지 않고 자신의 눈으로 직접 확인할 수 있는 일에 재능이 있다는 것을 알게 되었다.

그렇게 그녀는 새로운 일에 눈을 돌리기 시작했다. 회사 안이든 밖이든 무엇인가 변화를 찾으려 했다. 그렇게 찾다가 눈에 들어온 것이 홈쇼핑 MD라는 직업이었다. 사람들과 부딪히며 일하고 자신의 성과가 직접 눈으로 드러나는 업무를 회사 내에서 찾은 것이다.

그녀는 MD라는 직업을 알아가면 갈수록 그것이 자신에게 딱 맞고 자신이 진심으로 즐겁게 잘할 수 있는 일이란 확신이 생겼다. 하지만 직장생활을 해본 사람이면 알겠지만 자신의 업무와 전혀 관계없는 팀이나 부서로 옮기는 것은 사실 거의 불가능에 가깝다. 그녀의 회사도 마찬가지. 영업관리에서 MD로 자리를 옮긴 사례는 그녀 이전에는 단 한 차례도 없던 일이었다. 더구나 현재 자신의 업무를 정말 잘 해내고 있는 상황이라면 더욱 그렇다.

하지만 그녀는 용기를 내었고, 팀장에게 자신의 의지를 단호하게 말했다. 또 옮겨 가려는 MD 팀에서도 평소 그녀의 빈틈없는 일 처리에 만족해하던 터라 그녀는 MD로 직군을 성공적으로 옮길 수 있게 되었다.

지금 그녀는 자신의 일에 아주 만족하고 있으며 다른 홈쇼핑 회사에서 스카우트 제의가 들어올 정도로 성과 역시 탁월하다. 나는 가장 측근에서 그녀의 노력과 선택을 지켜보았기에 그녀의 삶을 대하는 태도를 존경하며 감히 신입사원들에게 좋은 사례로 소개하고자 하는 것이다. 어찌 그리 그녀에 대해 잘 아느냐고? 그 이유는, 그녀가 바로 나와 매일을 함께 살고 있는 나의 아내이기 때문이다.

나의 아내가 힘든 시기에 직장을 그만두었거나 반복되는 업무에 냉소적이었다면 결코 지금의 만족스런 밥벌이를 갖지 못했을 것이다. 주어진 일에 흠뻑 빠져서 충실하게 일했고 또한 자신에 대해 고민하고 관찰했기에 가능했던 결과라고 확신한다. 사람은 누구나 과거를 딛고 일어설 수밖에 없다. 현재에 충실해야 하는 이유는 현재가 얼마 지나지 않아 자신이 딛고 일어서야 할 과거가 되기 때문이다. 그녀는 현재에 충실함으로써 훌륭한 과거를 만들어낸 것이다.

복권과 같은 첫 직장에서 행복한 밥벌이로 옮겨가려면 지금의 일에 우선 충실해야 한다. 그것만으로는 부족하다. 거기에 더해서 자신의 일 속에서 '나'를 배워야 한다. 그러면 반드시 기회가 온다. 어둠 뒤에 새벽이 오고 겨울 뒤에 봄이 오듯 그것은 자연의 섭리다.

그것이 행복한 밥벌이로 가는 길이라 확신한다. 나 역시 그 길에 있으며 당신이 지금 읽고 있는 이 책 역시 그 길 위의 하나의 이정표다. 신입사원들도 행복한 밥벌이로 가는 길 위에 자신만의 이정표를 하나씩 세워가기를 진심으로 바란다.

올해가 마지막이라고 **생각하고 일하라**

때로는 직장이라는 곳의 여러 가지 불편한 진실들을 알게 될 것이다.
그것을 마주할 때가 오면 애써 고개를 돌리지 마라.
정면으로 응시하면서 자신의 길을 가라. 올해가 마지막이라고 생각해라.

물러날 곳이 없다

직장의 가장 불편한 진실은 언젠가 지금 일하는 곳을 떠나야 한다는 사실이다. 하지만 많은 직장인들은 대부분 자신이 평생 지금의 직장을 다닐 것처럼 일한다. 오늘 나에게 주어진 일만 열심히 하면 되고, 내 삶에서 중요한 일들은 오늘 못하면 내일 하면 된다는 식이다. 이것만으로는 부족하다. 자신에게 주어진 일에 최선을 다하는 만큼 자신의 삶에도 최선을 다해야 한다. 그것이 직장의 불편한 진실을 정면으로 응시하는 것이다.

하루는 입사 동기에게 너무 회사 일에만 매달리지 말고 너 자신을 위해서도 무엇인가를 준비하라고 말해주었다. 그 동기의 반응은 다음과 같았다.

"회사 일도 바빠 죽겠는데 또 뭘 하라는 거야? 집에 가면 그냥 쉬면 안 되나!"

이해가 된다. 하루 종일 일하고 집에 돌아오면 파김치가 되는데 또 무엇을 하라니 짜증이 날 법도 하다. 하지만 나는 그에게 회사 일 이외에 하고 싶지도 않은 또 다른 일을 하라고 강요한 것이 아니다. 밥벌이는 고되다. 하지만 무엇인가 자신만의 것을 준비해야 한다. 그렇지만 준비해야 할 그 무엇이 또 다른 강요이고 의무가 되어서는 안 된다. 그렇게 의무와 강요만으로 점철된 삶을 견뎌낼 수는 사람은 흔치도 않다.

새해 아침이면 많은 직장인이 영어 학원을 끊는 등 새로운 것을 배우려는 의욕을 불태운다. 하지만 대부분이 작심삼일로 돌아간다. 왜 그렇겠는가? 거기에는 '재미'가 빠져있기 때문이다. 나는 의지력이 강한 편이 아니다. 학창 시절에도 하기 싫은 공부를 하느라 오래 앉아 있지 못했다. 하지만 재미있어 하는 것은 끝을 보는 편이다. 아마 대부분의 사람이 그러하지 않겠는가 생각한다.

직장인들은 자신이 하는 일 속에서든 아니면 다른 곳에서든 우선 순수하게 재미를 느낄 수 있는 것을 찾아야 한다. 그리고 그것을 꾸준히 해야 한다. 그렇게 자연스럽게 무엇인가에 몰입되어 세월이 흐르면 자신만의 어떠한 것이 만들어질 것이다. 이것은 선택의 문제가 아니다. 반드시 자신만의 어떤 것을 만들어야 한다. 직장인은 물러날 곳이 없기 때문이다. 준비가 되었든 그렇지 않든 언젠가는 회사를 떠나야 한다. 그것이 언제인지는 아무도 알 수 없다.

재미를 찾아 자연스러운 자신만의 것을 찾아내어야 한다. 그리고 그것을 꾸준히 갈고 닦아야 한다. 나는 사람들 앞에 서는 것에 재능이 있고 또 그것에 재미를 느낀다는 것을 직장생활을 하면서 알게 되었다. 그래서 그것이 언제가 될지는 모르지만 내가 40세든 50세든 회사를 그만두어야 할 때가 오면 멋진 강연가가 되려고 한다. 나의 직업에 멋진 이름도 생각해놓았다. 노래를 아주 훌륭하게 하는 사람을 보컬리스트라고 한다. 또 바이올린을 아주 훌륭하게 연주하는 사람을 바이올리니스트라고 하지 않던가. 그래서 나는 아주 강연을 훌륭히 하는 사람이 되려고 '렉처리스트'(Lecturelist)라는 나만의 직업 이름을 만들어놓았다.

하지만 그렇게 나만의 재미를 찾아 갈고 닦으려 했지만 그것만으로는 부족했다. 너무 불확실하고 먼 미래여서 준비가 잘 되지 않았던 것이다. 훌륭한 강연가가 되려면 준비해야 할 것이 많다. 전문 분야의 책도 읽어야 하고, 그것을 체계화해야 하며 또 그것을 잘 정리해야만 한다. 청중들이 원하는 것을 나만의 방식으로 잘 들려주려면 많은 준비 작업이 필요하다.

그래서 나는 스스로에게 조금의 긴장감을 주기로 했다. 나는 새해가 되면 늘 스스로에게 다짐한다.

"올해가 마지막이다. 더 이상 물러날 곳은 없다. 올해 준비해서 회사를 그만둔다."

물론 당장 그만두지 않는다. 하지만 그러한 상상을 하는 것만으로도 정신이 번쩍 든다. 당장 내가 아무런 소득이 없어 밥벌이를 할 수 없는 상황이 된다는 것은 너무나 두려운 일이다. 내가 사랑하는 아내와 아들의 생계를 책임질 수 없다는 두려움은 이루 말할 수 없는 것이다. 나는 그 두려움을 이용한다.

올해가 마지막이라고 생각하면 매일 아침 새벽에 눈을 떠서 책을 읽을 수 있고, 또 주말이면 아무 생각 없이 텔레비전을 보며 늘어지는 대신 평소의 생각을 글로 쓰며 정리할 수 있고, 기회가 될 때마다 강연을 할 수 있는 에너지를 얻는다. 물론 이것들은 다 내가 좋아서 하는 일들이다. 하지만 올해가 마지막이라는 긴장감은 내가 좋아하는 일을 더 많이, 더 자주 할 수 있게 해준다.

처음 내가 이 꿈을 가지게 되었을 때는 왠지 뜬구름 잡는 이야기인 것 같고 다른 사람한테 이야기하면 비웃음만 살 것 같았다. 하지만 그냥 주어진 일을 하는 것만으로는 내 인생이 너무 초라하고 불쌍했다. 그래서 나는 직장과 회사에 관해서 공부했고, 현장에서 익힌 것들을 정리했다. 그리고 지인들과 함께 그것들을 몇 차례 강연으로 만들었다.

누가 귀를 기울여주겠냐는 불안한 마음이 있었지만 몇 차례의 강연이 꽤 반응이 좋아서 이제는 여러 군데서 불러준다. 덕분에 주말이면 평소 내가 정리하고 다듬었던 생각들을 사람들과 나눌 수 있는 기회가 많아지고 있다. 나는 지금 내 삶에 꽤 만족한다. 나의 강연으로 지금의 아내를 만날 수 있었던 것이 그 첫 번째 이유고, 내가 좋아하는 일로 나의 미래를 조금씩이지만 준비하고 있다는, 나의 삶의 균형을 잘 잡고 있다는 느낌이 드는 것이 그 두 번째 이유이다.

신입사원들도 시간이 지나면 직장이라는 곳의 여러 가지 불편한 진실들을 알게 될 것이다. 그것을 마주할 때가 오면 애써 고개를 돌리지 마라. 정면으로 응시하면서 자신의 길을 가라. 열심히 일해서 자신의 일을 장악해라. 그것이 먼저다. 그리고 업무 속에서든 밖에서든 자신만의 행복한 밥벌이의 힌트가 될 만한 재미를 찾아라. 그리고 그것을 매년 올해가 마지막이라는 절박함으로 갈고 닦아라.

나는 행복한 밥벌이가 아무런 중압감도 없는 그런 일이라 생각하지 않고 또 그런 밥벌이는 존재하지도 않는다고 생각한다. 행복한 밥벌이는 그 일이 재미는 있으나 그 재미로 밥벌이의 중압감을 다스리는 것이라 생각한다. 오락하는 것이 재미있는가? 그럼 어떤 식으로든 그것으로 자신의 밥벌이를 하겠다는 마음가짐을 가져라. 그런 절박함이 없는 재미는 방종이다. 결코 밥벌이가 될 수 없다.

나는 강연을 하는 것이 재미있고 또 행복하다. 그것으로 밥벌이를 할 수 있기를 바란다. 그래서 나는 책을 읽고, 사람을 만나며, 또 그것을 정리한다. 가끔은 아무 생각 없이 술 마시고 늘어지고 싶을 때도 있다. 하지만 나는 밥벌이의 진지함과 치열함을 알고 있기에 그렇게 하지 않는다. 절제 없이는 행복도 없다는 것을 알고 있기 때문이다.

아아아악!!
더 열심히!

신입사원이 가져야 할
두 번째 습관

제대로 배워라

입사 후 3년이 평생의 커리어를 좌우한다

당당한 신입사원의 7가지 습관

입사 후 3년이 평생의 커리어를 좌우한다

아는
척하지 마라

회사는 특정 분야의 성과를 달성하기 위해 각자의 이해관계를 가지고
사람들이 모여든 조직이다. 이곳에서 신입사원이
업무를 장악하고 존중받을 수 있는 최고의 방법은 '묻는' 것이다.

모르는 것은 닥치는 대로 물어라

개인적으로 스포츠 중에서 격투기를 참 좋아한다. 관람하는 것도 좋아하고, 직접 하는 것도 꽤나 즐기는 편이다. 그래서 격투기 선수와 코치를 몇

몇 알고 지낸다. 그중 한국에서 이름만 대면 알 수 있는 유명한 격투기 선수를 직접 가르치는 코치가 있는데, 그의 체육관을 방문할 때면 그의 선수 코칭 철학에 놀랄 때가 많다.

그의 체육관에 처음 선수부로 등록하면, 약 6개월 동안은 기본기만 가르친다. 그러고는 기본기가 어느 정도 갖추어졌다고 판단되면 작은 대회부터 기회가 있을 때마다 선수들을 격려해 시합에 내보내려 한다. 하지만 자존심이 강하고 승부욕이 강한 선수일수록 시합을 꺼리는 경향이 있다. 패배에 대한 두려움 때문이다. 지면 속상하고 자존심에 상처를 입으니 조금 더 연습하고 나서 확실히 이길 수 있을 때 시합에 나가겠다는 생각이다. 그럴 때 그 지인은 선수에게 이렇게 호통을 친다.

"아직 덜 유명하고 사람들이 모를 때 지고 경험 쌓을래, 나중에 조금 유명해진 다음에 지고 쪽팔릴래? 지금 시합 안 뛰고 좀만 더 있으면 이길 것 같지? 천만에! 처음에는 누구나 몇 번은 지게 되어 있다. 그러니 기회 있을 때마다 시합 뛰면서 지는 경험도 쌓아둬라. 그래야 이걸로 밥 먹고 산다."

이 얼마나 뛰어난 통찰인가! 어떤 분야든 초심자는 어차피 실수하게 되어 있고, 실수를 하면서 성장하게 된다는 진리를 경험을 통해서 터득한 것이 아닌가! 나는 그 코치의 통찰을 신입사원들에게 이렇게 전하고 싶다.

"제발, 제발, 아는 척 좀 하지 마라."

특히 스스로 똑똑하다고 생각하고, 많이 배우고 입사했다고 생각하는 신입사원들 말이다. 스스로 잘났다고 생각하는 신입사원들은 자존심 때문인지 모르겠지만 회의나 업무 진행 중에 모르는 것이 나왔을 때, 그때그때 묻거나 학습하지 않고 아는 척을 하며 슬쩍 넘어간다. 그들을 전혀 이해하지 못하는 것은 아니다. 선배들에게 모르는 것을 물어보면 자상한 선배야 기분 나쁘지 않게 잘 가르쳐 주겠지만, 나같이 까칠한 선배는 엄청 싫은 소리를 해대니까 말이다. 그 듣기 싫은 소리를 듣는 것이 아마 격투기 선수들이 시합에서 지는 것 같은 기분과 비슷하지 않을까 싶다.

그럼에도 불구하고 신입사원은 절대 모르는 것을 아는 척해서는 안 된다. 모르는 것은 욕을 먹더라도 그 자리에서 묻고, 잊기 전에 배워야 한다. 스스로 잘났다고 믿는 친구는 혼자서 공부하면 된다고 생각한다. 안타깝지만 '안 된다'. 적어도 내 경험으로는 말이다. 아무리 똑똑한 신입사원이라도 신입으로서의 한계를 가지게 마련이다. 그 한계라는 것은 업무는 실전이고, 실전은 이론과 다소 다르다는 점에서 기인한다.

학교는 배워야 할 내용에 체계가 있고, 가르치는 것을 목적으로 하는 교수나 선생과 같은 친절한 사람이 있게 마련이다. 하지만 회사는 실전이고, 실전은 학교와 전혀 다르다. 회사에서도 학교에서 배운 것만큼 혹은 그 이상으로 배워야 할 것들이 많이 있지만 그것들이 체계화, 구체화되어 있지 않은 경우가 대부분이며, 자상하게 하나하나 가르쳐줄 사람도 없다. 그래서 신입사원은 실전 업무에서 어떻게 학습해야 하는지 알 수 없을 뿐만 아니라 심지어 무엇을 먼저 학습하고 익혀야 하는지조차도 모르는 한계를 가지게 마련이다. 게다가 이러한 한계는 혼자서 극복하기가 쉽지 않다.

그러므로 회사에 대한 혹은 업무에 대한 기본적인 가이드라인조차 없는 신입사원은 무엇이든 모르는 것이 나오면 닥치는 대로 물어야 한다. 그러는 와중에 업무 내용 중 핵심적인 것과 부차적인 것을 대략 구분할 수 있으며, 어떤 것을 먼저 익혀야 하는지 등의 업무 체계도 그려지기 때문이다.

신입사원 때는 다소 자존심이 상하고 울컥하더라도 참고 배워야 한다. 회사에서 업무를 깊이 있게 알고 있는 선배는 자신의 것을 잘 가르쳐주지 않는 경향이 있다. 자신의 전문지식이 권력임을 경험을 통해 알고 있기 때문이다. 그러니 제대로 배우려면 순간의 불쾌함은 웃어넘길 수 있어야 한다. 대체로 대충대충 어설프게 아는 사람은 자신의 지식을 뽐내기 위해 자상하고 친절하게 알려주는 경우가 많다.

만약 당신의 선배가 까칠해서 무엇 하나도 배우기 어렵다면 그 분야의 전문가일 확률이 높다. 다행스럽다고 생각해라. 배울 것 없는 선배 밑에서 함께 일하는 것만큼 괴로운 일도 없으니 말이다. (노파심에서 하는 말인데, 아는 게 쥐뿔도 없으면서 성질만 더러운 선배들이 간혹 있다. 그것은 알아서 대처하길 바란다.) 짜증나도 참고 물어라. 피가 되고 살이 된다. 혼자 머리 싸매고 공부하는 것보다 훨씬 빨리 배우니까 말이다. 창피하고 무시당할까 봐 겁나서 아는 척하지 마라. 시간 얼마 지나지 않아 진짜 망신당하는 날이 분명히 온다.

아는 척하면 나중에 개고생한다

아는 척하면 고생하는 또 다른 이유는 아는 척하는 습관은 시간이 지나면서 점점 더 많은 문제를 야기하기 때문이다. 실제로 고생하는 후배 이야기를 한번 해보겠다.

A는 자존심과 승부욕이 과도한 나머지 신입사원 시절에 일을 제대로 배

우지 못한 전형적인 사례다. A는 마케팅을 전공했고, 동종업계에서 적잖은 기간을 인턴사원으로 훈련받고 입사한 친구다. 자신감이 넘쳤고, 또한 그렇게 보이기를 원하는 듯했다. 업무 내내 자신이 얼마나 일을 잘하는 사람인지를 증명하는 데 많은 노력을 기울였다. 자신이 아는 것을 부각하려 했고, 모르는 것은 은근슬쩍 넘어가려 했다. 모르는 것을 묻는 것에 대한 기피의식이 있었다.

그가 학교에서 배웠던 것은 마케팅에 대한 이론이었고, 인턴 시절 익혔던 것은 회사라는 곳이 어떤 곳인지에 대한 맛보기 정도였다는 것을 인정하지 않았다. 회사에는 그 회사마다의 절차가 있고, 자신의 업무를 잘 진행하기 위한 전문지식도 따로 존재하게 마련이다. 특히 학교에서 배웠던 이론을 적용할 수 있는 해당 분야의 전문지식은 끊임없이 묻고 학습해야만 습득이 가능한 것인데, A는 그렇게 하지 않았다.

경영의 구루라고 일컬어지는 피터 드러커 역시 자신의 저서에서 "중요한 것은 이것이다. 어떤 것을 어떻게 말할 것인가 하는 것은 오직 '무엇'을 말할 것인가를 배우고 난 후에만 알 수 있다는 사실 말이다"라고 구체적인 업무 내용 학습의 중요성을 말하기도 했다.

우리 회사는 자동차를 만드는 생산재 기계를 생산해서 파는 회사다. A의 업무는 그 기계를 전시하는 이벤트를 진행하고, 홍보물을 만들고, 판매촉진(프로모션) 행사를 진행하는 것이었다. A는 학교와 인턴 시절을 통해 자신의 업무를 어떻게 진행해야 하는지(전시회 진행 요령)는 알고 있었지만 전시하는 '무엇'(기계)에 대한 지식이 없었다. A가 업무를 잘하려면 자신이 전시하고 홍보하려는 기계에 대한 지식을 끊임없이 익혀야 했다. 하지만 그는 깐깐한 엔지니어들에게 싫은 소리를 몇 번 들은 후에는 더 이상 기계적인 부분에 대해 깊게 공부하지 않으려 했다. 공대 출신이 아니기 때문에 배우기 힘든 부분도 있었겠지만 최소한 자신의 업무에 직접적인 영향을 미치는 부분 정도까지는 끝까지 물고 늘어져서 배웠어야 했다. 하지만 A는 알량한 자존심 때문에 그렇게 하지 못했다.

A는 이제 3년 차가 되었다. 하지만 아직 자신의 업무 중 반 이상은 그것이 무엇인지도 모르면서 진행한다. 따라서 발생할 문제점을 예측하기도 힘들고, 사전에 문제점들을 해결하는 작업도 하지 못했다. 그렇다 보니 절차와 체계를 만들지 못해 과중한 업무에 시달렸고, 반복되는 업무에도 똑같은 문제점이 자주 발생하곤 했다. 더욱 안타까운 것은, 업무 진행 중 사소한 문제가 발생하면 자존심 때문에 덮어버리려 하다가 나중에 더 큰 문제로 발전하여 일을 그르치는 경우가 허다하다는 사실이다.

A는 신입사원 시절 아는 척하다가 알아야 할 것들을 배우지 못했다. 모르는 것을 묻고 학습하는 태도가 중요한 이유는 아는 것도 하나씩 누적되고 모르는 것도 하나씩 누적되기 때문이다. 태도가 다른 두 사람의 신입사원이 3년을 지나면 업무 성취도의 질이 전혀 다른 두 사람이 된다. 업무 성취도의 질이 높다는 것은 일을 장악하고 있다는 뜻이다.

일을 장악하지 못하면 회사에서 존중받을 수 없다. 회사는 좋은 사람들을 만나기 위해 오는 동호회도 아니고, 함께 공부하며 우정을 쌓는 학교도 아니다. 회사는 특정 분야의 성과를 달성하기 위해 각자의 이해관계를 가지고 사람들이 모여든 조직이다. 그러므로 자신의 일로 회사와 동료들에게 공헌하는 것이 최우선이며, 일을 장악하지 못하면 회사가 점점 더 힘들어질 것이다. 그리고 직장에서 존중받지 못한다는 느낌은 당신이 생각하는 것 이상의 모멸감이며 수치심이다.

안 물어보면 안 가르쳐준다

회사는 학교가 아니다. 누군가 당신이 모르는 것을 반드시 알려주어야 할 의무는 없다. 당신은 회사에 들어와 급여를 받는 순간부터 자신의 성과에 책임을 져야 하는 '프로'다. 신입사원이라고 예외는 아니다. 다만 평가의 정도가 다소 느슨할 뿐. 그리고 신입사원, 그거 진짜 금방 지나간다.

"아무도 뭐 하나 가르쳐주는 게 없네, 정말."

이것이 신입사원의 전형적인 불평 중 하나다. 나는 그런 불평을 하는 신입들에게 이렇게 말한다.

"왜 묻지도 않았는데 내가 먼저 가르쳐줘야 하지?"
"네가 뭐가 궁금한지 내가 알아서 가르쳐줘야 하냐?"
"난 네가 먼저 물어본다고 해도 가르쳐줄지 말지 고민인데, 지금 무슨 말을 하는 거야?"

많은 신입사원이 이러한 핀잔을 야속하게 생각한다. 그렇게 느끼는 것, 충분히 이해한다. 나도 신입사원 때 그랬으니까. 아는 것은 별로 없고 모르는 것 투성이인데 무엇부터 먼저 물어야 하는지도 모르겠고, 이런 걸 물어봐도 되는 것인가 하는 의구심도 있을 테다. 나도 어리바리한 신입사원 시절을 거쳐봐서 그 마음 잘 안다. 하지만 '직장인'으로서 첫발을 내딛는 사람들에게 중요한 것은 '태도'라는 것을 잊어서는 안 된다. '나에게 주어진 업무는 내가 능동적으로 진행해야 한다'는 업무 태도 말이다.

회사에서 선배들이 신입사원을 가르쳐야 할 의무는 없다. '다 같이 월급 받으며 일하는데 신입이라고 해서 뭐 특별한가?'라고 스스로에게 엄격한 태도를 유지할 수 있어야 한다. '신입이니까 좀 가르치면서 해야지'라는 생각은 선배들이 해주면 고마운 생각이고, 그렇게 생각 안 한다고 해서 나쁜 선배는 아니다. 한마디로 신입사원도 자기 밥값을 해야 한다.

무한경쟁이니 신자유주의니 하는 말들로 거창하게 설명하지 않더라도 회사는 언제나 바삐 돌아간다는 것을 직장인들은 모두 알고 있다. 그래서 대부분의 상사들은 후배들의 관심사항이 무엇인지에 대해 관심 가질 여력도 없고, 사실 잘 모른다. 후배들이 무엇 때문에 고민하고, 힘든 것이 무엇인지를 함께 고민해주는 상사와 같이 일하는 신입사원이 있다면 그는 정말 행운아다. 그 사람을 곁에 두고 진심으로 존경하며 배워라. 대부분의 직장 상사들은 그 역시 생활인이기 때문에 자신의 앞가림하기에도 바쁘다.

신입사원은 정신없이 바삐 돌아가는 사회로 이제 막 들어온 것이다. 항상 바쁜 상황에서 학생 과외하듯이 옆에 앉아 이건 이렇고 저건 저렇고 하는 식으로 가르쳐줄 수도 없고, 그런 것을 기대해서도 안 된다.

안 물어보면 안 가르쳐주는 것이 당연하다는 인식을 가져야 한다. 아는 척하거나 혹은 궁금해 하지도 않는 신입사원에게 먼저 다가가 친절히 설명해줄 선배가 몇이나 있을까? 성격이 다소 모가 나서 그런지 나는 괘씸해서라도 안 가르쳐준다. 자신의 밥벌이를 하는 일에 적극적이지 않다는 것이 괘씸하다.

정말 무엇을 먼저 물어야 할지 모르겠거든, 무엇을 먼저 해야 하는지부터 물으면 된다. 그렇게 해서라도 자신의 전문분야의 깊이를 조금씩이라도 만들어야 한다. 상사는 근성 있는 신입을 좋아한다. 어떻게든 해보려고 하고, 실수하면 언제든 깨지겠다는 근성을 가진 태도 말이다. 그런 친구에게 한 번이라도 더 눈길이 가고 더 도와주고 싶어 한다. 체계도 중요하고, 전문지식도 중요하지만 정말 중요한 것은 일을 바라보는 '태도'다. 올바른 태도가 몸에 익으면 체계도 전문지식도 시간과 함께 자연스럽게 더해진다. 그런 측면에서 신입사원이 '아는 척'하는 것은 최악의 태도다.

일을 바라보는 올바른 태도는 자신의 성과로부터 팀, 그리고 회사에 공헌하겠다는 마음가짐이다. 이러한 마음만 있다면 그것으로 8할은 된 것이다.

일의 목적이 그 일에서 최상의 성과를 내는 것이 되면 자연스레 모르는 것은 묻게 되고, 능동적으로 공부하게 된다. 자신이 만들어내는 최상의 성과에 집중하게 되면 이 모든 것은 자연스러운 현상이다. 하지만 일을 잘하는 것처럼 보이는 것에 집중하거나, 자신의 일에 무관심하게 되면 모르는 것은 대충 얼버무리고 넘어가게 되고 자신이 짧게 알고 있는 것으로 업무를 마무리하려 하게 된다.

전자는 시간이 흐르면 전문가가 되고 깊이를 가지게 되지만, 후자는 시간이 지나도 닥친 일을 그때그때 처리하는 것에 급급한 어설픈 행정가가 되고 만다. 자신의 직장생활이 어찌 풀려 나갈지는 온전히 자신이 만든다는 것, 절대 잊지 마라.

다시 한 번 당부하지만, 신입들아, 제발 아는 척하지 마라. 그래봐야 손해 보는 건 너희들이다.

선배도
잘 골라야 한다

까칠하고 못된 선배라고 무조건 멀리하지 마라.
진짜 조심해야 하는 것은 게으르고 태만한 선배다.
자신의 비전과 성과가 있는 길을 먼저 걷는 선배를 찾아라.

선배라고 다 선배가 아니다

신입사원 시절은 스펀지 같은 시기다. 선배, 상사로 누구를 만나느냐에 따라 업무방식, 태도, 심지어 직업관까지 바뀌기도 한다.

내가 신입사원이었을 때 동기 다섯 명이 함께 모여 살았다. 다른 지역에서 온 친구들끼리 모여 생활비도 절약할 겸 함께 지낸 것이다. 그렇게 1여 년을 지내니 우리는 성향이나 기질, 성격은 물론이고 사소한 습관까지 서로 알게 되었다. 그 뒤 얼마 지나지 않아 나는 발령이 나서 서울로 근무지를 옮기게 되었고, 다른 친구들도 결혼이나 기타 개인적 사정으로 각자 흩어지게 되었다.

그렇게 시간이 흐르고, 몇 년 뒤 사내 프로젝트 때문에 예전에 함께 살던 B라는 동기와 함께 일하게 되었다. 그런데 그의 업무습관을 보고 놀라지 않을 수 없었다. 우리가 함께 모여 살던 시절에 B는 정리정돈은 고사하고 자신이 전날 입었던 옷도 어디 있는지 찾지 못할 때가 있을 만큼 꼼꼼함과는 거리가 먼 덜렁대는 친구였다. 당시에 B도 그런 성격 때문에 업무에 차질이 많다고 하소연을 하기까지 했다.

하지만 프로젝트 때문에 다시 만난 B는 업무 중 꼼꼼한 메모는 물론, 회의에 필요한 물품을 챙기는 등 사소한 것까지 놓치지 않았다. 예전의 덜렁대는 모습은 전혀 찾아볼 수 없었다. 프로젝트가 마무리되어 갈 무렵, 퇴근길에 술자리를 함께했다. 자연스레 이런저런 이야기를 하다가 내가 물었다.

"야, 너 예전에는 덜렁이였는데 완전 변했네? 어떻게 된 거야?"

"말도 하지 마. 너 서울 올라가고 얼마 안 지나서 내 위로 대리가 한 명 왔는데, 완전 결벽증 환자야. 꼼꼼하게 업무를 챙기는데 진짜 죽을 뻔했다. 그 대리 스타일 맞추다 보니 나도 모르게 이렇게 됐네. 지금 와서는 고맙지 뭐."

B는 업무뿐만 아니라 생활습관까지도 많이 바뀌었다고 말했다. B가 결벽증 환자와 같은 그 대리를 만나지 않았으면 지금처럼 변하지 못했을 것이다.

이렇듯 대부분의 신입사원은 상사의 모습을 보고 좋든 싫든 스펀지처럼 빨아들이게 되어 있다.

B의 경우는 다소 긍정적인 사례가 되겠지만, 부정적으로 변한 예도 수없이 많다. 적극적이고 능동적인 성격의 사람이 책임회피형의 수동적인 상사를 만나게 되면 상사를 욕하면서도 조금씩 수동적인 책임회피형의 모습을 닮아가게 된다. 마치 며느리가 못된 시어머니를 닮아가는 것처럼.

상사나 선배를 닮아가느냐 그렇지 않느냐 하는 것은 선택의 문제가 아니다. 이유 여하를 막론하고 신입사원은 선배의 모습을 무엇이든 간에 빨아들이게 되어 있다. 그렇다면 신입사원들은 그저 주어진 환경대로 괜찮은 상사 만나면 다행이고 그렇지 않으면 배울 것도 하나 없는 선배를 따라가는 피동적인 직장생활을 해야 하는가?

그렇지 않고, 그래서도 안 된다. 신입사원이 할 수 있는 최선의 선택은 주위의 여러 선배들 가운데 닮아야 할 훌륭한 선배를 능동적으로 고르는 것이다. 그렇지 않으면 그저 가까운 곳에 있는 선배, 가장 많은 시간을 함께하는 선배를 자연스럽게 배우게 된다. 이것은 너무 위험하다. 운이 좋아 배울 것 많은 훌륭한 선배를 만난 신입사원이야 다행이지만, 운이 없어 그 선배를 닮지 말아야겠다는 것 외에는 딱히 배울 것이 없는 선배를 만나면 어찌하라는 것인가?

함께 일하는 선배야 내가 선택할 수 있는 것이 아니지만, 닮고 싶은 선배를 정하는 것은 내가 선택할 수 있다. 올바른 직업적 태도를 견지하기 위해서도 내가 배우고 싶은 선배는 반드시 내가 선택해야 한다.

노파심에서 덧붙이자면 훌륭한 상사나 선배를 찾는 기준이 자신의 업무 편의성이나 개인적인 기호가 되어서는 안 된다. 업무도 대충 하고, 책임감도 없는 상사는 같이 일하기에 편하다는 것은 굳이 말할 필요가 없다. 그런 선배와 함께 공동운명체가 되면 선배는 알아서 일을 맡지 않으려 갖은 노력을 할 테니 신입사원들에게 어려운 일을 시키려 하지도 않을 테고, 그러면 후배는 어떤 일을 책임질 필요도 없어질 것이다. 따라서 닮고 싶은 훌륭한 상사를 고르는 기준이 결코 업무편의성이 되어서는 안 된다. 닮고 싶은 선배의 기준은 '자신의 성장과 비전을 보여줄 수 있는 길을 먼저 걸어가고 있는 모습'이 되어야 한다.

물론 그런 상사와 일하는 게 쉽지 않을 때도 있을 것이다. 하지만 원래 몸에 좋은 약은 입에 쓴 법이고, 무림의 고수에게 무술을 전수받는 것은 고단한 법이다. 내가 이런 이야기를 할 때마다 몇몇 신입사원들은 배울 게 없는 선배들도 정말 있는지 물어 온다. 그럴 때 나는 이렇게 대답한다.

"선배라고 다 선배가 아니다."

듣는 사람에 따라 다소 불편한 이야기이기는 하겠지만, 어쩌랴! 원래 진실은 조금 불편한 법이다.

선배라는 존재의 정체

그렇다면 신입사원은 과연 어떤 선배를 찾아서 배워야 하는가? 선배, 상사라는 존재에 대해 알아보면서 답을 찾아보자.

선배들 중에는 독선적이고 권위주의적인 사람이 있다. 이들은 대체로 자아가 강하다. 자신이 늘 옳다고 믿는 부류들이다. 일방적으로 명령하고 상하

관계를 만들며 일하기를 좋아하는 사람이다. 신입사원은 선배가 권위적이냐 아니냐만으로 그 사람을 평가해서는 안 된다. 사람은 누구나 장점과 단점을 가지고 있기 때문이다.

권위주의적이지만 스스로 고민해서 합리적인 의사결정을 하고, 자신의 판단에 신중을 기하기 위해 전문지식을 배우기를 주저하지 않는 사람이라면 분명 배울 것이 있는 사람이다. 개인적이고 감정적인 호불호를 가지고 상사나 선배를 판단하면 그 누구에게서도 배울 것이 없다는 것을 잊어서는 안 된다.

또 사사건건 참견하는 시어머니형 선배도 있다. 함께하기 피곤한 유형이다(사실 나도 별로 안 좋아하는 부류다). 하지만 이러한 상사 역시 객관적으로 검증해야 한다. 그가 지적하는 부분이 정말 업무 성과를 높이는 방향의 것인지 아니면 단순한 직장의 스트레스에서 오는 감정 풀이인지 시간을 가지고 검증해야 한다. 그러면 그리 많은 시간이 지나지 않아 그가 정말 배울 것이 있는 사람인지 아닌지 알게 된다. 실제로 높은 성과를 내는 상사 중에 시어머니형 상사가 많다. 제대로 된 시어머니라면 곁에 두고 배워야 한다.

밑도 끝도 없는 업무를 맡기는 막무가내형 선배도 있다. 하지만 막무가내형 선배 역시 무조건 배울 것 없는 나쁜 선배가 아닐 수도 있다. 일은 실제로 그 일 속에서 좌충우돌하면서 실력이 느는 것이다. 아무리 친절하게 교육을 많이 하고 설명을 해줘도 실제 업무를 하면서 익히는 것을 결코 따라갈 수 없다. 이러한 사실을 경험으로 파악한 선배들은 다소 막무가내로 일을 시킬 때가 있다. 처음에는 정말 밑도 끝도 없이 '무대뽀'로 일을 시키는 것 같아도 따라가다 보면 "아! 이래서 이 일을 나에게 시킨 거구나!" 하고 알게 될 때가 있다. 이런 선배들은 자신의 경험을 바탕으로 한 자기 나름의 신입사원 커리큘럼을 가지고 있다고 판단하는 것이 옳다. 이런 선배를 만나는 것은 행운이다.

술을 한 잔 사주면서라도 옆에 두고 배워야 한다.

다시 한 번 말하지만 직장에서 무엇인가를 배우고자 하는 사람을 선택할 때는 선배, 상사에 대한 감정적 호불호나 업무적 편의성을 가지고 판단해서는 안 된다. 아무리 유능한 사람이라도 나쁜 감정의 편견으로 바라보면 무능하기 그지없는 사람으로 보인다. 대부분의 사람은 자기가 보고 싶은 것만 보고, 듣고 싶은 것만 들으려 하니 말이다. 그래서 객관적인 기준을 가지고 일정 기간 동안 선배를 검증해야만 한다.

낭중지추라 하지 않던가. 아무리 감추어도 호주머니 속의 송곳은 표시가 나게 되어 있다. 감정적 편견, 얄팍한 업무적 편의성을 제거해내고 나서 선배의 장점을 찾으면, 배울 것이 있는 훌륭한 선배는 얼마 지나지 않아 알 수 있다. 또 그런 선배들이 꽤 많이 있다는 사실에 놀랄 것이다. 신입사원들아, 실리를 챙겨라. 싫은 사람을 멀리할 것이 아니라 무능한 상사를 멀리해야 한다는 것 잊지 마라.

하지만 정말 되도록이면 피해야 하고 어쩔 수 없는 상황이면 결코 닮지 않겠다고 다짐을 해야만 하는 선배들도 있다.

회사 생활을 조금 하다 보면 무능력하고 책임을 회피하는 선배를 꼭 한 번은 만나게 된다. 이런 선배는 대체로 일을 하지 않음으로써 자신의 책임을 회피하는 유형의 사람이다. 모르는 것을 배울 의지도 없고, 지금의 자리만 유지하면 된다는 생각을 하는 부류이다. 조금 과장해서 말하자면 이런 선배는 마약과 같다. 처음에 함께하면 너무나 편하다. 선배가 일을 능동적으로 맡지 않으려 하니 함께 일하는 후배도 업무 강도가 비교적 낮을 테고, 또한 지금의 역량을 넘어서는 업무도 맡기지 않을 테니 모르는 것투성이인 신입사원들에게는 너무나 편한 선배일 것이다.

잊지 마라, 편한 것이 합리적인 것도 아니며 자신에게 도움이 되는 것은 더더욱 아니다. 만약 당신의 선배가 업무적 전문성도 없고 책임까지 회피하려는 부류의 선배라면 가능한 한 멀리하는 것이 좋다. 결코 그것을 배우고 답습해서는 안 된다.

또한 직장에서 신입사원들이 배워서는 안 되는 부류의 선배가 태만한 사람들이다. 태만하다는 것은 부지런하지 않다는 것과 의미가 다소 다르다. 직장에서 부지런한 사람은 많다. 아침 일찍 나와서 밤늦게까지 있는 상사들을 보라. 경이롭지 않은가? 아무리 술을 많이 먹은 날이라도 다음 날이면 일찍 출근해 있다.

물론 일찍 출근하는 것이 나쁘다는 말이 아니다. 그는 분명 부지런한 사람이다. 하지만 '태만'이라는 것을 이렇게 정의해보자.

'태만은 일하지 않는 것이 아니라 주의를 기울이지 않는 것이다.'

일찍 나와서 자신의 업무 전문분야에 대한 열의를 가지고 배우려고 공부하거나, 자신의 성장을 위해 노력하는 상사는 태만하지 않은 사람이다. 하지만 일찍 출근하는 이유가 단지 상사에게 잘 보이기 위함이고, 일찍 와서 한다는 것이 웹사이트에 들어가 가십거리나 보고, 밤늦게까지 남아 있으면서 시간만 보내면 된다는 생각으로 일하는 상사는 태만한 것이다. 그는 일하지 않는 것은 아니다. 출근하는 것 자체가 일하는 것일 테니 말이다. 하지만 그는 자신의 일에 주의를 기울이지 않는다. 즉 집중하거나 열정을 쏟지 않는 것이다.

열정이 없는 사람은 그저 멍하니 하루를 보낼 뿐이다. 말 그대로 시간을 죽이는 사람들이다. 신입사원들은 이런 상사는 최대한 멀리하고 결코 배우려 해서는 안 된다. 그런 상사는 자신의 태만을 합리화하며 "직장생활 다 똑같아, 시키는 거나 잘 해" "그렇게 혼자 피똥 싸봐라, 누가 알아주는 사람 있나" 라는 식으로 말하며 냉소적인 가치관을 전파한다.

직장생활 다 똑같지 않고, 혼자 피똥 싸면 반드시 얻는 게 있다. 상사의 냉소적인 말에 신경 쓰지 마라. 자신의 삶은 한 번뿐이고, 당신의 직장생활 역시 그 소중한 삶의 한 부분이다. 최선을 다해라. 그리고 성장해라. 자신만의 멋진 꿈을 이룰 수 있는 시작이 지금 여기라고 생각해라. 지금껏 당신이 아무것도 아니었다면 앞으로 세상이 당신의 이름을 알게 하고, 스스로에게 떳떳할 수 있는 사람이 되어라. 그 시작은 신입사원 생활을 시작한 바로 지금이다.

위대한 선배에게 배워라

앞서도 말했지만 회사는 실전이라 누구도 친절히 가르쳐주지 않는다. 그나마 주위에 좋은 선배가 있으면 다행이겠지만, 누구에게나 그런 행운이 가는 것은 아니다. 그리고 꿈을 크게 품은 신입사원들은 더 위대한 사람에게서 배워야 한다.

위대한 선배를 어디서 찾느냐고? 안타깝지만 위대한 선배는 거의 당신 주위에 없다고 보면 대체로 맞다. 진정으로 현명하고 존경할 만한 사람은 드문 법이다.

나는 믿고 배울 수 있는 사람을 찾고자 노력했다. 진정으로 존경할 만한 사람에게서 배우고 싶었다. 하지만 나 역시 안타깝게도 존경해 마지않으면서 배울 수 있는 그런 선배를 찾지 못했다. 자신의 업무에서 경험과 노하우를 가진 선배들은 많았지만, 전반적인 직업인으로서의 태도와 더 나아가 삶의 가치관이나 삶의 통찰을 배울 만한 사람은 거의 없었다.

직장인은 시간과 공간의 제약을 갖는다. 나는 그런 한계를 넘어서서 존경할 만한 사람에게서 배우고 싶었다. 고리타분한 이야기일 수 있겠지만 내가 찾은 답은 '책'이었다. 새삼스레 독서의 중요성을 강조하고 싶지는 않다. 나 역시 활자매체를 그리 좋아하는 편이 못 되니 말이다. 하지만 책을 읽는 것이 아니고 나의 평소 고민에 대한 답을 제시해줄 현자를 찾는 과정이라 생각하면 독서도 나름 '다이내믹'해진다.

예를 들면 직장에 무조건 충성하는 것이 현명하다고 강요하는 상사의 말은 정답이 아닐 수 있다. 주위 선배들이 근거 없이 쏟아내는 조언과 충고들을 선별할 수 있는 능력은 그 모든 문제의 본질을 꿰뚫어볼 수 있는 현자와 만남으로 가질 수 있다.

선배들이 근거 없이 내뱉는 충고와 조언을 나의 기준으로 혹은 위대한 선배들의 기준으로 걸러 들을 수 있다는 것, 신나고 다이내믹하지 않는가. 속으로 "넌 그렇게 생각해? 나는 그렇게 생각하지 않아!"라고 할 수도 있다. 그런 나의 생각에 근거가 있다는 것은 얼마나 신나는 일인가.

단순한 반항심리가 아니라 위대한 선배들의 경험과 사상을 바탕으로 올바르게 판단한다는 것을 말하는 것이다. 그리고 그러한 통찰이 있어야 비로소 선배들의 조언을 걸러서 들을 수 있고, 또 걸러서 들을 수 있어야 그 조언을 진정으로 자기 것으로 소화할 수 있다.

그렇다면 누가 진정으로 위대한 선배들인가? 신입사원들이 만나야 할 위대한 선배를 몇 명만 소개하고자 한다. 위대한 선배들이야 더 많이 있겠지만 몇 명만 소개하는 이유는, 아직 내가 만나지 못했거나 만났더라도 그의 가르침을 현실에 적용시켜 확인하지 못했기 때문이다. 내가 추천하는 사람들의 가르침은 내가 먼저 머리로 받아들였고 현실에서 적용시켜보았던 것들이기에 믿어도 좋다.

첫 번째 위대한 선배는 제레미 리프킨(Jeremy Rifkin)이다. 《노동의 종말》《엔트로피》《공감의 시대》 등 시대의 흐름을 꿰뚫는 통찰은 책을 읽는 내내 놀라지 않을 수 없었다. 그를 가장 먼저 소개하는 이유는 신입사원들은 과거와 현재 그리고 미래의 사회 흐름을 균형 잡힌 시각으로 바라볼 수 있어야 하기 때문이다.

회사를 오래 다닌 성공한 선배들은 자신의 성공 방정식을 의심하지 않는다. 자신의 성공 방정식을 끊임없이 신입사원들에게 조언하고 더 나아가 요구한다. 하지만 성공한 선배들의 조언과 요구들 중에는 옳지 않은 것도 있다.

하나만 예를 들어보자. 많은 상사들이 조직과 상사에게 무조건적인 충성과 복종을 강요한다. 그리고 그것이 성공의 유일한 길이라고 말한다. 하지만 그것은 틀렸다. 점점 다변화되고 치열해지는 시장에서 중요한 것은 조직과 상사에 대한 복종과 충성이 아니라 문제 해결 능력과 창의력이다. 복종과 충성에 기반한 문화에서는 찾기 힘든 요소다. 이제 충성과 복종은 상사나 조직이 아니라 스스로에게 해야 한다. 능동성과 자율성이야말로 문제 해결 능력과 창의력에 필요한 필수 요소다.

제레미 리프킨의 저서는 이러한 시대 흐름의 균형 잡힌 시각을 갖도록 해준다. 특히 《노동의 종말》은 직장인의 미래를 냉정하고 객관적으로 보여준다. 방대한 자료와 사례들은 그의 말에 수긍하지 않을 수 없게 만든다. 이제 시작하는 신입사원들은 제레미 리프킨이라는 위대한 선배를 배움으로써 시대의 흐름을 읽고 더 나아가 자신의 미래를 읽을 수 있는 단초를 발견하기를 바란다. 이것은 앞으로 자신의 삶을 책임져야 할 신입사원들에게 반드시 필요한 능력이자 의무이다.

두 번째 위대한 선배는 피터 드러커(Peter Ferdinand Drucker)다. 피터 드러커는 일을 어찌해야 하는지 알려주고, 훌륭한 직장인(피터 드러커는 이를 지식근로자라고 표현한다)이 되기 위한 실질적인 조언을 아끼지 않는다. 나는 피터 드러커가 좋다. 뜬구름 잡는 소리가 없기 때문이다. 대부분 현실에서 적용할 수 있는 구체적이고 명확한 내용들이다. 직장인으로서 자신의 정체성을 규명하는 데 놓쳐서는 안 되는 이야기들이라 감히 추천하고 싶다.

특히 《프로페셔널의 조건》《자기 경영 노트》 등의 저서에서 밝힌 명쾌하고도 실제 적용 가능한 방법과 사례들은 정말 질투가 날 만큼 효과적이다. 나는 인간관계에서 오는 문제들 때문에 힘들어하던 시기에 그의 책을 읽으면서 무엇이 문제인지 알게 되었고, 그의 조언을 현실에 적용시켜봄으로써 문제 해결의 실마리를 찾기도 했다.

피터 드러커를 신입사원들에게 권하는 이유는 실제적으로 일을 잘할 수 있는 구체적인 방법을 제시하기 때문이며, 또 그의 가르침이 실제 직장생활에 적용하기에 충분하기 때문이다. 신입사원들아, 일을 어찌해야 하는지 구체적인 방법이 알고 싶다면 피터 드러커의 저서를 한 번쯤 읽어보기를 권한다.

세 번째 위대한 선배는 다행히 한국 사람이다. 그는 《익숙한 것과의 결별》《세월이 젊음에게》《내가 직업이다》의 저자 구본형이다. 그의 가르침은 가슴을 관통한다. 20년간의 직장생활 경험에서 오는 가르침은 믿을 만하다.

신입사원들이 구본형에게서 얻었으면 하는 것은 삶과 직장을 바라보는 태도다. 그의 이야기는 따뜻하지만 그의 충고는 때로 비수와 같이 날카롭다. 신입사원으로서의 패기를 격려하지만, 나태와 자기합리화에 대해서는 날카롭게 비판한다. 또 밥벌이의 무거움과 진지함을 깊이 있게 말하고, 편한 것이 효과적인 것이 아니라는 불편한 진실을 일깨운다. 그의 가르침에는 애정이 있다. 진정성에서 나오는 애정어린 가르침은 정말 믿을 만하다. 이제 직장생활을 시작하면서 직장인으로서의 태도를 익혀야 하는 신입사원들이 놓쳐서는 안 되는 이야기들이다.

다시 한 번 강조하지만 제레미 리프킨의 시대의 통찰, 피터 드러커의 업무를 잘하는 구체적 방법, 그리고 구본형의 직장인으로서의 태도는 신입사원이라면 반드시 익히기를 권한다. 주위에 널린 답답한 선배들의 조언에 이리저리 흔들리고 싶지 않거든 말이다.

일을 잘하고 싶거든
현장으로 가라

책상에만 앉아 있는다고 해서 결코 탁월해지지 않는다.
현장에서만 알 수 있는 것들이 무엇인지 알고 익혀라.
자신을 차별화하여 전문가가 될 수 있는 힌트가 그 속에 있다.

그저 그런 월급쟁이가 되려고?

나는 신입사원 시절 어떻게 하면 일을 잘할 수 있는지를 지독히도 찾아다녔다. 그저 그런 월급쟁이가 되지 않기 위해 '발버둥'을 쳤다. 일을 잘하는 사람, 주위로부터 인정받는 사람이 되고 싶었다. 내가 하는 일에 관해서는 최고가 되고 싶었고, 그 분야에서 문제가 생기거나 의문점이 생기면 회사의 모든 사람이 나를 떠올리게 만들고 싶었다. 하지만 주위 사람들 중에는 자신의 일에 뜨거운 열정을 가진 사람이 드물었다. 답답했다.

다행스러운 일은 내가 대기업을 다닌다는 사실이었다. 오해하지 마시라. 단순히 급여가 많고 근무환경이 좋아서가 아니라, 함께 일하는 사람들이 많아서 좋았다. 회사 내의 많은 사람 중에 자신의 일에 열정을 가지고 인정을 받는 사람이 드물긴 했지만, 몇 명이라도 있다는 것이 너무 좋았다. 우선 그들에게서 배웠다. 그리고 그들에게 배웠던 것을 책을 통해 검증하며 체계화했다. 그런 과정을 거치며 '나'라는 사람이 여기에 있다고 표현하고 증명하고자 노력했다.

나는 당시의 나와 같은 고민을 하는 신입사원들이 이 글을 읽기를 원한다. 야심과 성장욕이 있는 신입사원들은 언제나 주위를 답답해 하니까 말이다.

"그냥 오버하지 말고, 시키는 일이나 해."

"그냥 대충 해라. 그런다고 월급 더 나오는 것도 아니니까."

"뭐가 그리 궁금하냐? 월급쟁이는 그냥 중간만 하면 하면 된다. 그게 제일이다."

만약 신입사원들이 이런 말을 듣고도 답답해하지 않거나 화가 나지 않는다면 진짜 반성해야 한다. 그것은 자신의 삶을 사랑하지 않는다는 뜻이고, 자신을 사랑하지 않는 죄의 대가는 생각보다 크다.

나는 후배들에게 위와 같은 말을 하는 선배들은 인정하지도 말고 되도록 멀리하라고 조언한다. 나이의 많고 적음을 떠나 진심으로 자신을 사랑하지 않는 사람의 삶은 한심하다. 직장생활하면서 몇 번 상처 받았다고, 자신의 뜻대로 되지 않았다고 냉소적이 된 선배들을 나는 인정하지 않는다. 신입사원들은 결코 그런 선배들을 닮아서는 안 된다. 그런 선배를 뛰어넘어야 한다. 그렇다면 어찌하는 것이 일을 올바르게 잘하는 것인가? 나는 수많은 방법 중에 가장 훌륭한 방법이 현장에서 배우고 익히는 것이라 확신한다.

현장이 고객이고, 고객이 현장이다

직장인이 하는 일이 효과적이지 못한 것이 되거나, 방향이 잘못 되는 것은 고객이 원하는 것을 정확히 알지 못하기 때문이다. 조직이 커지면 커질수록 실제로 업무를 하는 자와 고객과의 벽은 두터워진다. 많은 회사의 연구소에서 시장성이 없는 제품들을 만드는 이유는 제품을 만드는 연구소가 생산, 영업, 마케팅 등 회사 내의 두터운 벽들로 인해 고객과 멀어졌기 때문이다. 연구소 직원이지만 자의든 타의든 일정 기간 동안 영업 업무를 해본 사람들이 회사 내에는 더러 있다. 이런 사람들이 개발하는 제품은 다른 연구소 직원들과 달리 콘셉트부터 고객중심적으로 시작하는 경우가 많다는 것이 이를 입증하는 사례다.

그렇다면 고객은 무엇인가? 고객은 당신이 직장인으로서 존재하는 이유다. 직장인이 급여를 받는 궁극적 이유가 무엇이라고 생각하는가? 상사에게 잘 보여서도, 직장 내에서 인간관계가 좋아서도 아니다. 그것은 고객에게 실질적인 도움을 주고 공헌을 했기 때문이다. 그 대가로 고객은 지갑을 열고,

직장인은 월급을 받는 것이다.

비단 직장인만이 아니다. 노래를 정말 잘하는 가수가 있다고 하자. 그는 자신만의 음악성을 확고히 가진 사람이다. 하지만 자신의 음악성을 대중에게 표현하고자 하는 몇 번의 시도가 모두 고객에게서 외면을 받았다. 어찌해야 하는가? 음악으로 돈을 벌고 싶지 않다면 자신이 하고자 하는 음악을 혼자 계속해도 아무 관계가 없다. 하지만 음악이라는 제품으로 고객에게 대가를 받고자 한다면 고객이 원하는 것을 주어야 한다. 현실과 타협하는 것이 아니다. 자본주의는 본래 그런 것이다. 고객이 원하고 고객에게 도움을 줄 수 있는 것으로 공헌하는 것이 올바른 것이고 프로로서의 자세다.

내가 만든 제품, 그것이 무형의 서비스든 유형의 물건이든 간에 고객에게 필요한 것이어야 한다. 그런 인식이 일을 잘하게 하는 근본이다.

제품 개발 보고서를 쓴다고 하자. 나의 견해는 아무 의미가 없다. 나의 견해가 의미를 가지는 순간은 고객의 필요를 대변해줄 때뿐이다. 고객이 원하는 제품을 개발하는 것에 초점을 맞추면 자연히 보고서의 질은 높아진다. 어찌하면 고객의 요구를 더 잘 받아들일 수 있을까를 고민하는 것부터 시작해서, 어떻게 하면 그 제품을 잘 개발할 수 있을까 하는 실질적이고 구체적인 보고서를 작성할 수 있기 때문이다. 업무의 본질에 충실해지는 것이다. 이것을 사람들은 업무의 맥을 잘 짚고 있다 혹은 일을 잘한다고 표현한다.

특히 신입사원들에게 고객을 생각하는 태도가 중요한 이유는 고객과 가장 멀리 떨어진 존재이기 때문이다. 수많은 선배와 상사, 그리고 관계되는 수많은 팀의 의견 때문에 고객의 목소리를 잘 들을 수 없는 위치에 있는 것이 바로 신입사원이다.

다시 묻는다. 고객은 무엇인가? 고객은 현장이다. 현장에서 배워야 하는 이유는 그곳에 고객이 있기 때문이다. 고객은 현장이고, 현장 속에 답이 있다. 기회가 있을 때마다 현장으로 가라. 그곳에서 직접 묻고 익히며 땀을 흘려야 한다. 현장에 있지 않은 사람들은 뜬구름 잡는 소리밖에 할 수 없다. 일을 잘한다는 것은 구체적이고 실질적이라는 뜻이다. 구체적이고 실질적인 업무를 하려면 현장에서 굴러야 한다. 이것은 책으로는 결코 알 수 없는 것들이다. 또한 고객은 변덕스럽기 때문에 늘 현장에서 함께 땀을 흘릴 준비가 되어 있지 않은 사람들은 일을 잘하는 사람이 될 수 없다.

신입사원들은 여러 가지 현실적인 문제들 때문에 당장 현장으로 갈 수 없을지도 모르겠다. 하지만 시선만은 언제나 현장을 향해 있어야 한다. 시선이 현장에 있다는 것만으로도 효과적인 업무를 할 수 있는 많은 가능성을 안고 있는 것이다. 다시 한 번 말하지만 현장이 답이다. 언제나 시선을 그곳에 두어라.

'많은' 정보가 아니라 '정확한' 정보를 찾아라

일을 잘하려면 '많은' 지식과 정보들이 아니라 '정확한' 지식과 정보를 받아들이는 것이 중요하다. 틀리거나 왜곡된 정보라면 차라리 없는 것만 못하다. 업무 중 혼란만 가중시킬 뿐이기 때문이다.

현장에서 배워야 하는 또 다른 이유는 현장에서 직접 얻는 지식과 정보만이 정확하고 유용하기 때문이다. 회사라는 거대한 공간은 많은 사람의 이해관계가 얽힌 곳이다. 그래서 사람들은 저마다 자신의 정보를 자신의 이해관계에 유리하도록 왜곡, 변형한다. 이것이 옳으냐 그르냐는 논의하지 말자. 왜냐고? 그것이 설사 올바르지 못한 일이라고 해도 그것을 바로 바로잡는 것은 신입사원들의 통제 범위 밖에 있는 일이니까. 중요한 것은 그런 일이 실제로 일어난다는 것이다.

예를 들어 A회사 마케팅 팀에서 시장조사를 위해 영업사원들에게 주요 경쟁사의 제품 원가를 조사해오라고 요청했다고 하자. 얼마 지나지 않아 영업사원들에게 회신이 오기 시작했다. 제품마다 원가의 차이는 있지만 대체로 A회사의 제품보다 경쟁사 제품의 원가가 전반적으로 낮게 조사되었다. 하지만 나중에 마케팅 팀이 자체적으로 고객 방문조사를 한 결과 경쟁사의 원가는 A회사와 동등하거나 오히려 조금 높은 수준이었다.

왜 이런 일이 벌어진 걸까? 영업사원들의 실질적 이해관계가 작동해 정보를 왜곡했기 때문이다. 영업사원은 제품의 가격이 싸야 더 많이 팔 수 있는 사람들이다. 그런데 경쟁사 제품의 원가가 A사보다 높다는 사실에 근거한 정보를 마케팅 팀에 제공한다면, 향후에 판매가격 상승의 여지를 줄 수 있다. 그렇게 되면 앞으로 제품 판매에 좋지 않은 영향을 미칠 수도 있다는 것을 영업사원들은 경험적으로 알고 있다. 이 때문에 그들은 자신의 이해관계에 유리하게 정보를 왜곡, 변형한 것이다. 회사 내에서 이러한 사례들은 수도 없이 많다.

만약 A사 마케팅 팀 직원이 직접적인 고객 방문조사 없이 영업사원들이 제공한 정보만을 가지고 보고서를 쓰거나 중요한 의사결정을 했다면, 일을 잘하는 것은 고사하고 큰 낭패를 보았을 것은 불 보듯 뻔하다.

내가 아는 신입사원에게 이런 이야기를 해주니 이렇게 말했다.

"대리님, 함께 일하는데, 서로 믿어야 하는 것 아닌가요? 그렇게 못 믿으면 어떻게 해요?"

이것은 사람들을 믿고 안 믿고의 문제가 아니다. 현실적인 직장의 구조적 문제점을 인정하고 자신이 할 수 있는 것 중에서 최선을 다하는 것일 뿐이다. 왜곡된 정보를 가지고 업무를 진행하다가 일이 잘못되었다 치자. 그제야 정보를 준 사람에게 책임을 돌리고 자신은 받은 정보대로 업무를 진행했으니 자기 책임은 아니라는 식의 태도는 프로답지 못한 행동이다. 일어날 수 있는 모든 문제의 불씨는 미리 점검해야 한다.

많은 사람의 이해관계가 얽힌 회사라는 공간은 정보가 왜곡되기 쉽다. 앞서도 말했지만 일을 올바르게 잘하기 위해서는 많은 지식과 정보가 필요한데, 그 지식과 정보는 객관성이 담보된 정확한 것이어야 한다. 반드시 그래야만 한다.

헌데 이것은 책상 앞에 앉아 있는다고 저절로 얻어지는 것이 아니다. 현장에서 발로 뛰어야 한다. 그래야 시간이 지나면서 여러 가지 쏟아지는 정보 중 객관적이고 유용한 것들을 걸러낼 수 있는 안목도 생기게 되는 것이다.

책상에만 앉아 있지 마라

신입사원들은 대부분 사무직, 관리직 근로자들이다. 피터 드러커의 표현을 빌리자면 '지식근로자'들이다. 실제 제품을 만들거나 생산하는 현장과는 떨어져 있는 것이 사실이다. 그것이 물리적 거리든 심리적 거리든.

자신의 일을 정말 잘하고 싶다면 현장으로 가라. 거기서 무슨 일이 일어나는지 보고 느껴라. 책상 앞에 앉아만 있어서는 자신의 분야에서 탁월해질 수 없다.

그런데, 우리 회사의 경우만 보아도 신입사원들은 대부분 공장이라는 현장에 가는 것을 좋아하지 않는다. 선배들이 왜냐고 물으면, 자신은 해외영업

담당이니까 영어 잘하고 영업 잘하면 되는 것 아니냐는 식으로 답한다. 마케팅이니까 그것만 잘하면 되는 것 아니냐는 식이다. 신입사원들의 마음, 잘 안다. 공장에 가 있으면 옷에 기름이 묻어 더럽고, 몸 쓰면서 일하는 것이 힘들다. 하지만 현장은 원래 그런 곳이다. 때로는 더럽기도 하고 때로는 힘들기도 한 곳이 현장이다.

진짜 답은 현장에 있다. 내가 하는 일의 본질이 거기에 있기 때문이다. 기계를 만들어서 파는 회사는 생산이든 영업이든 연구소든 마케팅이든 기계를 만들어 팔기 위해 존재하는 것이다. 또 게임을 만드는 회사는 엔지니어든 영업이든 게임을 만들어 팔기 위해 존재하는 것이다. 현장에서 일어나는 일을 알지 못하면 결코 자신의 분야에서 탁월해질 수 없다.

해외영업 팀 신입사원에게 기계도면만 보고 나사를 어떻게 돌리는지 그것까지 알라고 하는 것이 아니다. 내가 고객에게 판매하는 제품이 어떻게 생겼는지, 어떻게 만들어지는지, 또 어떤 사람들이 만드는지 정도는 알아야 한다는 것이다. 그 속에 자신을 차별화하여 전문가가 될 수 있는 힌트가 숨어 있다.

나는 지금 마케팅 업무를 하고 있지만, 신입사원 시절에는 엔지니어였다. 공장에서 기름 묻혀가며 현장에서 일했다. 그 당시에는 그게 내가 해야 하는 업무였기 때문에 좋고 싫음이 없었다. 당연히 매일 아침 내가 해야 하는 일이었다. 하지만 시간이 지나 마케팅 팀의 상품기획이라는 업무를 맡고 보니, 신입사원 시절 현장에 있었던 그 시간이 엄청난 행운이었다는 것을 알게 되었다.

똑같이 책상 앞에 앉아 있지만 내가 하는 일이 현장에서 어떻게 적용되고 진행될지 머릿속에 그려가며 일을 할 수 있는 사람과 그렇지 않은 사람은 업무의 성취도가 다르다.

예를 들어 신입사원이 해외영업을 한다고 치자. 그리고 그 신입사원이 제품 수주를 받으면 생산관리에서 등록되어 자재가 발주되고 실제 공장에서 제품 생산에 들어가는 일련의 현장 생리를 잘 알고 있는 사람이라고 가정하자. 그는 향후 돌발적인 문제가 생겼을 때 어디에서부터 어떻게 문제를 해결해야 할지 어렵지 않게 다룰 수 있다. 쉽게 말해서 그는 일을 잘하는 신입사원이 되는 것이다.

또 다른 신입사원은 생산관리 팀 업무를 한다고 치자. 생산하는 제품의 수가 얼마나 되는지, 얼마나 출하를 할 수 있는지 잘 계획하려면 일선 현장에 있는 시간이 많아야 한다. 책상머리에 앉아서 시간당 몇 대를 만들 수 있다는 계획표만 들여다보고 있어서는 안 된다.

계획은 계획일 뿐이다. 현장에서는 예측할 수 없는 돌발상황이 많이 발생한다. 그러한 돌발상황은 현장에 있는 사람이 아니면 알 수가 없다. 하지만 현장에서 구르다 보면 어느 순간 돌발변수가 더 이상 돌발변수가 아닌 것이 되는 순간이 온다. 예를 들면, 현장에서 일하는 생산직 근로자가 갑자기 몸이 아프면 돌발변수지만, 1년이 지나면 평균적으로 한 달 또는 일주일에 아픈 사람이 몇 명 정도인지 알 수 있게 되는 것이다.

그때가 되면 그 신입사원은 비로소 자신의 일을 제대로 잘 다룰 수 있는 사람이 되는 것이다. 현장에서 바닥부터 구르는 사람만이 자신의 일을 잘 다룰 수 있고, 더 나아가 탁월한 전문가가 될 수 있다. 하지만 자신이 하는 일이 현장에서 어떻게 적용되는지 모르거나 관심조차 없는 사람은 문제가 생겼을 때 할 수 있는 유일한 말이 이것뿐이다.

"전 해외영업(또는 생산관리)이라 그런 거 모르는데요? 저는 계획서대로 했을 뿐이에요."

나는 그런 신입사원에게 이렇게 말해준다.

"자랑이다!"

책상에만 앉아 있는 신입사원은 결코 탁월해지지 않는다. 현장에서 배워라. 현장이 어찌 돌아가는지 배우고, 우리가 고객에게 팔고 있는 제품이 어찌 생긴 건지 공부하고, 현장에서만 알 수 있는 것들이 무엇인지 알고 익혀라. 그래야만 자신의 일을 잘할 수 있고 자신의 일에 책임을 질 수 있다.

후배 신입사원 중 C라는 친구가 있다. 경영학과 출신으로 기획팀에서 일하고 있는 그는 틈만 나면 현장에 내려와 당장 자신의 업무와 직접적인 관계가 없는 것들의 사진도 찍고 이것저것 질문도 한다. C의 휴대폰에는 온통 현장의 사진들이다. 기계사진은 말할 것도 없고, 생산공정 사진부터 현장에서 일하는 분들의 사진까지 말이다. 열정이 없으면 결코 할 수 없는 일이다.

나는 C가 훌륭한 전문가가 될 것이라 믿어 의심치 않는다. 그리고 나의 도움이 필요하다면 기꺼이 최선을 다해 도와줄 것이다. 나는 더 많은 신입사원이 C처럼 현장의 중요성을 느끼고 현장의 바닥에서 구르고 기면서 자신의 내공을 쌓기를 진심으로 바란다.

다른 사람 너무 신경 쓰지 마라

자신의 방향성이 확고하지 않다면,
타인의 사소한 평가에도 상처받고 혼란스럽다.
자기객관화로 업무와 인생에 균형을 찾는 것이 중요하다.

회사에서는 자신을 잃어버리기 쉽다

회사 내에서 신입사원은 약자다. 아는 것보다 모르는 것이 많고, 배워야 할 것투성이다. 그러다 보니 수시로 선배들의 눈치를 보고, 자신에 대한 평판에 신경을 쓰는 것은 어찌 보면 당연한 일이다.

굳이 회사 안에서의 이야기가 아니더라도 한국에서는 아이부터 노인까지 타인의 시선에서 자유롭지 못하다. 다른 사람이 나를 어떻게 생각하는지, 나를 어떻게 평가하는지 무척이나 예민하다. 더욱이 직장 내에서 상대적 약자인 신입사원들이 다른 이의 시선에서 자유롭기는 거의 불가능하다. 직장은 서로의 이해관계가 미묘하고도 복잡하게 얽혀 있는 곳이기 때문이다.

하지만 타인의 시선에서만 만족감을 느끼는 사람에게는 직장에서의 진정한 행복은 없다. 직장생활도 결국은 자신의 삶에서 조금의 행복이라도 찾기 위해서 하는 것 아닌가? 그런데 다른 사람의 기준으로만 자신을 바라보는 삶에서 어떤 행복을 찾을 수 있겠는가? 내 속에 나는 없고 다른 사람의 평가만이 가득하다면 너무 슬픈 일이 아닌가?

노파심에서 하는 말이지만 '타인의 시선에서 자유롭다는 것'과 '배려가 없다는 것'은 다르다. 타인의 시선에서 자유롭다는 것은 직업관, 삶의 가치관, 그리고 업무적 역량 등이 어우러져 단단한 자존감을 가지고 있을 때 가능한 것이다. 반면에 배려가 없다는 것은 자신의 직업관, 가치관과 관계없이 자기 멋대로 사는 것이다.

내가 신입사원들에게 다른 사람을 너무 신경 쓰지 말라고 당부하는 것은 동료들을 배려하지 말라거나 업무 처리를 자신의 기준에만 맞추어 진행하라는 뜻이 아니다. 회사는 많은 사람이 함께 어우러져 일하는 곳이라서 자신을 잊어버리기 쉽다는 것을 잘 알고 있기 때문에 하는 말이다. 또한 나를 지켜가는 것과 함께 일하는 것의 균형이 중요하다는 것을 말해주고 싶어서다.

그렇다면 어찌해야 하는가? 어찌하면 자신을 지켜가는 것과 함께 일하는 것의 균형을 잡을 수 있는가?

최선을 다해라, 진부한 말이라 생각하지 말고

다른 사람의 시선에만 너무 신경을 쓰다가 직장생활이 힘들어진 사례를 하나 소개할까 한다.

Y대리는 늘 타인의 평가에 예민하다. 소위 말해 안테나를 바짝 세운다. 옆에 있는 사람들이 자신의 업무평가를 어찌하는지, 인간적인 평가는 어찌하는지, 자신의 사소한 행동에 대해 어떻게 이야기하는지에 집착한다.

Y는 다른 사람들에게 잘 보이기 위해 일하고, 또 좋은 평판을 얻기 위해 거짓말로 자신을 포장하기도 한다. 다른 이의 시선에 갇혀서 스스로를 괴롭히는 것이다. Y도 그런 자신의 모습이 무엇인가 문제가 있다고 생각하는지 늘 후배들에게는 다른 사람 신경 쓰지 말고 자기 일만 묵묵히 하면 된다는 모순적인 이야기를 하고 다닌다. 안타까운 일이다. 직장에서 자신은 없고 다른 사람의 시선만 의식하는 사람이 되어버린 것이다.

직장은 여러 가지 이해관계들이 얽힌 복잡 미묘한 공간이다. 유기적으로 얽혀 있는 관계 속에서는 지구 반대편 나비의 날갯짓 한 번이 나에게 태풍으로 다가올 수 있다. 따라서 타인의 시선에서 완전히 자유로웠다가는 어느 순간 자칫 조직에서 소외되거나 불이익을 받을지 모른다는 불안감에 휩싸이기 십상이다. 사실 나도 그런데, 하물며 신입사원들은 오죽하겠는가? 답답하고 힘든 노릇이다.

어찌해야 하는가? 타인의 시선에서 조금이라도 자유로울 수 있는 확실한 방법은 무엇인가? 그것은 스스로 최선을 다해 자신을 납득시킬 수 있는 자기 확신을 갖는 것이다. 자칫 모호하게 들릴 수 있으니, 예를 하나 들어보겠다.

신입사원이든 선배든 업무평가가 자기 생각보다 저평가되었을 때는 불안하고 스트레스를 겪는다. 열심히 준비해 간 보고서를 잘 읽어보지도 않고 "뭐야 이게! 이걸 지금 보고서라고 가지고 왔어?"라고 말하는 상사 앞에서 당당하기는 쉽지 않다.

하지만 그런 평가에 흔들리는 본질적인 이유를 곰곰이 생각해보면, 그것은 스스로 자신의 보고서에 확신을 갖지 못하기 때문이다. 본인 스스로 "이것보다 좀 더 잘할 수 있었는데, 최선을 다하지 않았어"라며 모자람을 알고 있기 때문이다.

자기 업무에 대해 깊이 고민하고 여러 가지 모색도 하고, 관련 서적을 읽거나 여러 가지 시도를 해보면서 업무에 흠뻑 빠져든 경우라면 누구도 자신의 업무를 폄하할 수 없다. 만약 개인적인 감정이나 호불호 때문에 상사가 본인의 업무를 평가절하하더라도, 완전히 의연할 수는 없겠지만, 자신의 존재 자체가 흔들리는 것은 훨씬 덜할 것이다. "이것보다 어찌 더 잘할 수 있단 말야? 내가 할 수 있는 최선을 다했어"라고 스스로에게 확신을 줄 수 있다면 그것으로 어느 정도 스스로 의연해질 수 있다는 뜻이다.

자기객관화가 필요하다

타인의 시선에 의한 평가가 객관적으로 나타나는 인사평가는 신입사원부터 임원까지 그 누구도 자유로울 수 없다.

직장인에게 연말은 애환이 많은 시기다. 인사에 관련된 사안이 급박하고 극적으로 진행되기 때문이다. 어떤 이는 인사 발령이 나서 해외근무를 하기도 하고, 요직으로 발령이 나서 자신의 존재를 인정받기도 하고, 어떤 이는 좌천되어 한직으로 물러나 상심하기도 한다. 또 어떤 이는 승진이 되어 기쁨을 누리기도 하고, 어떤 이는 원하지 않는 퇴직을 맞이하여 쓸쓸히 직장을 떠나기도 한다.

이 모든 사안의 시작점이 되는 것이 바로 인사평가다. 인사평가가 여러 해 동안 누적 혹은 합산되어 여러 가지 인사정책에 반영된다. 그래서 대부분의 직장인은 어쩔 수 없이 인사평가에 늘 목을 매고 1년을 살 수밖에 없다. 이것은 동료가 한 번씩 지나가는 말로 던지고 가는 평가와는 차원이 다르다. 그 중압감은 직장생활을 해본 사람이라면 누구나 알고 있을 것이다.

올해도 어김없이 동기들의 인사평가가 이루어졌다. 동기 녀석 중 F는 인사평가가 만족스럽지 못했는지 인사평가를 확인하는 그날 불만스러운 표정을 지으며 평소 퇴근시간보다 먼저 홀쩍 퇴근을 해버렸다.

F가 자신의 인사평가에 만족하지 못한 것은 아마 자신의 가치가 절하되었다는 불쾌감이나, 자신이 팀에 기여한 것에 대한 보상을 제대로 받지 못했다는 서운한 감정이 주요한 이유일 것이다.

내가 진정으로 F가 걱정스러웠던 부분은 낮은 인사평가로 인해 받을 회사 내의 불이익 때문이 아니었다. 회사의 인사평가를 F 자신의 존재에 대한 평가로 받아들이지 않을까 하는 걱정 때문이었다.

어떤 조직이든 개인의 업무역량을 정량적으로 정확히 산출해낼 수 있는 도구는 존재하지 않는다. 유기적으로 수많은 인원이 함께 모여 성과를 내는데, 그 성과에 누가 얼마나 기여했는지 정확하게 정량적으로 어찌 산출을 할 수 있단 말인가?

개인의 업무역량을 어떻게 평가할 것인지에 대한 객관적 근거가 없으니 회사 내에서 이루어지는 인사평가는 다분히 평가자의 주관적 기준이 크게 작용할 수밖에 없다. 이 주관적인 기준에는 업무지식, 활용능력, 의사소통 능력, 책임감뿐만 아니라 인사평가자와의 관계, 팀 내 정치적인 역학관계 등이 크든 작든 영향을 미칠 수밖에 없다.

F가 정말 업무수행 능력이 좋은지 아닌지는 정확히 알 수 없지만, 회사라는 공간 안에서의 인사평가가 매우 주관적일 수밖에 없기 때문에 때로는 자신의 능력과 관계없이 평가절하되거나 혹은 그 반대일 수도 있다는 것을 겸허히 받아들여야 한다. 그래야만 자신의 진정한 자존감을 지킬 수 있다.

만약 인사평가에서 기대 이상의 점수를 받았다고 해도 들뜨거나 크게 기뻐할 필요가 없다. 업무평가가 자신의 기대보다 좋게 나온 것이 정말 온전히 내가 뛰어나서가 아님을 객관적이고 냉정하게 깨달아야 하기 때문이다.

맡은 일에 대해서 학습하는 태도로 임하는 것, 스스로 조금 더 나은 결과물을 내고자 하는 의욕, 다른 사람에게 본인의 업무만큼은 지고 싶지 않다는 승부근성 등은 분명 직장생활에서 좋은 영향을 미칠 것이다.

하지만 좋은 인사평가에서 이런 요소들만큼이나 중요한, 그러면서도 우연적인 요소가 많다는 것을 인정해야 한다. 본인이 맡은 업무가 대외적으로 더 크게 보이거나 상사와의 좋은 관계 덕분에 업무 확장의 기회를 부여받는 것, 혹은 특화된 업무로 독립성을 가진 직무를 우연히 얻을 수도 있다는 점 등은 언제든 내 의지와 상관없이 뒤바뀔 수 있는 것들이다. 좋은 인사평가는 이런 우연적인 혜택을 많이 입은 결과라는 것을 인정해야만 한다.

이 우연적인 기회가 어떤 이에게는 호재로, 또 어떤 이에게는 악재로 작용할 수 있다. 그러므로 여러 가지 이해관계가 얽힌 공간에서 자존감을 높이기 위해서는 나의 역량 이외에 내가 통제할 수 없는 부분들이 회사 내의 평가에 영향을 미칠 수 있음을 인정하는 자세가 필요한 것이다.

나는 이런 경험을 한 적이 있다. 누가 보더라도 그 해의 나의 성과도출은 훌륭한 편이었고 나 역시 정말 열심히 했다. 성과도 나쁘지 않다고 생각했다. 내심 좋은 평가를 기대한 것이 아니라 당연히 좋은 평가를 받을 거라는 확신이 있었다.

하지만 내 예상은 '완전히' 빗나갔다. 100점을 기준으로 본다면 95점 이상은 된다고 확신했던 나의 평가는 60점으로 되어 있었다. 처음에는 정말 황당했다. 도저히 납득할 수 없는 평가였다. 그런데 어찌된 일인지 시간이 지나면서 이상한 감정의 변화를 느꼈다. 생각보다 크게 기분이 나쁘지가 않았다. 참을 수 없을 만큼 기분이 나쁘고 분해야 정상인데, 그다지 큰 감정의 변화가 없었다. 오히려 나보다 팀 내에서 자신의 문제를 해결하지 못해 힘들어하던 업무를 나의 도움 덕분에 원만히 잘 진행했던 동료들이 오히려 내 눈치를 보는 것이 아닌가?

그 후에 점점 기분이 좋아졌다. 거짓말이 아니다. 진짜다. 정말 기분이 좋아졌다. 사실 나는 업무평가를 90점 이상으로 잘 받은 적도 많았다. 하지만 인사평가를 잘 받을 때보다 더 기분이 좋았다. 왜냐하면 내가 다른 사람의 평가에만 휘둘리지 않는 내공을 가진 사람이 되었다는 것을 스스로 깨닫게 되었기 때문이었다.

나라는 존재에 대해 다른 사람이 내린 평가가 절대적이지 않다는 것을 그냥 단순히 머리로 아는 것이 아니라 내 속에 체화되었다는 것을 알게 되었다. 무던히도 고민하고 읽고 쓰고 또 그것들을 생활에 적용하려는 노력 속에서 단단한 자존감을 갖게 된 것이다. 나는 이 사실을 깨닫게 되었다는 것이 회사 내에서 평가를 잘 받는 것보다 훨씬 행복했고 뛸 듯이 기뻤다. 내가 조금 더 성장하고 멋진 사람이 되었다는 느낌 때문이었다. 다른 사람의 기준이 아니라 나의 기준으로 나를 평가하고 받아들일 수 있는 사람이 되었다는 느낌이었다.

여담이지만, 시간이 지나 내가 왜 평가를 낮게 받았는지 알게 되었다. 그것은 팀 내 다른 사람의 승진 문제와 여러 가지 정치적인 문제들이 겹쳤기 때문이었다. 결코 나의 업무적 성과가 시원치 않아서 그런 평가를 받게 된 것이 아니라는 것을 알고 난 이후에 나의 깨달음에 더 확신을 갖게 되었다.

자기객관화가 이루어지면 업무평가가 나의 인격이나 삶을 평가하는 것이 아니라는 걸 깨닫게 된다. 인사평가를 잘 받았다고 해서 고결한 인품을 가진 것도 아니고, 훌륭한 삶을 사는 것도 아니다. 또한 인사평가를 잘 못 받았다고 해서 정말 형편없는 사람이 되는 것도 아니다. 삶과 일의 적절한 균형을 잡을 수 있게 되는 것이다.

이러한 능력은 직장생활을 오래 한다고 거저 생기는 것이 아니다. 꾸준히 고민하고 학습하면서 나름의 자기철학을 만들어 갈 때만 비로소 가능한 것이다. 신입사원들도 곧 겪게 될 고민의 답은 대부분 자기철학의 단단함에 있다는 것을 알게 되기를 진심으로 바란다. 그리고 단언하건대 회사 내에서 업무평가를 잘 받는 것보다 자신이 단단한 자존감을 가진 사람이라는 것을 깨닫게 되는 경험이 몇 배는 더 큰 즐거움을 줄 것이다.

모든 사람에게 좋은 사람은 없다

주위의 인간적인 평가는 또 어떤가. 이 문제 해결의 대전제는 '모든 사람에게 좋은 사람은 있을 수 없다'는 것을 인정하는 것이다. 대인관계에 있어 확실한 자신만의 기준이 있으면 모든 사람을 그 기준에 맞추어 관계를 지속하면 된다. 억지로 누군가에게 잘 보이고자 노력할 필요가 없다.

그 결과로 어떤 이는 호의적일 것이며, 어떤 이는 비난을 할 것이다. 하지만 상황이 바뀌면 호의적이었던 사람이 비난을 할 것이고, 비난을 했던 이는 호의적으로 변할 것이다. 이것이 직장의 현실이다. 대부분의 직장인들은 자신이 있는 위치의 시선을 벗어나지 못하기 때문이다.

재미있는 사례를 하나 들어보자.

H팀장은 영업 팀에서 오랜 세월 근무하다 이런저런 회사 사정으로 연구소에서 근무를 하게 되었다. 예전에 영업 팀에서 일할 때 그는 엔지니어들이 영업 지원을 잘 해주지 않아서 실적이 나오지 않는다고 공공연하게 비난했다. 하지만 연구소로 근무지를 옮기고 나서는 연구소에서 잘 만들어준 제품을 영업 팀이 잘 팔지 못한다고 영업사원을 비난한다. 그렇다면 얼마 되지 않는 그 사이에 엔지니어들의 역량이 급상승하고 영업사원의 영업력이 급하락한 것인가? 물론 아니다. 대부분의 직장인들이 자신의 상황과 위치에 맞추어 모든 일을 판단하기 마련이라서 그런 것이다.

직장인은 누구나 자신의 역할이 있다. 평범한 대부분의 직장인은 그 역할의 시선으로 모든 것을 바라본다. 그리고 그 역할은 상황에 따라 바뀌기 마련이다. 달리 말하면 자신의 이해관계의 관점에서 다른 사람을 바라본다는 뜻이고, 그 관점은 언제나 바뀔 가능성이 존재한다는 뜻이다.

현명한 사람이라면 상황에 따라 사람을 대하는 '방식'이 아니라 사람을 대하는 동일한 '기준'에 관심을 기울일 것이다. 타인의 시선에서 조금이라도 자유롭기 위해서는 모든 사람이 현명한 사람이 아니라는 현실적인 인식의 바탕 위에 자기 스스로를 납득시킬 수 있는 자신만의 대인관계 기준이 필요하다.

사람마다 대인관계의 기준은 다 다를 수 있겠지만, 내 경우 직장에서 사람을 대하는 '기준'은 성과다. 나는 언제나 이 기준으로 모든 사람을 대한다.

예를 들어 같은 팀에서 함께 일하는 Y는 제품 판매가격 조정 업무를 맡고 있다. 이 업무는 팀에서 내가 맡은 업무와 유기적으로 긴밀히 연결되어 있다. Y에게 맡겨진 업무 가운데 효과적인 성과를 내기 위해 내가 더 잘 아는 부분이 있고, 반대로 나에게 주어진 업무 가운데 효과적인 성과를 내기 위해서 Y가 더 잘 아는 부분이 혼재되어 있다.

중요한 것은 내 업무와 관련이 있는 부분에서는 그것이 누구에게 주어지든 관계없이 최선의 성과를 낼 수 있도록 하는 것이다. 그것이 내가 직장에서 사람을 대하는 '기준'이다. 그래서 Y의 업무 가운데 나의 전문분야가 있다면 먼저 자청해서 그 부분을 맡아서 진행하겠다고 말한다. 그러면 Y는 그 부분을 어찌해야 할지 고민이었다고 말하며 커피라도 한잔 사겠다고 연신 고마워한다.

하지만 나에게 주어진 업무 중에서 Y의 전문분야가 포함되어 있다면 나는 Y에게 가서 이런저런 부분은 판매가격에 대한 부분이니 책임지고 해달라고 요청한다. 그러면 Y는 표정이 달라지며 왜 자기 일을 남에게 떠넘기느냐며 불쾌한 감정을 숨기지 못하고 일은 그런 식으로 하는 게 아니라는 등 온갖 투정을 해댄다.

내가 Y의 업무 중 일부를 하겠다고 자청한 이유는 Y와 인간적으로 친해지고 싶어서가 아니다. 내가 더 잘할 수 있는 일을 함으로써 더 나은 성과를 만들 수 있기 때문이다. 나의 업무 중 일부를 Y에게 위임 요청한 것 역시 Y에게 내 업무를 떠넘기기 위해서가 아니라 그렇게 하는 것이 더 효과적인 성과를 만들 수 있기 때문이다.

나는 같은 기준으로 Y를 대했을 뿐이지만 Y는 그 기준은 보지 못하고 오직 상황에 따라 자신을 대하는 방식이 바뀐 것에만 초점을 맞춘 것이다. 오직 현명한 사람만이 상황에 따라 변하는 방식이 아니라 언제나 동일하게 적용하는 '기준'에 주목할 것이다. 그리고 현명한 사람은 늘 소수임을 인정하고 받아들여야 한다.

이후부터 나는 현명하지 못한 자들의 칭찬과 비난 모두 크게 신경 쓰지 않게 되었다.

어느 여학생의 분식집 아르바이트 이야기

신입사원들이 타인의 시선에서 자유롭기 위해서 잊지 말아야 할 중요한 것은 자신의 방향성이다.

어떤 여학생이 분식집에서 아르바이트를 한다고 가정해보자. 그녀의 꿈은 가수다. 어려운 가정형편 때문에 음악을 배울 레슨비를 벌기 위해 아르바이트를 하는 중이다. 그녀의 근무시간은 12시부터 4시까지다. 오늘도 하루만큼 자신의 꿈에 다가서기 위해 그녀는 4시면 분식집에서 일을 마치고 학원으로 향해야 한다.

하지만 분식집 주인은 일손이 부족한 시간이라고 30분만 더 일을 해달라고 부탁을 한다. 하지만 그녀는 자신의 꿈을 이루기 위해 그럴 수 없다고 단호히 말했다. 그러자 주인은 다른 직원들 앞에서 버릇없고 책임감이 없다고 그녀를 비난했다. 그 뒤로 그녀는 분식집의 다른 종업원들과 원만하게 지내기가 힘들어졌고, 다른 종업원들은 그녀로 인해 자기의 일이 많아졌다고 여기며 그녀를 불편하게 생각하기 시작했다.

많은 신입사원이 분식집 여학생에게 감정이입이 될 것이다. 과연 그녀는 정말 버릇없고 책임감이 없는 것인가? 꿈을 향한 그녀의 판단이 타인의 평가 때문에 혼란스러워져야 하는가?

중요한 것은 자신의 삶의 '방향성'이다. 그녀의 꿈이 분식집 주인이거나 그에 준하는 것이었다면 주인의 요청에 응하는 것이 그녀에게 도움이 될 수 있었을 것이다. 하지만 그녀의 꿈은 가수이며, 그 꿈을 이루기 위해 징검다리로 분식집 일을 하는 것이다. 물론 그 징검다리가 얼마나 중요한지는 신중하게 스스로 결정해야 한다.

우리의 상황도 이와 크게 다르지 않다. 이제 직장생활을 시작하는 신입사원이라면, 앞서 말한 분식집의 가수 지망생과 같은 고민을 이미 하고 있거나 아니면 앞으로 분명 한 번은 하게 될 것이다. 그때마다 자신의 방향성에 따라, 자신이 원하는 삶을 따라 묵묵히 걸어가야 한다. 때때로 어떤 이들은 비난할 것이며, 또 어떤 이는 조롱할 수도 있다. 하지만 그저 묵묵히 걸어가야 한다. 자신의 삶에 최선을 다한다는 각오로 현실의 문제들을 뚫고 나아가야 한다.

자신의 방향성이 확고하지 않다면 타인의 사소한 평가에도 상처를 받을 것이고 혼란스러울 것이다. 역사를 한번 보라. 위대한 성취를 이루거나 자신만의 업적을 남긴 이는 당대에 힐난과 조롱의 대상이었던 적이 많았음을 어렵지 않게 알 수 있다.

속물근성이 가득한 세상에서 자신의 존재를 지키는 것은 쉽지 않다. 자칫 아집과 독선에 빠질 위험성이 있음에도 불구하고 타인의 시선에서 자유로워야 한다고 말하는 것은, 신입사원들이 자신과 타인에 대한 균형 잡힌 시선으로 행복한 밥벌이를 하도록 바라기 때문이다.

프로가 되기 전에
진정한 아마추어가 돼라

> 대부분의 다른 신입사원과 이야기해보아도 크게 다르지 않았다.
> 돈을 벌기 위해 입사를 했거나, 대학을 졸업했으니
> 당연히 회사를 가야 하는 줄 알았다는 친구들이 대부분이다.

나의 일을 순수하게 '열망'하라

나는 프로페셔널이라는 단어를 좋아한다. 그 속에 담겨 있는 뜨거움, 차별성, 독립성, 전문성, 책임감 등의 이미지를 좋아하기 때문이다. 프로페셔널의 삶, 그것이 내가 진정으로 원하는 삶이기 때문에 나는 직장에서든 밖에서든 진정한 프로페셔널이 되고 싶다. 또한 한 사람의 직장인으로서 직장 안에서는 반드시 그렇게 해야 한다고 생각한다. 이것은 선택의 문제가 아니다. 그래서 후배 신입사원들에게도 자신의 일을 차별화하여 조직에 최상의 기여를 할 수 있는 프로페셔널이 되라고 기회가 있을 때마다 말한다.

길지 않은 기간 동안 직장에서 일하면서 많은 사람을 만났다. 사람이라는 존재 자체에 관심이 많아서였는지, 나에게는 주위 사람들을 관찰하는 버릇이 있다. 함께 일하는 사람들의 습관, 태도, 가치관 등을 자연스럽고 주의 깊게 살핀다.

제법 많은 사람들을 만났지만 자신의 일에 차별적인 전문성을 가지고 책임감 있게 조직에 공헌하고자 하는 사람은 그다지 많지 않았다. 달리 말하자면 직장에서 닮고 싶은 '멘토'를 그다지 많이 만나지 못했다는 뜻이다. 안타깝지만 대부분의 다른 직장에서도 비슷하지 않을까 싶다.

나는 직장에서 프로페셔널이 아닌 사람을 좋아하지 않는다. 대충 일하고, 하루를 때우는 것이 목표이고, 기껏해야 욕먹지 않을 정도의 성과에 만족하는 그런 사람들을 나는 자신의 삶을 모욕하고 진정으로 자신을 사랑하지 않는 사람이라 생각한다. 그래서 가끔 후배나 신입사원들이 업무를 진행하면서 프로페셔널답지 못한 태도를 보일 때면 따끔하게 충고한다.

나는 정말 맡은 바 일에 차별적인 전문성을 가지고 책임감 있게 일하려고 노력했다. 뭐, 솔직히 말하자면 내가 일하는 곳에서 돋보이고 싶다는 바람도 적지 않았지만, 끊임없이 내가 속한 곳에 최상의 기여를 하는 것이 중요하다고 스스로를 설득하며 내가 존재하는 곳에서 쓸모가 있는 사람이 되고자 노력했다. 그것이 진정한 프로페셔널이요, 내가 원하는 삶이라고 생각했기 때문이다. 그래서 때로 상사든 후배든 업무 처리가 허술하거나, 전체적인 업무의 큰 틀을 보지 못하고 자신의 업무 편의성만 주장하는 사람들을 '아마추어' 같다고 생각했다.

하지만 '아마추어'라는 어원의 의미를 알게 되면서부터 내가 중요한 무엇인가를 놓치고 있었음을 깨닫게 되었다. 조안 B. 시울라는 《일의 발견》이라는 책에서 아마추어에 대해 이렇게 설명하고 있다.

"'아마추어'라는 단어는 라틴어 '아마토르'(amator) 즉 '애호가'라는 단어로부터 파생된 것이다. 옥스퍼드 영어사전은 아마추어를 '무엇인가를 좋아하거나 애호하는 사람' 또는 '어떤 것에 취미를 갖고 있는 사람'으로 정의하고 있다. 아마추어는 돈이나 명성 같은 외적인 보상을 위해서가 아니라, 그것이 재미있고 본질적으로 보람을 주기 때문에 취미를 개발한다."

나는 '어떻게'에 집착하고 있었을 뿐 '왜'라는 것에 대해 스스로 질문하지 못하고 있었다는 사실을 깨닫게 되었다. 나의 업무를 어떻게 해야 하는지에 집착하느라 정작 나의 업무를 왜 해야 하는지에 대한 답을 몰랐던 것이다.

진정한 프로페셔널이 되기 위해서는 자신의 일을 순수하게 좋아하는 마음이 조금이라도 있어야 한다. 베토벤은 음악을 진정으로 사랑했기에 한 분야의 대가가 될 수 있었고, 아인슈타인은 물리학이라는 학문을 진심으로 사랑했기에 위대한 업적을 만들 수 있었을 것이다.

아인슈타인이니 베토벤이니 하는 사람들은 사실 너무 위대하기 때문에 크게 와 닿지 않는다. 하지만 내가 평소 좋아하는 사람들 중에도 이런 깨달음을 얻은 사람이 있다. 나의 고등학교 시절을 한껏 달궈주었던 《슬램덩크》라는 만화를 그린 작가, '타케히코 이노우에'가 바로 그 사람이다.

여담이지만 아직도 슬램덩크의 마지막에 강백호와 서태웅이 하이파이브를 하는 장면은 가슴이 벅찰 정도로 감동적이다. 내 또래의 거의 모든 남자들이 열광했던 장면이 아닐까 생각한다.

《슬램덩크》라는 만화의 감동은 자연스레 작가에 대한 관심으로 이어졌고, 작가에 대한 관심 때문에 이것저것 찾던 중 '슬램덩크 그로부터 10일 후'라는 짧은 다큐멘터리를 발견하게 되었다.

그 다큐멘터리의 엔딩쯤에서 그는 이런 말을 남겼다.

"내가 처음 만화가가 되고 싶었던 이유는 만화가 좋아서, 내가 하고 싶은 일을 하고 싶어서였다. 그것이 시작이었다. 그리고 그 후에는 내가 그림을 잘 그린다는 자신감, 그리고 다른 사람들에게 그런 자신감을 인정받고 싶어서였다. 하지만 그런 만족감이 채워지고 나니, 다른 동기부여가 생겼다. 다른 사람에게 무엇인가를 전달하고 싶었다. 그리고 그 무엇인가로 그들과 소통하며 나누고 싶어졌다."

자신의 일을 먼저 좋아하고 난 이후에야 진정한 프로페셔널이 될 수 있다는 것을 그는 깨달은 것이다. 자신의 일을 순수하게 사랑하는 아마추어적인 마음가짐이야말로 진정한 프로페셔널이 되는 방법이고, 더 나아가서는 한 분야의 대가가 될 수 있는 시작점이다.

그래서인지 타케히코 이노우에의 《슬램덩크》《배가본드》 등에서는 다른 만화에서는 찾을 수 없는 묘한 깊이와 철학이 느껴진다. 만화를 좋아하는 순수한 아마추어의 열정을 가진 타케히코 이노우에, 아마 시간이 조금 더 지나면 사람들은 그를 '거장'이라 부르지 않을까 싶다.

다시 우리네 직장으로 돌아와보자. 매일 반복되는 자신의 직업에 재미를 느끼는 사람이 얼마나 되겠는가? 창피한 이야기지만 나는 사실 별 생각 없이 회사에 들어왔다. 어떤 일을 하는지도 모르고 그냥 때가 되어서 다른 사람들이 돈을 벌어야 한다고 하기에 입사한 것이다.

자신이 원하지 않았던, 단순히 돈을 벌기 위해 들어온 직장에서 하는 일이 재미있을 리가 있겠는가? 스스로 생각해도 한심하지만, 신입사원 시절에 일은 당연히 재미가 없었고, 대학 시절 돈이 없어서 하지 못했던 것을 할 수 있게 해주는 만족 이외에는 재미라고는 없었다.

대부분의 다른 신입사원들과 이야기해보아도 그때의 나와 크게 다르지 않았다. 돈을 벌기 위해 입사를 했거나, 대학을 졸업했으니 당연히 회사를 가야 하는 줄 알았다는 친구들이 대부분이다.

나를 비롯한 지금의 신입사원들처럼 무엇인지도 모르고 우연하게 시작한 일이 재미있는 일일 확률이 얼마나 되겠는가? 물론 정말 드물지만 회사에 들어와서 하게 된 일이 정말 재미있다며 만족하는 신입사원을 몇 보기는 했다. 나는 그 친구들에게 진심으로 이렇게 말해주었다.

"좋겠다. 넌 복권 당첨된 거야. 열심히 해라!"

신입사원들도 이미 알고 있거나 곧 알게 되겠지만 사실 우리 일이라는 것이 단순 반복적인 게 많고 강압적인 면이 많아서 일 자체로서 재미를 찾는 것은 쉽지 않다. 하지만 재미가 빠진 프로페셔널은 좀비다. 너무 극단적인가? 영화에 나오는 좀비는 아무 생각 없이 사람을 먹어야만 한다는 목표에 집중한다. 그것 이외에는 아무 관심이 없다. 아무 재미도 없는 일을 집중하여 완벽하게 하려는 사람은 얼마 지나지 않아 피폐해진다. 흡사 좀비와 같다.

나는 이런 사람들을 많이 보았다. 빈틈없이 일하는 것, 그 자체가 목표다. 이런 사람들은 과도한 업무가 몰릴 때면 주위 사람들에게 히스테리성 짜증을 부리거나, 다짜고짜 화를 내고, 때로는 가족들에게 그 스트레스를 풀기도 한다.

재미가 빠진 프로페셔널은 자신을 좀먹는다. 자신의 존재는 없고 오직 조직만을 생각하는 사람이 될 확률이 높다. 나는 열정적으로 일하는 사람을 좋아하지만 이러한 좀비 같은 프로페셔널이 되라고 신입사원들에게 결코 말하고 싶지 않다.

열정 없이 일만 하는 건 월급 받는 좀비다

자신의 일이 재미가 없다는 사람에게 무조건 재미있게 일하라는 말은 그것 자체가 정말 밥맛이 떨어지게 한다. 별 도움도 안 되고, 자꾸 듣다 보면 짜증만 난다. 그렇다면 자신의 일에서 어떻게 재미를 찾을 수 있는가?

첫째, 주위 사람들로부터 인정을 받는 것이다. 일이 재미가 없더라도 억지로라도 열심히 하다 보면 어느 순간에 주위 사람들의 인정을 받게 된다. 이것은 정말 재미있는 일이다. 칭찬은 고래도 춤추게 한다고 하지 않는가. 자신의 분야에서 주위 사람들로부터 인정을 받는 것은 정말 신나는 일이다. 이것은 본능에 가까운 욕구다. 사람은 누구나 사랑을 받고자 하니까 말이다. 그렇게 조금씩이라도 한 분야에서 두각을 나타내어 사람들로부터 인정을 받으면 그 분야에 자연히 관심을 가지게 된다.

예를 들어보자. 내 대학 동창 중에 F라는 친구가 있다. F는 활발한 성격에 사람들과 어울리는 것을 좋아하는 엄청나게 사교적인 친구다. 그런데 취업 시즌에 여러 군데 떨어지고 거제도에 있는 조선소에 취업을 하게 되었다. F의 업무는 선박 설계였다. F가 입사한 지 얼마 되지 않아 부산에 갈 일이 있어서 F와 술을 한잔했다.

"요즘 어떠냐? 할 만해?"

"섬에 갇혀서 정말 죽을 것 같다. 더구나 팔자에도 없는 설계한다고 컴퓨터 앞에 8시간씩 앉아 있으려니 정말……. 요즘 매일 도 닦는 기분으로 출근한다."

"그래 너 성격에 참고 있는 게 용하다."

"정말 돌아가시겠다. 조만간 다른 회사 알아봐야겠다."

F는 정말 답답해했고, 일이 정말 재미없다고 했다. 그리고 2년쯤 지나 F가 교육을 받으러 서울에 올 기회가 있어서 우리는 다시 한 번 더 만나게 되었다.

"회사 그만둔다더니, 잘 다니네, 서울까지 교육도 오고."

"나도 가기 싫은데 팀에서 내가 꼭 가야 한다잖아."

"손에 든 건 뭔데?"

"아 이거, 학술지인데 교육 끝나고 정리 좀 하려고."

"그만둔다고 난리 칠 때는 언제고, 완전 열심히 하는구먼?"

"하다 보니 재미있네. 사람들이 인정도 해주고. 사람들 실망시키면 안 되잖아."

유쾌한 이야기 속에서 F가 자신의 일을 좋아하고 있다는 느낌을 받을 수 있었다. 처음에는 무시당하기 싫어서 열심히 했는데, 조금씩 일이 손에 익으니 사람들도 인정해주고 일이 재미있어졌다고 했다. 그래서 누가 시키지 않아도 관련 학술지나 관련 서적을 찾아본다고 했다.

F는 나름의 방법으로 자신의 일에서 재미를 찾은 것이다. 일 자체는 재미가 없다 하더라도 일단 열심히 해보면 의외로 재미있는 부분을 찾을 수 있거나, 사람들의 인정과 격려 속에서 재미를 찾을 수도 있는 것이다. 다시 한 번 강조하지만, 프로페셔널이 되기 전에 나름대로 그 일을 진정으로 즐길 수 있는 아마추어가 될 필요가 있다.

둘째, 자신의 일에서 의미를 찾는 방법이다. 지금은 다소 하기 싫은 일을 하면서 직장생활을 하지만, 자신과 가족의 밥벌이를 스스로 책임지고 있다는 것, 그것 역시 그 자체로 의미 있는 일이다. 스스로에게 일의 의미를 물음으로써 자신의 일을 사랑할 수 있게 된다.

나는 하루에 한 번 나의 일의 의미를 묻는다. 그것으로 나의 일을 사랑할 수 있게 만들 것이라 믿기 때문이다. "나는 왜 지금의 일을 하는가? 나는 정말 이 일을 좋아하는가?" 스스로에게 묻는다.

나의 답은 거창하지 않다. 나는 한 아이의 아버지고, 한 사람의 남편이다. 나에겐 나와 그들의 삶을 일정 부분 책임져야 할 의무가 있다. 그 기꺼운 의무 자체가 나에게는 무엇과도 바꿀 수 없는 소중한 일의 의미이다. 그리고 그 의미는 나의 일을 사랑할 수 있게 해준다. 또 나의 일에 대한 재미를 느끼게 해준다. 아침에 일어나 밥벌이를 하러 갈 수 있는 곳이 있다는 것만으로도 행복하고, 그 행복함은 나의 일에 재미를 불어넣는다.

어느 환경미화원이 얘기했다. 자신의 일을 진심으로 사랑하는 이유는 그 일로 아내와 아이들을 보살필 수 있기 때문이라고. 나는 그 말이 진심이라고 믿는다. 나 역시 그러하기 때문이다.

밥벌이는 무거운 것이지만 그 무거움이 때로는 의미가 되고, 자부심이 되어 일의 재미를 만들기도 한다. 자신의 삶을 스스로 책임지고 있다는 자부심은 그 자체가 자신의 일을 사랑할 수 있는 이유가 되기도 한다. 신입사원들은 자신의 일을 사랑하는 방법을 먼저 찾아야 한다. 프로페셔널이 되기 전에 꼭 해야 할 일이다.

분명히 말해주고 싶은 것은 프로페셔널도 좋지만 아마추어를 거치지 않은 프로페셔널은 의미 없고 스스로를 소모하는 일일 뿐이라는 것이다. 누군가에게 나의 쓸모로서 금전적 보상을 받는 프로페셔널이 되기 전에 일의 재미를 찾고 자신의 일을 사랑할 수 있는 훌륭한 아마추어가 먼저 되어야 된다. 일을 잘하려고 노력하는 만큼, 자신의 일의 재미를 찾고 자신의 일을 사랑하려고 노력하는 일도 잊어서는 안 된다.

열정 없이 그저 시키는 일만 기계적으로 하는 수많은 월급쟁이들은 아마추어조차 되지 못한 채 프로페셔널을 강요받는 피해자일지 모른다. 세상이 요구하는 프로페셔널이 되기 전에 우리 모두 순수하고 뜨거운 아마추어가 되자. 의미 없이 일만 하는 좀비가 되기 싫다면 말이다.

힘들어~

신입사원이 가져야 할
세 번째 습관

현실을
인식하라

편한 것은 어디에도 없다

편한 것은 어디에도 없다

너, 이제
학생 아니다

과도한 업무, 어려운 일에 기탄(忌憚)하기 전에
문제를 바라보는 시선과 태도부터 능동적으로 바꿔라.
조직에서는 절대로 누군가 성과를 대신 내주지 않는다.

투정부리지 마라, 학교가 아니다

"대리님, 팀장님이나 다른 분들이 너무 어려운 일을 시켜서 힘들어요. 아직 회사에 들어온 지 1년도 채 안 되었는데……."

"왜? 아직 그 업무를 할 만큼 준비가 안 되어 있는 것 같아?"

"아무도 가르쳐주는 사람도 없고, 어찌하는 건지도 모르겠어요, 정말."

"어쩌냐, 여기는 학교가 아닌데."

매년 신입사원이 들어오면 어김없이 하는 고민 상담이다. 정말 표현만 다르지 내용은 신기할 정도로 다들 비슷하다. 신입사원들의 심정을 이해하지 못하는 것은 아니다. 신입사원으로서 직장은 태어나서 처음 겪는 환경이다.

신입사원들의 입사 전 삶은 대부분 '학생'이다. 그 사이에 간혹 한 명씩 인턴을 해보았다거나 아르바이트 정도를 해보았던 것이 전부다. 어렵게 말하지 말자. 직장 이전에는 돈을 쓰는 삶이었고, 직장인의 삶은 돈을 버는 삶이다. 그게 결정적인 차이다. 그런데 이 차이를 대부분의 신입사원들은 받아들이지 못한다.

직장이라는 공간은 그간 느껴왔던 책임감과는 그 차원을 달리한다. 직장인은 프로페셔널이다. 프로페셔널은 성과에 책임을 지는 사람이다. 내가 존경하는 몇 안 되는 부장 중 한 명은 프로페셔널에 대해 이렇게 정의했다.

"10원을 받아도 프로는 프로다."

멋진 정의다. 10원을 받더라도 자신의 성과에 책임을 져야 한다.

"그거 못할 것 같은데요?" "배운 적이 없어서" "그건 제가 할 수 있는 일이 아닌데요"라고 말하는 사람은 프로페셔널이 아니라 아직 학생 티를 벗지 못한 빵점짜리 신입사원이다. 안 되는 것을 되게 하려고 회사가 돈을 주고 신입사원을 고용한 것이다. 그것을 잊어서는 안 된다.

내가 이렇게까지 말하면 어떤 신입사원은 이렇게 말할 것이다.

"안 되는 것을 안 된다고 말하는 것이 더 나은 것 아닌가요? 괜히 안 되는 것 된다고 했다가 일을 망치는 것보다는 나은 것 아닌가요?"

틀린 말 아니다. 어떤 조직이든 구조적인 문제가 있다. 그것도 아주 많이. 해야 할 일은 많은데 사람은 없고, 업무를 진행하려면 다른 팀의 협조를 받아야 하는데 그럴 권한은 없고, 상사는 일 시켜놓고 자기하고는 관계없는 것처럼 말한다. 또 회사 시스템은 얼마나 엉망인지, 자료 하나 찾는 데 몇 시간씩 걸린다.

회사의 구조적인 문제에 대해 말하라면 나는 책을 따로 하나 쓸 수 있을 정도로 알고 있다. 누구 못지않게 회사에 대해 불평했고, 내 말이 옳음을 밝히기 위해, 구조적인 문제가 있다는 것을 증명하기 위해 별짓을 다해봤기 때문이다.

벌써 꼰대 같은 이야기 나올까 봐 짜증나는 사람도 있을 것이다. 하지만 관점을 조금 바꾸어보자. A와 B라는 쌍둥이가 있다고 치자. 외모도 성격도 비슷하다. A는 대기업에 취업을 했고, B는 자신이 뜻한 바가 있어 창업을 했다. A는 마케팅 팀에서 일하는데, 상사가 밑도 끝도 없이 경쟁사 시장조사를 하라고 시켰다. 공교롭게도 그 시점이 B가 창업을 해서 신제품을 기획하고 있을 때라 B 역시 경쟁사 시장조사가 필요했다.

A는 여느 신입사원들처럼 '아무것도 모르는 신입사원에게 이런 것을 왜 시키는 거지? 아는 것도 없고, 어찌해야 하는지도 모르는데'라고 생각할 것이다. 하지만 B도 그렇게 생각할 수 있을까? 누구에게 그런 볼멘소리를 해야 하

는가? 고객에게? 아니면 같이 동업하는 친구에게? B는 죽이 되든 밥이 되든 경쟁사 조사를 할 수 있는 방법을 찾으려고 혈안이 될 것이다. 왜? 자기가 그 일을 책임져야 하는 창업자니까.

A와 B는 성향도 비슷하다. 또한 둘 다 고객으로부터 돈을 버는 프로라는 점에서 본질적으로 같은 위치다. 하지만 일을 바라보는 태도는 이미 시작하는 시점부터 다르다. A는 누군가 도와줄 사람이 있고, 의지할 사람이 있으니 그들이 대신해줄 것이라고 생각한다. 학생의 마인드다. 이런 식의 태도는 안 된다.

제발 자신의 일이 안 되는 방법부터 연구하지 마라. 될 수 있는 방법부터 연구해도 쉽지 않은 일이 많은데, 시작부터 안 되는 방법을 먼저 찾고 있으니 그 일이 될 턱이 있겠느냐 말이다. 될 수 있는 방법부터 찾다 보면 분명 방법이 있다.

선배나 상사들이 그냥 직장생활을 한 것이 아니다. 그들에게는 경험과 노하우라는 무기가 있다. 신입사원들에게 정말 무리한 일을 시키는 선배는 그리 많지 않으니 일단 한번 시도해보라.

물론 기대한 만큼 잘 되지 않을 수도 있다. 하지만 회사에서 신입사원들에게 바라는 것은 완벽함이 아니다. 더구나 다소 무리한 일이라고 생각될 때면 더욱 그렇다. 오히려 그 일을 어떻게 진행하는지 그의 태도를 보려는 경우가 더 많다.

설사 적극적으로 진행하려고 하다가 일이 잘 되지 않더라도 "신입사원인데 한 번만 봐주세요!"라고 넉살 좋게 말하는 사람은 전혀 밉지 않다. 시작부터 못하겠다고 하는 친구들보다 백 배는 낫다.

신입사원들은 학생에서 프로페셔널로 변신해야 한다. 변신은 마음가짐을 단단히 하는 것부터 시작해야 한다. 자신의 업무는 자신이 책임지겠다는 프로의식이 필요하다. 또 다소 무리한 일이라도 일단 한번 해보겠다는 의욕적인 자세가 필요하다. 남의 돈을 받는다는 것은 생각만큼 쉽지 않은 일임을 절실히 느껴야 한다.

마지막으로, 다소 투박하기는 하지만 프로페셔널의 태도를 잘 표현해주는 것 같아 '어머니의 밥벌이 철학'을 잠깐 소개할까 한다. 신입사원 시절 직장생활이 힘들다고 투정을 부릴 때마다 어머니가 내게 해주신 말씀이다.

"남의 호주머니에서 돈 꺼내는 게, 내 손가락으로 내 눈 쑤시는 것보다 어렵다. 남의 돈 거저 먹으려 하지 마라!"

스스로 물어라,
밥값은 하냐?

사람들 앞에서 멋지게 프레젠테이션하고, 바이어들과 품위 있는 대화를 한다.
신입사원 K가 가슴 뛰게 꿈꿨던 직장생활의 모습이다.
그 속에 허드렛일이나 잡무 따위는 존재하지 않는다.

파랑새는 어디에?

신입사원은 모두 직장에 대한 자신만의 이미지를 가지고 입사를 한다. 멋진 정장을 입고 아침에 출근한다든지, 많은 사람 앞에서 폼 나게 프레젠테이션을 한다든지, 해외 바이어들과 호텔 로비에 앉아 비즈니스에 대한 이야기를 나누는 모습 같은 것들이다. 이처럼 TV 드라마나 영화가 만들어낸 단편적인 이미지가 직장생활의 꿈이 된 친구들이 많다.

하지만 실제 신입사원들의 삶은 드라마나 영화와는 많이 다르다. 신입사원들의 일상은 복사하기와 같은 단순 반복적인 업무, 선배 심부름 등이 대부분인 경우가 많다. 그들은 자신이 생각했던 모습과 다른 직장생활의 현실에 적잖이 실망한다.

어떤 친구는 자신이 원하는 진짜 직장을 찾겠다며 있지도 않는 '파랑새'를 찾아 회사를 그만두기도 했다. 지금 할 이야기들은, 존재하지도 않는 파랑새를 찾는 신입사원들에 대한 이야기다.

지금 당장 할 수 있는 것부터 해라

"T씨, 자료 복사 좀 하고, 자료들 카테고리별로 분류해서 가져와."

"네? 복사요?"

"옆에 있는 자료 복사하고 나서 분류 좀 하라고."

"대리님, 저 그런 거 하려고 입사한 거 아닌데……. 다른 일 없나요?"

"다른 일? 할 수 있는 일이 뭔데?"

한 신입사원과 나누었던 대화다. T의 머릿속은 자신이 꿈꾸는 직장에 대한 이미지들로 가득했다. 멋있게 사람들 앞에서 프레젠테이션을 하고 바이어들과 품위 있는 대화를 하는 것들 말이다. 나는 신입사원이 들어오면 복사나 아니면 간단하고 단순한 작업들을 시킨다. 이것은 다른 선배들도 마찬가지다. 신입사원들을 무시해서도, 능력을 폄하해서도 아니다. 신입사원이 할 수 있는 일이 당장 없기 때문이다.

직장은 실전이다. 늘 치열한 경쟁을 하고 있으며 한 번의 실수가 때로는 치명적일 수 있다. 그래서 아무것도 모르는 신입사원에게 중요한 프레젠테이션이나 고객 응대를 맡길 경영자는 없다. 신입사원들이 처음부터 중요하거나 핵심적인 일을 시키지 않는다고 불평하는 것은, 책임은 지지 않겠지만 마음대로 할 수 있는 권한을 달라는 어리광에 불과하다. 많이 먹고 싶기는 하지만 살은 찌지 않기를 바라는 것과 같다.

자신이 경영자라고 생각해보라. 경험도 많고 지식도 많은 전문가들을 두고 미숙하고 전문지식도 없는 신입사원들에게 핵심적인 일을 시키겠는가?

신입사원들은 실제로 할 수 있는 일이 별로 없다. 실력을 갈고 닦고 경험을 쌓아야 한다. 바닥의 작은 일들부터 차근차근 해야 한다. 허드렛일도 있을 것이고, 단순 반복적인 잡무도 있을 것이다. 누구나 하기 싫은 일이다. 인정한다. 하지만 신입사원은 그 일을 해야 한다. 왜? 달리 할 수 있는 것이 없으니까. 그럼에도 매달 월급은 꼬박꼬박 나오니 그것조차 안 하면 자신의 밥값조차 못하는 것이다.

정 싫으면 회사를 그만두고 차라리 창업을 해라. 다른 직장으로 옮겨서는 문제가 해결되지 않는다. 그 어떤 회사도 신입사원들에게 핵심적이고 중요한 일을 맡길 만큼 멍청하지 않다. 입사 초기부터 머릿속에 각인된 멋진 이미지처럼 핵심적이고 중요한 일부터 하고 싶다면 자신이 직접 어리숙하고 멍청한 회사의 경영자가 되는 길밖에 없다.

스스로를 냉정하게 바라보고 물어라.

"내가 지금 여기서 할 수 있는 것이 뭐지? 내가 당장 팀에, 그리고 회사에 공헌할 수 있는 건 어떤 것일까?"

스스로에게 이런 질문을 할 수 있다면 문제는 의외로 쉽게 해결된다. 자신이 할 수 없는 것을 하고자 해서는 안 된다. 진정한 프로페셔널의 자세는 자신이 현재 할 수 있는 것들로부터 시작하는 것이다. 구구단도 모르면서 미적분을 하려고 하지 마라. 할 수도 없고, 한다 해도 제 풀에 지친다.

"선배들처럼 사람들 앞에서 멋진 정장을 입고 프레젠테이션을 하고 싶지만 그것은 내가 할 수 있는 일이 아니다. 선배가 프레젠테이션을 잘할 수 있도록 도와주는 것이 지금 내가 할 수 있는 최선이다. 그것이 복사가 되었든 단순 반복적인 데이터 정리 작업이 되었든 말이다."

신입사원에게는 이러한 인식의 전환이 중요하다.

신입사원은 현재 자기가 할 수 있는 일을 하면서 자신의 능력을 키워야 한다. 언젠가 스스로 그리고 주위 사람들이 자신의 역량을 인정해주는 시기가 온다. 그때가 되면 본인이 원하지 않더라도 핵심적이고 중요한 일을 하게 될 것이다. 그리고 그때가 되면 자신이 했던 잡무가 완전히 쓸데없는 짓만은 아니었다는 것도 깨닫게 될 것이다. 자신이 할 수 있는 것이 허드렛일이나 잡무뿐이라면 마다하지 마라. 그것이 진정으로 자신의 밥값에 책임을 지는 프로페셔널의 태도다.

잡무, 해도 된다

한 포털 사이트가 직장인 957명을 대상으로 직장 내 업무에 대한 고충 여부를 설문조사한 결과 응답자 중 98.7퍼센트가 '있다'라고 답했다. 고충의 순위를 살펴보면 50퍼센트를 넘는 수치로 '과도한 잡무'가 1위로 집계되었다.

꽤 신빙성 있는 결과다. 실제로 내 주위의 신입사원 중에도 "쓸데없는 잡무만 없어도 회사 다닐 만할 텐데"라는 넋두리를 하는 사람이 많고, 이 때문에 회사를 그만두는 이들도 제법 있다.

신입사원들을 이렇게까지 힘들게 하는 '잡무'란 대체 무엇일까? 구체적으로 어떤 일을 잡무라고 해야 할까? 중견 이상의 기업에서는 잡무라고 할 수 있는 것이 복사하기(본인의 업무 관련), 데이터 정리 및 관리하기, 전표 처리하기 등이 있을 테고 영세한 기업까지 범위를 확장하면 개인적인 부탁, 차 심부름, 청소하기 등으로 범위가 확대될 것이다.

앞서 언급한 전반적인 잡무들은 대부분 정기적으로 발생하는 단순 반복적인 일로 시간적, 정신적 소모가 많다. 같은 시간이라도 단순 반복적인 일을 하게 되면 업무시간 대비 피로감이 빨리 온다는 것은 직장생활을 해본 사람이라면 굳이 말할 필요도 없는 사실이다. 그렇다면 잡무는 정말 신입사원들에게 필요악이고 없으면 없을수록 좋은 그런 업무인 것일까?

잡무는 피곤하고 짜증나는 일이다. 단순 반복적인 일을 계속하는 것을 좋아하는 사람이 누가 있겠는가? 하지만 정말 아무 의미도 없는 것은 아니다.

나 역시 직장생활을 시작하면서 잡무라는 것이 어김없이 찾아왔다. 엔지니어로서 처음 회사의 문턱을 넘었고, 처음으로 배치받은 부서는 기술영업 팀이었다. 기술직 업무로 처음 직장생활을 시작했다. 공대를 나오기는 했으나 전문분야에 대한 지식은 턱없이 부족한 신입사원이었으므로 내가 당장 할 수 있는 것은 거의 없었다. 그 때문에 제일 많이 했던 일은 복사와 카탈로그 정리였다.

나와 관련된 일의 도면 복사뿐 아니라 선배들의 도면 복사도 막내인 내가 도맡아서 했고, 비품 사무실에 어지러이 널려 있던 각종 자료 및 카탈로그들을 정리하다 보면 어느새 하루해가 뉘엿뉘엿 지는 게 다반사였다.

입사하기 전 어디선가 읽은 책에서 상사가 복사를 시키면 건성으로 하지 말고 그 내용을 숙지하면서 긍정적으로 일하라고 했던 게 생각나서 참고 하기는 했다. 하지만 시간이 지날수록 단순 반복적인 업무를 하는 것이 답답했고, 자존심이 상하기까지 했다. 대학까지 나온 놈이 하루 종일 이게 뭐하는 짓인가 하는 생각이 수시로 찾아 들었다. 그렇게 1년을 일했다. 정말 답답하고 괴로운 시간들이었다.

하지만 지금 떠올려 보면, 그때 도면 복사를 하고 카탈로그나 자료를 정리하는 그 무료하고 의미 없어 보였던 시간이 실제로 나에게 꽤나 도움이 되었다. 도면 복사는 다른 동료들의 업무를 파악할 수 있게 해주었고, 내가 맡은 업무 이외에 회사의 전반적이고 다양한 업무를 간접 체험하게 해줌으로써 초기 업무 안정화에 도움이 되었다. 또한 1년 동안의 카탈로그 정리는 우리 회사의 제품에 어떤 것이 있는지, 특징은 무엇인지 자연스레 익히게 해주었다. 덕분에 마케팅 팀으로 옮긴 지금 업무에 정말 큰 도움이 되고 있다.

솔직히 말하면 나처럼 잡무가 도움이 된 경우는 운이 좋은 편이고 그다지 도움이 되지 않는 잡무도 많다. 하지만 어떠한 조직이라도 잡무가 완전히 없는 곳은 있을 수 없다. (외국계 기업들은 잡무를 아웃소싱하며 줄이려고 노력하기는 하지만, 완전히 없앨 수는 없다.) 그렇다면 그 잡무는 비교적 전문지식이나 경험이 없는 신입사원들이 하는 것이 옳다. 또 그럴 수밖에 없는 상황이 대부분이다. 신입사원들이 할 수 있는 일이 그다지 많지 않기 때문이기도 하고, 선배들의 기득권 논리도 작동하기 때문이다.

중요한 것은, 어쨌든 신입사원은 그만두지 않으면 잡무를 해야 한다. 이것은 현실이다. 그것이 자신의 업무에 도움이 되든 그렇지 않든 말이다. 신입사원은 자신이 지금 당장 밥값을 할 수 있는 것에 집중하는 것이 옳다. 그리고 그 잡무 중에서 자신에게 도움이 될 만한 것을 찾고 의미를 부여하는 것이 중요하다. 그것이 긍정적인 태도이고, 한 명의 직장인으로서 제대로 밥값을 하는 길이다. 신입사원들은 그렇게 태도와 실력을 적극적이고 긍정적으로 쌓아야 한다. 다른 누구를 위해서가 아니라 본인 자신을 위해서.

일하기 편한 쪽으로 **가지 마라**

선배가 자신의 업무에 대해 질문을 했을 때 결코 얼버무리지 마라.
자신의 주장과 생각에 명확한 근거를 반드시 가져라.
얄팍한 업무 편의성 때문에 자신을 합리화하지 마라.

신입사원 S의 원 페이지 보고서

신입사원들의 고질적인 문제는 업무의 객관화가 잘 되지 않는다는 것이다. 업무의 객관화는 자신이 내는 결과물이 어디에 어떻게 쓰일지를 전체적인 흐름 속에 놓고 볼 수 있는 능력이다. 선배들이 흔히 '다른 사람 입장에서 한번 생각해보라'라고 하는 것이 바로 업무객관화와 비슷한 맥락의 이야기라 할 수 있다.

신입사원, 특히 자신이 똑똑하다고 생각하는 친구들은 대체로 업무객관화 능력이 부족하다. 모든 업무 처리를 자신의 기준에서 생각하고 처리한다. 그리고 그 기준은 자신이 업무하기에 편한가 그렇지 않은가 하는 수준이다. 똑똑한 친구들은 자신의 업무 편의성을 합리화하기 위해 온갖 근거를 갖다 붙이는 경우가 많다.

입사 2년 차인 S는 중요한 업무를 맡기면 일주일쯤 지나 한 장짜리 보고서를 덜렁 가지고 온다. 그리고 선배들이 보고서의 내용이 설득력이 부족하다거나 내용이 빈약하다고 지적하면 보고서를 길게 적는 것은 비효율적이고 시간낭비라고 말하면서 앞으로는 이렇게 바뀌어야 한다고 자신의 보고서의 정당성을 주장한다.

일견 맞는 이야기다. 정작 보고서의 내용보다 장식이나 분량 채우기에 급급해서 핵심이 없는 경우가 꽤나 많은 것도 사실이니 말이다. 하지만 제대로 된 한 페이지짜리 보고서를 만드는 것은 정말 어려운 일이다. 제대로 핵심만 꿰뚫어서 간결하게 보고서를 작성할 수 있으려면 상당한 업무적 지식과 경험이 있어야 한다.

실제로 S는 보고서의 세부 내용의 근거를 묻거나 왜 그리 생각하느냐에 대한 질문에는 상대를 납득시킬 만한 시원한 대답을 하나도 하지 못한다. 당연하다. 소위 말하는 원 페이지 보고서를 제대로 쓰려면 최소한 50장의 근거 자료와 내용이 필요하다. 그중에 핵심만을 뽑아 10페이지로 만들고, 다시 그 중에 핵심적인 것만 뽑아 5장으로 만들고 또 그중에 핵심만을 간결하게 만든 것이 원 페이지 보고서다. 웬만한 전문가가 아니면 쉽지 않은 일이다. 정말 핵심적인 부분만 추려내는 것은 50장짜리 보고서를 쓰는 것보다 어렵다.

그런데 S는 대충 자신의 생각만, 게다가 근거도 없는 생각만 덕지덕지 붙인 한 장짜리 보고서를 내밀었으니, 거기에 상대를 납득시킬 만한 무슨 근거와 내용이 있겠는가?

자신이 진행하는 업무는, 단어 하나라도 모르는 것이 있어서는 안 되고, 자신이 주장하는 사소한 의견 하나라도 근거가 없는 것이 있어서는 안 된다. 내년에 제품 판매가 불황 때문에 어려울 것이라는 주장을 하고 싶다면 자신의 주장을 뒷받침할 수 있는 근거들을 꼼꼼하게 챙겨야 한다. 그렇게 세부 자료들을 챙기다 보면 자신의 생각이 잘못되었음을 깨닫게 될 때도 있을 것이고 자신의 생각이 틀리지 않았다는 확신을 갖게 되는 경우도 있을 것이다. 이러한 과정을 끊임없이 반복하면서 내 것으로 체화시켜야 한다.

하지만 이 과정은 귀찮고 힘들다. 신입사원들은 회사의 방대한 자료들 중에 자신이 꼭 필요로 하는 자료를 구할 수 없는 경우가 대부분이며, 자신의 업무에 적확한 자료를 가공해줄 사람도 없다. 결국은 혼자서 귀찮고 힘든 과정을 거쳐야 한다. 몇 번 하다 보면 정말 귀찮고 머리가 아프다. 그래서 많은 직장인들이 "이게 맞을 거야. 대충 보니까 이거 같네"라는 유혹에 넘어가는 것이다. 그러고는 업무에 최선을 다하지 않았다는 것을 인정하고 싶지 않아서 비효율적이니, 외국에는 그렇게 하지 않는다느니 하는 논리를 갖다 붙이는 것이다.

업무를 객관화시켜 일의 성과를 내게 만드는 것은 신입사원들에게는 귀찮고도 힘든 일이다. 하지만 편한 것이 합리적인 것도 아니고 효과적인 것은 더더욱 아니다. 물론 편하면서 합리적이고 효과적인 방법도 있다. 하지만 그것은 바닥부터 고생하지 않고 자신의 업무편의성만 주장하는 사람은 결코 찾을 수 없는 방법이다.

일을 편하게 하고 싶은가? 그럼 지금은 귀찮고 힘들고 때로는 멍청하다 싶을 정도로 기본에 충실해라. 선배가 자신의 업무에 대해 질문했을 때 대답하지 못하고 얼버무리는 것이 있어서는 안 된다. 또 반드시 자신의 주장과 생각에 명확한 근거가 있어야 한다. 대충 "이럴 것 같은데요"라고 말하지 마라. 상사나 선배들이 꼼짝할 수 없는 전문성과 근거를 가지고 업무를 진행해라. 그것이 옳은 방법이다.

얄팍한 업무편의성 때문에 자신을 합리화하지 마라. 그것이 선배들한테 통하면 그나마 다행이지만 나름대로 산전수전 다 겪고 그 자리에 있는 선배들은 딱 보면 척이다. 괜히 자신이 편한 게 합리적이라고 우겨봐야 선배들한테 잔머리 굴리는 놈이라고 찍히기만 한다. 괜히 잔머리 굴리지 말고 정도를 가라. 내가 봤을 때는 쉬운 길 찾느라고 고생하는 게 제일 힘든 길인 것 같더라.

편한 게
합리적인 것은 아니다

'방법'을 찾는 일은 기술이라기보다는 태도일 수 있다.
신입사원들은 업무를 시작하면서 이러한 마음가짐을 익히는 것이 중요하다.
그냥 되는 일 별로 없다. 될 수 있는 방법을 찾아라.

안 되는 이유부터 찾는 P대리

후배들에게 업무를 시키면 흔히 하는 볼멘소리가 "하던 대로 했는데 안 되던데요?"다. 안 되는 것이 당연하다. 문제가 있으니까 그것을 해결하라고 직원들이 존재하는 것이 아닌가. 될 수 있는 방법 제대로 고민해보지도 않고 안 된다고 말하지 마라. 그냥 되는 것 같았으면 일을 시킬 필요도 없고 시키지도 않으니까 말이다.

처음에 업무를 받으면 막연해 보이고 어찌해야 될지 모르는 경우가 많다. 알고 있다. 지금 나 역시 막막하고 답답할 때가 많은데, 신입사원들은 오죽하겠는가? 진심으로 이해한다.

하지만 막막해 보이던 업무도 적극적으로 될 수 있는 방법을 찾다 보면 희미한 실마리 같은 것들이 보이고, 그 실마리를 찾아가면 의외로 쉽게 일이 풀리는 경우가 있다. 정말이다. 못 믿겠으면 그렇게 한번 해봐라. 책상머리에 앉아서 불평만 해대지 말고.

일을 시작하기도 전에 안 된다고 단정해버리는 직장인은 대체로 '겁쟁이' 타입인 경우가 많다. 주어진 업무가 주는 책임감과 중압감에 압도되는 경우다. 업무가 주어지면 당황하고 긴장해서 어찌할 줄 모른다. 새로운 업무를 잘 진행하지 못하면 다른 사람들이 무능하다고 생각하지 않을까 하는 걱정에 덜컥 겁을 집어먹는다.

그런 종류의 사람들에게 가장 좋은 도피처가 있다. 그것은 주어진 업무는 누가 하더라도 안 되며, 원래 불가능한 일이라고 믿어버리는 자기방어기제를 작동시키는 것이다. 대체로 이런 사람들은 자신의 업무를 잘할 가능성이 별로 없다.

업무를 하더라도 이미 업무의 중압감에 압도당했기 때문에 다른 사람에게 떠넘길 핑계를 찾거나 그것도 안 되면 어떻게든 대충 빨리 마무리지어버리고 그 중압감에서 벗어나려 한다. 따라서 성과가 창출될 리 없다.

예를 들어, P대리는 매번 반복하는 작업에 실수가 잦다. 실수를 한 부분이나 모르는 것이 있으면 담당이나 그것을 잘 아는 사람에게 물어보면 될 텐데, 자신이 모르는 것을 들킬까 봐 혹은 무시당할까 봐 미리 겁을 먹고 물어보지도 못한다. 그나마 큰맘 먹고 물어볼 일이 있더라도 아는 척을 하느라고 정작 필요한 정보를 얻지 못하는 경우가 대부분이다.

반복되는 실수는 프로세스에 대한 고민과 문제의 본질적인 부분을 조금만 고민해도 막을 수 있다. 업무의 양은 줄고 질은 좋아질 수 있는 기회를 놓쳐버린 채 업무의 중압감 때문에 늘 실수를 하고 성과를 내지 못하는 것이다. 그래서 P대리는 새로운 업무를 맡을 때마다 늘 그것은 원래 안 되는 일이라는 설명을 주위 사람들에게 하느라 오늘도 바쁘다.

책임감이 없으면 될 일도 안 된다

안 되는 이유부터 찾는 사람은 그 일을 되게 하는 방법이 있더라도 찾지 않는다. 자신의 일이 아니라 생각하니 찾을 필요가 없는 것이고, 성과 역시 나올 리 없다.

하지만 자신의 집에서 쓰던 텔레비전이 고장나도 그렇게 무책임하게 말할 수 있을까? 매뉴얼을 찾아보든, 그것도 안 되면 사람을 부르든 될 수 있는 방법을 찾아 고치려고 혈안이 될 것이다. 그리고 끝내는 고칠 것이다. 나는 그런 종류의 사람들에게 정말 묻고 싶다. 텔레비전보다 자신의 업무가 덜 중요하다고 생각한단 말인가?

자신의 일에 책임감이 없는 사람 역시 주어진 업무가 원래 불가능한 일이라고 생각하는 게 편하다. 자신은 무책임한 사람이라는 것을 인정하는 것이 마음 편한 사람은 없을 테니까. 대부분의 사람은 자기가 보고 싶은 것만 보고 믿고 싶은 것만 믿는 법이다.

연구소의 G차장은 제품 개발을 의뢰하면 어찌하면 될지 같이 의논하는 법이 없다. 늘 안 되는 이유부터 이것저것 늘어놓는다. 그리고 논쟁을 해가며 업무를 진행하더라도 늘 "내가 이 일을 왜 해야 하는데? 짜증나네 정말"이라는 말을 달고 산다. 심지어 단순히 경쟁사 제품의 기능 가운데 궁금한 것이 있어서 물어보려고 전화를 했는데도 다짜고짜 이런다. "그것은 이런저런 이유 때문에 개발 못한다." 참, 웃을 수도 그렇다고 울 수도 없는 상황이다. 자신의 일에 대한 책임감이 없는 것이다.

자신의 일에 대한 뜨거운 책임감이 없는 사람에게서 무슨 탁월함을 기대할 수 있겠는가?

될 수 있는 방법을 찾아라

부탁하건대 겁쟁이도 되지 말고 무책임한 사람도 되지 마라. 업무가 주어지면 될 수 있는 방법을 적극적으로 찾아라. 업무의 중압감에 압도되지 않고, 자신의 일에 건강한 책임감만 있다면 방법은 얼마든지 있다. 뜻이 있는 곳에 길이 있다. 곰곰이 앉아서 업무의 본질을 생각해보고 문제해결 방법들을 생각해보면 길이 있다.

언젠가 나는 경쟁사 매출현황을 보고하라는 업무를 지시받은 적이 있다. 어디서 자료를 받을 수 있는지, 누구를 통해야 하는지도 전혀 몰랐다. 누구 하나 도와주는 사람이 없었다. 경쟁사 매출은 대외비로 관리되는 자료이기 때문에 쉽게 얻을 수도 없었다. 정말 막연하고 답답했다. 무엇부터 시작해야 할지, 어떻게 해야 할지 막막할 뿐이었다.

하지만 나는 업무의 중압감에 겁을 먹지도 않았고, 나의 일에 뜨거운 책임감도 있었다. 분명히 방법이 있을 거라고 믿었다. 그리고 거기에 반드시 해보이고 말겠다는 약간의 오기 같은 것도 더해졌다. 하루 종일 어찌하면 좋을지 고민했다. 집에서 씻을 때도, 밥을 먹을 때도, 심지어 아이에게 분유를 줄 때도 말이다.

그렇게 고민하기를 며칠째, 갑자기 아이디어가 거짓말처럼 떠올랐다. 우리 회사에 중요한 부품을 납품하는 협력업체가 경쟁사에도 같은 제품을 납품한다는 사실이 불현듯 생각났던 것이다. 그 부품은 아주 중요한 것이라 제품 하나당 꼭 하나가 들어간다. 따라서 협력업체가 경쟁사에 납품했던 실적을 찾을 수만 있다면 정확하지는 않더라도 경쟁사 매출 현황의 근사치를 알 수 있을 것이라 판단했다.

그리고 협력업체에 평소 친분이 있던 사람들에게 부탁해서 그 자료를 어렵사리 입수할 수 있었다. 그리고 그 자료를 바탕으로 경쟁사 매출 보고 업무를 무난히 마무리했다. 아무도 대단한 일이라고 관심을 갖지 않았지만, 나는 스스로 대견했고 뿌듯했다. 내 힘으로 무엇인가 성과를 만들었다는 것에 기분이 좋았다.

그리고 연말이 되어 경쟁사와 매출현황을 서로 공개했는데, 내가 보고했던 경쟁사 판매 수치가 실제 매출현황과 거의 오차 없이 일치했다는 것을 알게 된 뒤에는 업무에 대한 자신감도 가지게 되었다.

막연하게만 보이던 업무도 될 수 있는 방법을 적극적으로 찾으면 의외로 쉽게 풀리는 경우가 있다. 프로페셔널은 원래 잘 되어가는 일에 숟가락만 얹거나, 주어진 업무가 원래 안 되는 불가능한 일이라는 것을 열심히 설명하는 사람이 아니다.

프로페셔널은 업무의 본질을 꿰뚫어보고, 막연해 보이는 업무에서 될 수 있는 방법들을 찾아내고 그것으로 가장 효과적인 성과를 내는 사람들이다.

신입사원이 가져야 할
네 번째 습관

일하는 습관을 바꿔라

똑똑하게 일하고 제대로 인정받아라

똑똑하게 일하고 제대로 인정받아라

미리미리
준비하라

선배들이 밑도 끝도 없이 일을 시킨다고 원망하기 전에
자신의 업무에 관심을 가지고 미리 챙겨두는 습관을 가지면
시간에 쫓길 일도 없고, 실수를 할 확률도 훨씬 줄어든다.

상사는 원래 변덕스럽다

"어, 하던 거 놔두고 지금 시킨 거 먼저 해. 그게 더 급하니까."

"아, 네 알겠습니다. 근데 시간이 좀 걸릴 것 같은데요?"

"얼마나?"

"한 이틀은 걸릴 것 같은데요."

"그거 하는데 뭐가 그렇게 오래 걸려? 박 대리 어디 갔어? 박 대리한테 시키는 게 낫겠구먼. 원 참."

한 번쯤 겪어보았을 법한 이야기다. 실제로 많이 일어나는 이야기이기도 하다. 사실 상사는 실무에 대해 잘 모른다. 직급이 높은 사람일수록 업무가 실제로 어떻게 진행되는지 또 얼마만큼의 시간이 소요되는지 제대로 알지 못한다. 그리고 사실 관심도 없다. 상사들이 관심이 있는 것은 오직 결과와 성과다. 그리고 최대한 빨리 그것을 원한다. 더 난감한 것은 상사의 변덕이 죽 끓듯 한다는 것이다. 어제는 이렇게 말하고 오늘은 또 저렇게 말한다. 정말 환장할 노릇이다.

C대리는 영업관리 업무를 하고 있다. 연말이 되면 몸이 열 개라도 모자랄 지경이다. 올해 마감에다 내년도 사업계획까지 매일매일 업무에 치여서 산다. 심각한 것은, 겨우 내년 사업계획을 완성시켜 놓으면 팀장은 일주일에 2~3번씩 계획을 변경시키는 것이다. 겨우 수정을 다 해놓으면 이번에는 당황스럽게 환율이 달라진다. 그럼 또다시 사업계획을 수립해야 한다.

C대리는 정말 연말이면 미치기 일보 직전 상황까지 간다. 상사들의 변덕과 다른 변동요인들 때문에 똑같은 작업을 대체 몇 번이나 반복하는지 셀 수도 없다. 또 그 작업이 시간이 적게 걸리는 것도 아니다. 매일 밤 남아서 수정해야 겨우 끝낼 수 있을 만큼 업무량이 많다. 하지만 다음 날 팀장은 아무것도 모른다는 듯이 "C대리, 사업계획이랑 환율 변동된 최종보고서 가져와봐"라고 말한다. 아직 다하지 못했다는 말을 상사에게 할 때면 온갖 핀잔을 견뎌

내야 한다. 정말 괴로운 일이다.

물론 팀장이나 상사가 인격적 결함이 있어서 그런 것은 아니다. 조금 그들을 대변해주자면 상사들 역시 조직의 일원이고 자신의 상사들 눈치를 봐야 하는 생활인이다. 그러니 시장이 급박하게 변하면 사장은 임원들에게 보고서 변경을 요구할 테고, 그것은 팀장에게 그대로 내려갈 것이다. 당신의 상사라고 해도 별 뾰족한 대안이 없다. 어쩔 수 없이 당신에게 몇 번의 수정을 요구하거나 다른 업무를 시킬 수밖에 없는 것이다.

상사들 역시 신입사원들만큼 여러 가지 눈치를 봐야 하는 생활인이라는 것을 인정하는 것이 자신의 정신 건강을 위해서도 좋고 또 명백한 사실이다. 굳이 원망의 대상을 찾고 싶다면 그것은 무한경쟁의 신자유주주의 시대가 낳은 변덕스런 시장 정도가 되지 않겠나 싶다. 그리고 이것은 한 개인이 어찌할 수 있는 문제가 아니다.

스트레스에 대비하는 가장 좋은 방법

반복해서 일어나는 위기는, 결국 우둔함과 나태의 징후에 지나지 않는다.

– 피터 드러커

매년 반복되는 이 불행한 현실을 상사 탓만 하고 있을 수는 없는 것 아닌가? 직장은 내가 원하는 대로 결코 돌아가지 않는다. 직장은 이러해야 한다고 아무리 외쳐봐야 바뀌는 것은 없다. 자기만 손해다. 상사는 변덕을 부리지 말아야 한다고 말하는 것은 곧 시장이 변하지 말아야 한다는 것과 같은 하나마나 한 이야기다. 시장은 변하고 그에 따라 당신의 상사도 죽 끓듯이 변할 것이다. 앞으로 더했으면 더했지 덜하지는 않을 것이다. 상사는 하루가 다르게 변덕을 부리고, 또 그 결과를 당장 요구하는데 이 일을 어찌해야 하는가?

답은 하나다. 미리미리 준비하면 된다. 상사의 변덕을 잘 살펴보면, 밑도 끝도 없는 것이 아니라 자신의 업무와 관련 있는 것 중에서 시키게 마련이다. 영업을 하는 사람에게 갑자기 생산을 하라고 지시하는 정신 나간 상사는 거의 없다. 그렇다면 자신의 업무 중 상사가 급히 필요할 만한 것들을 미리미리 챙겨두면 일은 훨씬 수월해진다. 상사가 갑자기 뜻밖의 자료를 요구해도 평소 관련 자료나 유사한 보고서를 미리 준비해놓았다면 당황하지 않고, 처음부터 그 업무를 다시 구상해야 하는 과정을 건너뛰어 시간을 절약할 수 있다.

C대리 이야기로 돌아가보자. 그는 꽤 영민한 친구다. 매년 반복되는 사업계획 변동에 질릴 대로 질린 그는 아이디어를 내어 그 문제를 아주 쉽게 풀었고, 지금은 연말이 되어도 당황하거나 스트레스를 받지 않는다.

C대리는 어떻게 했을까? 그는 우선 팀장이 매번 변경 보고서를 요구할 때 주요 변경 요인이 무엇인지 찾았다. 일단 팀장이 주로 변덕을 부리는 주요 항목 4~5개 정도를 찾고, 환율 등 팀장의 의지와 관계없이 변동되는 추가 요인들도 찾았다. 그리고 처음 사업계획보고서를 만들 때 변동을 일으키는 주요 요인별로 몇 가지 형태로 보고서를 미리 만들었다. 그런 다음 팀장이 변경을 요구할 때마다 해당되는 보고서의 형태를 간단히 수정해서 보고했다. 시간은 줄어들고 정확도는 높아진 것이다. 간단하지만 참으로 효과적인 방법이라고 감탄했다.

C대리는 자신의 업무에 관심을 가지고 미리미리 준비한 결과 연말이 되어도 당황하거나 스트레스에 시달리지 않고 비교적 자유로워졌다.

나 역시 이러한 사례가 있다. 나는 업무상 팀장과 연구소에 회의를 하러 갈 때가 많다. 회의가 진행되면서 원래 회의 안건과 관계없는 사안들이 갑자기 논의될 때가 있다. 회의 안건에 대한 자료는 꼼꼼히 챙겼지만, 팀장은 돌발적으로 그때그때 생각나는 것들을 연구소에서 논의할 때가 빈번히 있다. 그럴 때마다 팀장은 자연스럽게 상황에 필요한 자료들을 찾는다. 당연히 나는 그것이 당일 회의 안건이 아니니 준비하지 못한 경우가 대부분이었다.

하지만 몇 차례 그런 상황이 반복적으로 발생하자 나는 방법을 찾았다. 상황에 따라 팀장이 뜬금없는 자료를 찾는다고 생각했지만 아니었다. 항상 반복적으로 찾는 자료들이 있다는 것을 알아차렸다. 예를 들면 제품별 주요 사양이나 국내외 제품별 가격 등은 당일 회의 안건에 관계없이 수시로 찾는 자료였다.

나는 사무실에서 틈나는 대로 많은 종류의 제품 사양과 제품별 가격만 있는 자료를 별도로 하나 만들었다. 1~2장으로 요약한 그 자료를 항상 가방에 넣고 다녔다. 그 이후로는 팀장이 제품 사양이나 가격을 물어볼 때마다 자료를 보며 언제나 대답할 수 있게 되었다. 또, 매일 들고 다니면서 보다 보니 자료를 보지 않아도 외워서 대답할 수 있는 수준이 되어 이제는 굳이 자료를 들고 다닐 필요가 없게 되었다.

이후로도 나의 업무 중 중요하거나 미리 준비해야 할 것들을 미리 준비해 둔다. 그리고 그중 대부분은 어김없이 상사들이 급하게 찾는다. 그럴 때마다 나는 당황하거나 시간에 쫓기지 않고 자료를 꼼꼼히 챙길 수 있고, 그로 인해 내 업무를 잘 소화해낼 수 있다.

선배들이 밑도 끝도 없이 일을 시킨다고 원망하기 전에 자신의 업무에 관심을 가지고 미리미리 챙겨두는 습관을 가지면 시간에 쫓길 일도 없고, 실수를 할 확률도 훨씬 줄어든다. 비슷한 비유를 하자면, 상대방이 공격해올 곳을 사전에 알고 있으면 언제든 당황하지 않고 방어할 수 있고, 더 나아가서는 공격할 수도 있게 되는 것과 비슷한 이치다.

선배들이나 상사들이 급하게 요청한 자료가 있다고 가정해보자. 그리고 그것은 누가 봐도 밑도 끝도 없는 자료라서 당장 만들어낼 수 없을 것이라는 것을 본인뿐만 아니라 모두가 알고 있다고 치자. 그때 후배들이나 신입사원들이 그것을 순식간에 만들어 선배에게 내밀었을 때, 선배들의 당황하는 표정은 정말 통쾌하다. 그런 것도 신입사원의 소소한 재미라 할 수 있지 않겠는가.

실전에서
증명하라

전문가로 입신하고 싶은 분야의 업무라면 과감하게 뛰어들어라.
실패할까 봐, 다른 사람에게 무시당할까 봐 피하지 마라.
실전에서 자신을 증명하며 능력 있는 '선배'로 성장하라.

실전을 두려워하지 마라

내가 격투기나 다른 운동의 예를 많이 드는 이유는 나의 취미가 복싱이나 격투기 같은 격기 운동이기 때문이다. 틈이 나면 직접 하는 것도 꽤나 즐기는 편이다. 운동 그 자체도 좋아하거니와 같은 취미를 가진 사람들과 땀 흘리며 부대끼는 것 역시 좋아한다.

대학 시절에는 학교 수업이 없는 날이거나 방학 중에는 체육관에서 시간을 보내는 경우가 많았다. 격기 종목이라는 게 본래 남자의 강함에 대한 묘한 로망을 자극해서인지 호전적이고 남자답다는 사람들은 한 번씩 체육관을 찾게 되는 것 같다.

체육관에 오래 있다 보면 여러 사람과 공통의 관심사에 대해 이야기도 하고, 직접 운동도 할 수 있는 기회가 많다. 그래서 어떤 사람은 말뿐이고, 또 어떤 사람은 진짜 실력이 있다는 것을 자연스레 알게 된다.

복싱이나 격투기 같은 스포츠는 일반 구기종목 스포츠와는 성격이 아주 다르다. 격기 스포츠는 상대방을 직접 타격하기도 하고 타격을 입기도 하는 원초적인 두려움이 있는 스포츠다. 주먹으로 상대방의 안면을 직접 가격할 수 있는 몇 안 되는 종목 중 하나일 것이다. 이 원초적인 두려움은 체육관에서 그 사람의 운동 실력을 가감 없이 보여주는 원인이 된다.

내가 다니던 체육관에서는 월요일부터 목요일은 코치나 트레이너에게 배우면서 개인 트레이닝을 하고 금요일에는 주중에 배웠던 것을 실전에서 활용하는 법을 익히기 위해 스파링을 한다. 물론 스파링을 할 때는 보호구를 착용하고, 상대방을 배려하는 수준의 힘으로 진행한다. 그럼에도 몇몇 관원은 금요일마다 체육관을 오지 않는다. 그리고 월요일이면 다시 체육관을 찾아와서 누가 묻지도 않았는데 금요일에 바쁜 일이 있어서 오지 못했다고 구차한 변명을 늘어놓곤 한다.

금요일에 빠지는 친구들은 대부분 훈수 두기를 좋아한다. 갓 들어온 신입 회원들에게 “이럴 때는 이렇게 해야 하고, 실제 스파링 할 때 유용한 훈련은 이러한 것들이니 집중적으로 훈련해야 해"라며 여러 가지 테크닉이나 훈련방법에 대해 열변을 토하며 가르친다.

거의 대부분 적당한 충고들이다. 직접 실전을 해보지는 않았지만 여기저기 들은 게 많아서 옳은 조언들이 많다. 하지만 이내 신입회원들은 그들의 진짜 실력을 알게 되고, 그 후에는 그의 말에 귀를 기울이지 않게 된다. 실전에서 증명하지 못하는 사람의 말에 귀를 기울일 만큼 어리숙한 사람은 그다지 많지 않기 때문이다. 그러면 항상 금요일에 바쁜 그 남자는 이런저런 훈수를 둘 수 있는 또 다른 신입회원을 기다리게 된다.

스파링이라는 실전을 기피하는 사람은 결코 격투 스포츠의 참 매력을 즐길 수 없다. 격투 스포츠의 진정한 매력은 코앞에서 주먹이 오고 가는 긴박한 긴장감을 이겨내며 스파링이라는 가상의 실전에서 자신을 증명해 보일 때 느낄 수 있는 것이다.

프로 격투기 선수들도 마찬가지다. 지는 것이 두려워 실전은 멀리한 채 이론만 완벽한 사람, 항상 훈수만 두는 사람은 결코 일류 프로 격투기 선수가 될 수 없다. 실전에서 인정받지 못하면 결코 그 분야에서 전문가로 입신할 수 없는 것이다.

내가 아는 유능한 몇몇 프로 격투기 선수들은 항상 스파링에 목말라 있다. 좋은 선수들과 스파링을 할 수 있다면 일본까지도 비행기를 타고 다녀오는 열의를 가지고 있는 선수들이 대부분이다. 자신이 성장할 수 있다면 실패에서 오는 좌절감이나 수치심 따위를 언제든 극복할 용기를 가지고 있는 선수들이다. 그들은 자신의 분야에서 진정한 전문가들이다.

나는 직장생활도 이와 크게 다르지 않다고 생각한다. 회사에 다니다 보면 선배들 중에 참 똑똑한 사람들이 많다는 것을 느낀다. 무엇을 물어보든 모르는 것이 없다.

평소 알고 지내는 K차장은 정말 아는 것이 많다. 머리가 좋아서인지 문제가 생겼을 때 무엇이 원인인지 금방 알아채곤 한다. 그리고 그 문제를 해결하지 못해 쩔쩔매는 후배들에게 빈정거리는 말투로 "그런 문제 하나 처리 못 하냐? 뭐가 문제인지 생각이라는 것을 좀 하고 일을 해라" 하는 식으로 말하곤 한다.

솔직히 말하면 신입사원 시절 나 역시 그분에게 핀잔을 듣기 일쑤였다. 당시에는 자존심이 상하고 감정적으로 격앙되어 있어서 K차장의 지적이 올바른 것인지 아닌지 알지 못했다. 하지만 시간이 지나다 보니 그분의 지적은 기분이 나쁘기는 하지만 대부분 합당한 것이었고, 문제의 원인 또한 핵심을 제대로 짚어내는 경우가 많았던 것은 사실이었다. 정말 인정하기 싫었지만 말이다.

하지만 문제는, K차장은 결코 업무 전면에 나서지 않는다는 것이었다. 다른 이들의 업무에 훈수만 둘 뿐 자신이 직접 부딪치며 책임을 져야 하는 업무는 거의 하지 않는다. 피치 못하게 그런 업무를 맡아야 하게 되면 교묘하게 후배 사원들에게 떠넘기기 일쑤였다.

처음에는 직급이 높아져서 그런 것이라고 생각했지만 K차장과 비슷한 시기에 입사하신 분에게 사적인 자리에서 들은 바로는 신입사원 시절부터 자신의 분야에 대해 열심히 공부해서 남들보다 아는 것은 많았지만 책임감을 가지고 업무 전면에서 일한 적은 그다지 많이 보지 못했다는 것이다.

K차장은 자신이 책임을 져야 하는 실전 업무를 두려워하는 것이다. 훈수는 잘 두지만 직접 자신이 나서서 부대끼며 업무를 하는 것에 대한 두려움이 있는 것이다.

나는 K차장의 경력을 인정하지만 결코 존경하지는 않는다. 하지만 나는 시간이 지나 후배들에게 진심으로 존경을 받는 선배가 되고자 한다. 결코 말뿐인 선배가 되고 싶지 않다. 그래서 실전을 두려워하는 모습은 적어도 나에게는 견딜 수 없이 수치스러운 일이다. 신입사원들 역시 그래야 한다고 생각한다.

K차장은 체육관에서 스파링을 두려워하는, 금요일에만 바쁜 체육관 회원이다. 아는 것은 많지만 실전이 두려워 스파링을 하지 못하는 전문가답지 못한 프로 선수다. 이제 직장생활을 시작하는 신입사원은 실전을 두려워하는 프로 선수가 되어서는 결코 안 된다.

나의 지인들이 프로 격투기 선수들이라면 우리 역시 프로 직장인이다. 나의 분야에서 최고가 되기 위해 늘 공부하는 자세로 임한다. 모르는 것이 있으면 솔직히 모른다고 말하고, 배울 것이 있으면 자존심이 상하지만 고개를 숙이고 배운다. 그리고 그 모든 것은 실전에서 활용하기 위한 배움이다.

회사에서는 자신이 책임지고 있는 업무가 바로 실전이다. 업무협의나 회의를 하다 보면 그 사람의 업무의 내공을 알 수 있다. 모르는 것을 대충 얼버무리고 넘어가려는 사람도 있고, 자신의 업무에서 어떤 아우라를 풍기며 업무적으로 상대방을 압도하는 사람도 있다.

신입사원은 아직 배우는 단계다. 책임지고 진행해야 할 업무협의에서 상대방의 방대한 지식과 업무 노하우에 압도당해 모멸감을 느끼는 경우도 있지만, 결코 업무를 피하거나 다른 이에게 떠넘기려 해서는 안 된다. 오히려 자신의 자존감을 지키기 위해 더 많이 공부하고 다른 사람의 업무 노하우를 익히려고 조금씩 더 노력해야 한다. 그리고 그것을 실전에서 적용하고 활용해서 성과를 만들어야 한다. 반드시 그러해야 한다. 직장은 학교가 아니니까. 회사는 배움 그 자체로 의미를 가지는 곳이 아니다. 그러한 지식들이 실전 업무에서 활용될 수 있을 때야 비로소 진정한 프로페셔널이라 할 수 있다.

내가 책임지고 완수해야 하는 업무가 곧 실전이다. 나는 실패하고 밑천이 드러나 자존심이 구겨지는 한이 있더라도 맡은 바 업무에 책임을 지고 실전에서 일을 진행할 것이다. 진정한 프로페셔널이 되어 한 분야의 전문가로 우뚝 서기 위해서는 실패 혹은 모멸감이라는 기회비용을 치러야만 한다는 것을 잘 알고 있다.

나는 실전에서 결코 물러서지 않는다. 주어진다고 해서 아무 업무나 마구잡이로 하지는 않지만, 내가 전문가로 입신하고 싶은 분야의 업무는 결코 다른 이들에게 양보하지 않는다. 나의 역량이 조금 부족할 것 같은 무리한 업무도 해보겠다고 자원한다. 실패할까 봐서, 다른 사람에게 무시당하며 모멸감을 느끼게 될까 봐서 업무를 피하지는 않는다. 두렵기는 하지만 용기를 내어 업무를 도맡는다. 그것이 실전에서 자신을 증명하고 진정으로 존경받을 수 있는 사람이 되는 길이라 믿기 때문이다.

나의 유럽 출장 이야기

내가 사원 때의 일이다. 어느 날 팀장이 나를 불렀다.

"진규야 유럽 출장 혼자 다녀와야 하는데, 할 수 있겠어? 한 4개국 정도 돌면서 시장조사하고 해야 하는데 말이야."

"네, 한번 해보겠습니다. 내일 출장 보고서 준비하겠습니다."

내가 무턱대고 왜 바로 대답을 했는지 아직도 잘 모르겠다.

시장조사의 목적은 우리 회사의 20년 중장기 계획을 세우기 위한 것이었다. 따라서 출장을 갔다 온 뒤 20년 중장기보고서를 내가 작성해야 할 것은 불 보듯 뻔한 일이었다. 정말 걱정스럽고, 부담스러웠다.

'가서 아무것도 못 건져서 돌아오면 어쩌지?' '나 혼자 가는데, 정말 잘할 수 있을까?' '말도 안 통하는데 망신만 당하고 오는 것은 아닐까?' '갔다 와서 보고서는 어쩌지?'

여러 가지 걱정들 때문에 밤에 잠을 못 잘 지경이었다. 하지만 업무가 두려워 주어진 기회를 포기하고 싶지 않았다. 비겁한 겁쟁이가 되고 싶지는 않았다.

그날부터 나는 혼자 남아 시장조사를 위한 설문서도 만들고, 고객들과 딜러들 그리고 전시회 참여 등 출장 업무에서 무엇을 얻어와야 할지에 대해 하나씩 점검했다. 처음으로 혼자 가는 장기 해외출장에 필요한 것이 무엇인지 고민하느라 매일 밤늦게 야근을 했다. 또 다녀와서 어떤 성과물을 만들어야 할지에 대해서도 구상하느라 이미 체력이 바닥날 지경이었다.

우여곡절 끝에 출장의 대장정이 시작되었다. 모든 일이 다 그렇듯 지나보니 부담스러웠던 유럽 출장도 재미있는 추억이 되었다. 이탈리아 밀라노에서는 길을 잃어 지하철을 타고 여기저기 헤매기도 했고, 터키에서는 딜러들과의 협의가 원만하지 못해 3시간이 넘게 함께 앉아 회의를 하기도 했으며, 독일 프랑크푸르트에서는 원하는 만큼의 시장조사를 하지 못하기도 했다.

하지만 나름대로 출장 전에 준비를 많이 한 덕분에 어느 정도의 성과를 가지고 돌아올 수 있었다. 그리고 내가 먼저 20년 중장기계획을 수립해보겠노라고 팀장에게 말했다. 좋은 기회를 준 것에 대한 감사의 마음과, 내가 시작한 일은 내가 책임을 지고 끝을 보겠다는 책임감 때문이었다. 하지만 그것은 지금 생각해도 정말 고생길에 스스로 들어선 것이었다.

돌아보니 그때는 정말 책임에 비해 턱없이 부족한 권한이 있을 뿐이었고, 활용할 수 있는 자원 또한 많지 않았다. 엄청난 스트레스를 받았고 힘들었다. 하지만 나름 만족할 만한 성과를 내어 주위의 인정을 받았다. 그보다 나에게 더 중요하고 의미 있는 것은 두렵고 힘든 실전을 피하지 않고 정면승부를 했다는 스스로에 대한 자부심이었다.

자신이 갈고 닦은 실력을 실전에서 녹여낼 수 있어야 진정한 전문가가 될 수 있다. 스파링을 두려워하는 프로 선수가 되어서도 안 되고 훈수만 두는 직장 선배가 되어서도 안 된다. 후배들에게 실전에서 무엇인가를 보여줄 수 있는 선배가 되어야만 한다.

실전이 아닌 것은 인정받지 못한다. 인정받지 못하면 신용을 얻을 수 없게 되고, 신용이 없어지면 존경받을 수 없다. 동종 분야의 전문가들에게 진심어린 존경을 받을 수 있다면 진정 그 분야에서 전문가라고 자부해도 좋다고 생각한다.

나 역시 직장에서 그리고 나의 삶에서 함께하는 사람들에게 진정어린 존경을 얻어낼 수 있는 사람이 되고자 노력한다. 자신의 분야에 열의를 가지고 배우며 그것을 실전에 녹여내어 성과를 만드는 사람, 정말 멋있지 않은가? 나는 정말 그런 사람을 존경하고 나 역시 반드시 그렇게 되고 싶다. 그것이 두렵지만 매일 실전을 마다하지 않는 이유다. 그리고 지금 직장생활을 시작하는 신입사원 역시 그러해야 한다고 믿는다.

나는 "회사에서는 시키는 일만 하는 게 최고다"라는 조언을 하는 선배를 인정할 수 없다. 직장도 내 삶의 일부이고, 현재로서는 내 삶의 7~8할을 차지하는 공간인데, 그곳에서 중간만 하면 된다는 안이한 생각으로 한 번뿐인 내 삶을 방기하고 싶지 않다. 식어버린 직장인으로 살기에 나는 스스로를 너무 사랑하는 사람이라는 것을 잘 알고 있기 때문이다.

스스로를 진정으로 사랑하는가? 그렇다면 실전에서 자신을 증명해 존경을 받아라. 그것이 진정으로 자신의 삶에 책임을 지는 프로페셔널의 태도이고, 자신을 진정으로 사랑하는 삶의 태도다.

일로 **승부하라**

신입사원들은 선배와 상사에게 공헌함으로써
존중받을 수 있는 무기가 있어야 한다.
가장 강력한 무기는 바로 자신의 '일'이다.

혼란스러운 신입사원 시절, 무엇을 해야 할지 잘 모르는 시기다. 어떤 선배는 사람과의 관계가 가장 중요하다고 말하고 또 어떤 선배는 자신의 일이 가장 중요하다고 말한다. 무엇이 맞는 것일까? 사람과의 관계를 잘 유지해서 직장생활을 나름대로 잘 유지하고 있는 사람은 그것이 좋은 방법이라 할 것이고, 자신의 업무로 자신의 영역을 잘 구축하고 있는 사람들은 또 그 방법이 좋은 것이라 조언할 것이다. 그리고 그나마 이런 생각을 하는 직장인은 나은 편이다. 아예 아무 생각 없이 직장생활을 하는 사람도 많으니 말이다.

신입사원으로서 가져야 할 바람직한 자세는 분명히 있다. 관계를 중시하는 직장인들과 업무를 중시하는 직장인들의 장단점과 특징 그리고 이 두 부류의 차이점을 알아보면서 바람직한 신입사원의 방향성에 대해 탐구해보자.

관계형 직장인 탐구

'관계형' 직장인은 사람과의 관계를 중요시하는 부류다. 대부분 '좋은 게 좋은 거다'라는 생각으로 임한다. 새로운 업무가 주어지거나 또는 업무적 문제가 발생했을 때 주위의 관계를 잘 활용해 업무를 원만히 진행하고 문제를 해결한다. 이런 부류의 사람들은 대부분 주위의 평판이 좋다. 그리고 그렇게 보이고자 무던히 노력한다. 자신의 강점이 사람과의 관계라는 것을 알고 있기 때문이다. 스페셜리스트라기보다는 제너럴리스트에 가깝다.

이들의 장점은 주위의 많은 사람들과 항상 원만한 관계를 지속한다는 것이다. 주위에 늘 우호적인 사람이 많기 때문에 업무 진행에도 협조가 잘 되는 편이다. 자신이 필요로 하는 것을 사람들을 활용해 잘 얻어낸다. 또한 함께 일하는 후배나 동료들과도 원만한 관계를 유지하려고 노력하기 때문에 팀 내부의 결속력을 강하게 하는 데도 강점이 있다. 그래서 직장에서는 경력 상층부로 갈수록 이러한 관계 구축 능력이 더욱 중요해진다.

그렇다면 관계지향형 사람의 단점은 무엇인가? 어떤 이는 자신의 상사나 동료를 '정치적'이라고 표현하며 좋지 않게 생각한다. 하지만 나는 그렇게 생각하지 않는다. 직장생활은 각자의 복잡한 이해관계가 얽힌 험난한 정글이다. 한 사람의 가장으로, 또 생활인으로 살아갈 수밖에 없는 직장인이 주위를 살피는 것은 어쩔 수 없는 것이지 나쁜 것이 아니다.

관계지향적인 사람들의 문제는 때로 너무 피곤하다는 것이다. 그들은 쉬고 싶거나 개인적인 일이 있더라도 회식이나 회사 사람들끼리의 모임에 빠지지 않는다. 직장생활에서 사람들과의 관계를 원만히 유지하는 것이 얼마나 중요한지 알고 있기 때문이다. 그래서 퇴근 후 개인적인 시간까지 회사 사람들과 함께하며 자신의 삶을 잃는 경우가 많다. 정말 회식과 모임을 좋아하는 경우라면 크게 문제가 되지 않겠지만, 그렇지 않은 경우라면 관계지향적인 라이프 스타일이 너무 힘들고 피곤할 것이다.

대학 동기 중에 술을 엄청 좋아하는 친구가 있는데, 회사에 입사한 이후 그는 동기들을 만날 때 술을 한 잔도 마시지 않는다. 왜 그러느냐고 물어보니 "내가 친구들 만날 때도 일을 해야 되냐?"라는 것이다. 그 친구에게는 퇴근 후 회사 사람들과 모임을 갖는 것도 '일'이 된 것이다.

나는 내 분야에서 최고가 되고 싶다는 욕심은 있지만 일이 내 삶의 전부가 되기를 바라지는 않는다. 일과 삶의 균형 잡힌 생활을 하고 싶고 또 그래야 한다고 생각한다. 너무 치우친 관계지향형은 일과 삶의 균형을 잃기 쉽다.

업무형 직장인 탐구

그렇다면 업무형 직장인은 어떤가? 그들은 자신의 전문분야의 일로 승부를 하는 사람들이다. 자신의 분야에 대해서는 모르는 것이 없고, 자신의 일에 대한 자부심으로 충만하다. 또한 자신의 업무에 대한 강한 책임감을 갖고 있다. 이러한 부류는 제너럴리스트라기보다는 스페셜리스트에 가깝다.

이들의 장점은 언제나 모르는 것을 배우려 하고 또 스스로 성장하려고 하는 욕구가 있다는 것이다. 그리고 자신의 일에 대해서는 변명하지 않고 스스로 끝까지 책임을 지고 마무리를 짓겠다는 강한 책임감이 있다. 보통 업무지향적인 사람들은 업무에 있어서는 믿음직하다. 업무를 맡기면 안정감이 있다는 뜻이다. 또한 자신의 전문분야에 대한 전문성과 확신이 있어서 관계지향적 사람보다는 관계를 잘 유지해야 한다는 압박감으로부터 자유로운 편이다.

쉽게 말해 다른 사람한테 아쉬운 소리를 해야 할 빈도가 적다는 뜻이다. 이것은 바쁜 직장생활 속에서도 그나마 자신의 라이프 스타일을 만들어 가는 여유를 가질 수 있다는 말이다.

물론 업무지향적 사람들이라고 다 좋은 것은 아니다. 자신의 업무에만 집중하다 보니 다른 이에 대한 배려가 없는 경우도 있고, 자신의 업무에 대한 자부심이 때로 자만심이 되어 주위 사람들을 무시하거나 폄하할 때도 있다. 이러한 성향 때문에 업무지향적 사람들은 간혹 주위 사람들과 마찰을 겪기도 한다. 또 함께 일하는 사람들과 업무적 견해 차이가 발생하면 쉽사리 합일점을 찾지 못해 결과 도출을 하지 못할 때도 있다.

회사에서 일을 하다 보면 해당 분야의 깊은 전문지식을 가진 두 사람이 하나의 프로젝트를 진행하게 될 때가 있다. 그럴 때면 간혹 필요 이상의 소모적인 논쟁을 할 때도 있고, 또 생산적이 되어야 할 회의가 논쟁을 위한 논쟁으로 이어져 성과도출이 더뎌지거나 미흡해지는 경우도 빈번하다. 이것이 업무형 직장인의 약점이다.

업무지향적인 사람은 전문가로 성장할 가능성이 높지만 많은 사람들이 함께 일하는 조직에서는 때로 단점으로 작용할 수도 있다는 것을 인지하는 것이 중요하다.

업무? 관계? 신입사원은 어찌해야 할까

이해를 돕기 위해 관계지향적 사람과 업무지향적 사람으로 구분하기는 했지만 사실 직장에서는 완벽하게 관계지향적인 사람도 없고, 또 전적으로 업무지향적인 사람도 없다. 어떤 직장인이든 두 요소 중 완전히 한쪽 측면만 가지고 있는 사람은 없다. 다만 개인에 따라 한쪽의 비중이 다를 뿐. 관계 쪽에 조금 더 비중을 두는 사람도 있고, 업무적 역량에 조금 더 비중을 두는 사람이 있을 뿐이다. 업무적 지식은 하나도 없고 주위 사람들만 이용해서는 직장생활을 할 수도 없고, 전문분야에서 대한민국 최고의 전문가라 하더라도 다른 사람과 함께하는 관계에 전혀 관심이 없다면 그 또한 회사에서 성과를 낼 수 없기 때문이다.

옳고 그른 것은 없다. 회사는 성과를 내는 곳이다. 중요한 것은 어떤 방법이든 올바르고 효과적인 성과를 내기만 하면 된다. 자신이 더 잘할 수 있는 방법으로 성과를 내기만 한다면 어느 것이든 다 좋다는 뜻이다.

그럼에도 신입사원들에게는 자신의 업무로 승부하라고 말해주고 싶다. 나는 그것이 올바르고 균형 잡힌 생각이라고 확신한다. 그 이유는 우선, 좋은 관계를 형성하기 위해서라도 업무를 장악해야 하기 때문이다.

냉정하게 들리겠지만 회사는 학교가 아니다. 취미생활을 하기 위해 모인 동호회도 아니다. 또 서로에게 무조건적인 사랑을 베풀어야 하는 가족은 더더욱 아니다. 직장은 서로의 이해관계를 달성하기 위해 모인 집단이다. 이것은 사람에 따라 불편할 수도 있지만 반드시 마주해야 하는 진실이다.

그래서 직장에서의 좋은 관계는 반드시 서로에게 도움을 줄 수 있는 관계여야 한다. 동료나 상사가 필요로 하는 것을 줄 수 있어야 존중받을 수 있다. 서로를 존중할 수 있다는 것, 그것이 바로 좋은 관계의 출발이다. 직장에서는 존중을 바탕으로 하지 않는 좋은 관계는 결코 이룰 수 없다. 직급이 서열화된 직장에서 존중이 바탕이 되지 않는 관계는 단순한 주종관계이며 이러한 주종관계는 존중을 받지 못하는 쪽 사람에게는 견디기 힘든 모욕이다.

직장생활을 시작하는 신입사원들은 다른 사람에게 공헌함으로써 존중을 받을 수 있는 자신만의 무기가 있어야 한다. 그것이 바로 자신의 일이며 업무다. 그것으로 동료와 상사 더 나아가 회사에 공헌하고 동등한 관계로 인정받아야 한다. 자신의 일을 장악하지 못하면 결코 좋은 관계를 만들 수 없다.

하루는 C라는 신입사원이 고민을 상담해 왔다.

"대리님, 주위 사람들이 자꾸 저를 만만하게 보고 무시하는 것 같아요."

"일하면서 중간보고를 열 번은 한 것 같아요. 또 일하고 있는데 자꾸만 이 일 저 일 막 시켜요. 그리고 궁금한 거 물어보면 하는 거나 잘하라고 면박 주고. 자존심도 상하고 화도 나고, 정말 어떻게 해야 할지 모르겠어요."

C는 입사한 지 1년이 조금 넘었지만, 아직 선배에게 동등한 동료로서 인정받지 못하고 있는 것이다. C의 상황을 하나씩 뜯어보자. 중간보고를 자주 시킨다는 것은 선배가 그의 일 처리를 믿지 못한다는 뜻이고, 업무 진행 중에 선배가 부가적인 이런저런 일을 자주 시킨다는 것은 C의 일을 존중하지 않는다는 뜻이다. 또한 궁금한 것을 물어보았을 때 면박을 주는 것은 동등한 동료로 존중하지 않는다는 의미다.

물론 갓 입사한 신입사원 시절부터 한 명의 동료로서 완벽하게 인정받을 수는 없다. 하지만 시간이 얼마 지나지 않아 그렇게 될 수 있도록 해야 한다. 그러기 위해서는 자신의 업무를 완벽하게 처리해야 하고, 더 나아가 그 일을 어떻게 하면 더 잘할 수 있는지 고민하고, 모자란 부분을 학습해야 한다. 그럼으로써 자신의 일에 대해서는 누구도 함부로 할 수 없는 수준이 되어야 한다. 그렇게 되면 주위에서 일을 믿고 맡기게 되고, 이로써 서로를 존중하는 당당한 동료가 될 수 있는 것이다. 직장에서 동등한 동료로 인정받지 못한다는 것만큼 불쾌하고 모멸감 느끼는 일은 없다.

서로를 존중하는 바람직한 관계를 원한다면 자신의 업무만큼은 회사 내의 그 누구보다 더 잘할 수 있다는 확신을 본인은 물론 주위 사람들에게 각인시켜야 한다. 나는 신입사원들도 선배와 상사들로부터 당당한 동료로 인정받는 것이 반드시 필요하다고 생각한다.

내 밥그릇은 내가 지킨다

신입사원이 자신의 업무로 승부해야 하는 또 다른 이유는 지금 직장을 평생 다닐 수 없기 때문이다. 밥벌이는 무거운 것이다. 자신과 가족의 생계를 책임지는 일이다. 지금의 신입사원들 세대는 적어도 두세 번, 아니면 그 이상 직장 혹은 직업을 바꾸어야만 하는 상황을 맞이하게 될 것이다. 이것은 비단 나의 의견만은 아니다. 저명한 경영학자나 미래학자들의 공통적인 의견이다.

복잡한 거 다 빼자. 간단한 이치다. 인간의 평균수명은 점점 늘어나고, 급변하는 세상에서 존속할 수 있는 기업의 수명은 점점 줄어든다. 당연히 사람들도 자신의 직업이나 직장을 상황에 맞게 수시로 바꾸어야 한다.

이것은 예전 세대가 겪지 못한 종류의 변화다. IMF를 넘어오며 혹한기를 한 번 겪기는 했지만 여전히 종신고용체제의 허상을 좇고 있는 이가 많다. 상사나 회사에 대한 충성과 복종만 있으면 조직이 자신을 거두어줄 것이라 진심으로 믿거나 혹은 더 안타깝게도 그렇게 믿고 싶은 것이다. 다가올 변화를 두려워하는 사람은 앞으로도 조직이 자신을 섭섭지 않게 잘 거두어줄 것이라 믿고 싶을 것이다. 사람은 대부분 자신이 믿고 싶은 것을 믿기 마련이니 말이다. 다음 세대를 살아갈 신입사원들아, 진실은 불편하지만 받아들여야 한다.

신입사원은 자신의 전문분야를 정하고 갈고 닦아야 한다. 자신의 일에 전문가가 되어야 한다. 완벽한 관계형 직장인에게 이직이나 퇴직 혹은 창업은 괴로운 일이다. 그동안 자신의 문제를 의논하고 해결해줄 사람들과의 관계를 바탕으로 생활해온 사람에게 이직, 퇴직, 창업 등의 화분갈이는 쉽사리 적응하기 힘든 급격한 변화다. 자신의 통제범위 밖의 문제인 것이다.

직장이라는 공간에서 자신의 통제권 밖의 상황을 매일 직면한다는 것은, 회사를 그만두지 않는 이상 정말 지옥과도 같을 것이다.

관계형 직장인이 이직을 했다고 가정해보자. 새로운 곳에서 자신에게 주어진 일 가운데 혼자, 직접 해결할 수 있는 일이 거의 없다면 심정이 어떻겠는가? 주위의 기대수준에 미치지 못하는 성과를 내놓을 수밖에 없다는 것은 엄청난 부담이고 괴로움이다. 물론 새로운 직장이나 새로운 환경에서 사람들과 좋은 관계를 다시 만들어 나갈 수 있겠지만, 현실적으로 이것이 쉽지 않다는 것은 직장생활을 해본 사람이라면 쉽게 알 수 있다.

관계가 효력을 발휘하려면 시간이 필요하다. 짧지 않은 시간이. 하지만 사람과의 관계는 지금처럼 복잡다양한 사회에서는 그리 믿을 것이 못 된다. 상황에 따라 얼마든지 바뀔 수 있기 때문이다. 이직이나 퇴사 혹은 창업 같은 변화는 하루아침에 모든 관계를 바꾸기에 충분하다. 순수한 관계가 아니라 목적성을 가진 관계에서는 이런 변화가 더욱 치명적이다. 특정 이해관계 속에서 서로를 위한 관계인 만큼 그 이해관계 밖으로 나오면 아무런 효력도 발휘하지 못하게 되니까 말이다.

회사를 다니면서 겪었던 사례 하나만 들어보겠다. 함께 일했던 D과장의 사례다. D는 사소한 업무진행이나 보고서 작성까지 모두 후배나 주위 사람들에게 시키는 것으로 유명하다. 그런데 무슨 이유 때문인지 모르겠지만 기존 업무와 전혀 다른 부서로 발령이 나게 되었다.

문제는 여기서 발생했다. 옮겨간 부서에는 인원이 적어서 다른 사람들에게 업무진행이나 보고서 업무를 시킬 사람이 없었다. 구체적인 업무를 진행해본 적이 없으니 관련 자료를 별도로 정리한 데이터도 많지 않고, 보고서 작성을 많이 해보지 않아 작성 요령도 그다지 많지 않았던 것이다. 그렇다고 주위 사람들과 아무리 관계가 좋다고 한들 자신의 업무를 다른 팀 사람에게 부탁하는 것은 말도 안 되는 일 아닌가?

그래서 그 전에는 사람 좋고 일 잘한다고 평판이 좋았던 D과장은 1년이 채 지나기도 전에 주위 사람들로부터 사람은 좋은데 일 처리는 영 시원치 않은 사람이라는 평가를 번번이 듣곤 했다.

D과장이 오랫동안 근무했던 팀을 옮기는 변화는 어찌 보면 이직이나 퇴직, 창업에 비하면 그리 크지 않은 변화다. 그럼에도 자신만의 업무적 역량을 쌓아두지 않으면 곤경에 처할 수 있다는 것을 보여주는 대표적인 사례다.

하지만 마케팅의 전문가라거나 혹은 자재관리의 전문가, 설계의 전문가 등 자신의 분야에서 차별화할 수 있는 업무적 역량을 바닥부터 길러왔다면 이야기는 달라진다. 그 분야에서 자신의 실력을 깊이 있게 갈고 닦고, 더 나아가 다른 분야로 확장할 수 있는 능력을 쌓아 왔다면 언제든 다가올 다른 직장 혹은 직업으로 전향하는 데 훨씬 수월할 것이다. 또 새로운 창업을 통해 자신만의 직업을 만드는 것도 불가능한 일은 아닐 것이다.

우리 회사에는 경쟁사에서 입사한 유능한 엔지니어 M차장이 있다. M은 전 직장에서 그 능력을 인정받아 해외에서 평생을 근무하는 조건으로 해외근무를 하게 되었는데, 해외근무가 5년쯤 되어갈 무렵 육아 등 여러 가지 개인적인 문제로 회사에 한국 근무 복귀를 요청하게 되었다. 하지만 회사는 M의 본사 복귀를 거절했고 해외근무를 계속할 것을 요구했다. 그는 한국으로 복귀할 수 없었다.

그래서 그는 이전 회사에 사표를 내고 한국 근무를 할 수 있는 우리 회사에 입사를 하게 되었다. 한 회사에서 10여 년 넘게 생활했던 사람이 직장을 옮기는 결정을 내리는 것은 결코 쉬운 일이 아니다. 전문적인 지식이 있든 없든 두려운 일이다.

개인적으로 M차장에게 회사를 옮기는 것이 두렵지 않았느냐고 물어본 적이 있다. M차장의 대답은 이랬다.

"사실 좀 겁났지. 하지만 내가 이제껏 해오던 일은 어디에서든 잘해낼 수 있을 거라는 확신이 있었거든. 중요한 건 정말 실력이 있느냐 없느냐 하는 것이니까."

M차장은 동종업계에서 인정받는 전문가다. 자신의 분야에 대한 전문지식과 '세월'이 더해지면서 쌓인 경험은 그를 한 분야의 전문가로 만들었고, 그는 여느 직장인과 달리 당당해 보였다.

실제로 M차장은 우리 회사에 잘 적응했을 뿐만 아니라, 해당 팀의 여러 가지 고질적인 문제들을 합리적으로 개선하면서 인정받고 있다. 나 역시 의문점이 있을 때면 연구소에 가서 그에게 질문을 하곤 한다. M차장의 기술적인 설명은 간결하지만 핵심적인 부분을 잘 알려준다. 지금 그는 나의 기술적인 부분의 멘토이기도 하다.

자신의 전문분야의 일로 창업을 한 예도 있다. '구본형변화연구소'의 구본형 소장이 좋은 사례다.

그는 IBM에서 20년이라는 시간 동안 경영혁신 업무를 하면서 전문성을 쌓아왔다. 그렇게 자신의 일로 승부를 하다가 자신의 전문분야를 개인에게 적용할 수 있게끔 전문성을 확장하면서 평범한 직장인에서 영향력 있는 창업자로 자리매김에 성공했다. 현재 그는 대한민국의 대표적인 성공한 1인 기업가로서 저술, 강연, 커뮤니티 등을 통해 활발한 활동을 하고 있다. 또한 그는 직장인이 가장 만나고 싶은 강연가 1순위로 꼽힌다.

(안타깝지만 구본형 선생은 이 책이 출가된 뒤인 2013년에 세상을 떠났다.)

부디 자신의 일로 승부해라. 관계를 형성하는 법은 세월에 맞추어 혹은 자신의 기질에 맞추어 다듬어진다. 좋든 싫든 조직은 사람들과 좌충우돌하며 생활하는 곳이기 때문이다. 나 역시 예전보다 상사나 선배를 대하는 것에 예의를 갖추고, 주위를 배려하는 것을 자연스레 배우게 되었다.

사회 초년병 시기에는 누구보다 자신의 업무에 자신이 있는 사람이 되어야 한다. 그것이 앞으로 변화무쌍한 시대를 살아가야 할 신입사원들의 가장 큰 커리어다.

신입사원들은 아직 잘 모르겠지만 사실 직장인은 유약한 존재다. 자신이 선택할 수 있는 것보다 그렇지 않은 것이 더 많고, 자신의 의지와 관계없이 타인 혹은 조직의 선택에 의해 운명이 바뀌는 경우도 적지 않다. 이것은 직장인의 숙명이다.

나의 밥그릇을 다른 사람이 쥐고 있다는 것은 불쾌한 일이다. 나의 밥벌이를 언제 어디서든 할 수 있다는 확신이 필요하다. 이것은 자신의 업무에 대한 확신 없이는 불가능한 것이고 그 확신은 자신의 일에 대한 끊임없는 열정과 학습에서 온다.

자신의 밥그릇을 타인에게 맡기지 마라. 그것은 자신의 삶의 주인이 되지 못하는 것이다. 10년 뒤에도 혹은 20년 뒤에도 오늘 잘리면 어쩌나 내일 잘리면 어쩌나 전전긍긍하는 선배들처럼 살고 싶은가? 나의 매일매일 역시 어찌 보면 나의 밥그릇을 누군가에게 빼앗기지 않으려는 투쟁이다. 이 책을 읽는 신입사원들도 본인이 원했든 그렇지 않았든 기왕 회사에 들어왔으니 여기서, 자신의 일로 승부하기를 진심으로 바란다.

먼저 말하면 **진다**

많이 들음으로써 자신의 분야를 많이 공부해야 하고,
잘 들음으로써 효과적으로 업무를 잘 소화해야 한다.
먼저 말하는 것을 되도록 피해서 쓸데없는 공격을 당하지 않는 게 좋다.

왜 많이 들어야 할까?

직장생활을 하다 보면 업무적인 협의 등을 통해 자신의 의견을 자유롭게 나눌 기회가 많다. 그럴 때마다 신입사원은 먼저 말하기보다 많이, 잘 들어야 한다. 식상한 '경청의 힘'이니, '대화의 기술'이니 하는 것들을 말하는 게 아니다. 단지 왜 그래야 하는지 실제적인 조언을 주고 싶을 뿐이다.

신입사원은 왜 먼저 말하기보다 많이 들어야 하는가? 우선 가장 큰 이유는 신입사원들에게는 직장의 일상이 바로 교실이기 때문이다. 수업할 때 학생보다 선생이 더 많이 말하는 이유가 무엇인가? 선생이 수다를 떨고 싶어서? 아니다. 선생은 가르치는 사람이고 학생은 배우는 사람이라서 그런 것이다. 지식을 꺼내어 가르치는 쪽이 배우는 사람보다 당연히 말을 많이 해야 하고, 제대로 배우려면 많이 들어야 하는 것이다. 신입사원은 무엇이든 배우고 받아들여야 하는 단계이다.

배우는 사람이 더 많이 말하는 것은 단순히 예의가 없다거나 건방지고 어쩌고 하는 그런 문제가 아니다. 더 많이 말하려고 하는 학생은 어리석은 사람이다. 얻을 것을 제대로 얻지 못하게 되니까. 신입사원도 마찬가지다. 선배보다 더 많이 말하려는 신입사원은 어리석은 사람이다. 말하고 싶은 단순한 욕구를 이기지 못해 자신이 얻어야 할 것을 놓치기 때문이다.

C는 신입사원 시절부터 사적인 자리 이외의 업무적인 자리에서도 본인의 이야기를 더 많이 하려 하고, 심지어 자신이 조금이라도 아는 내용이 나오면 그것을 먼저 말하려고 안달이 난 친구다. 선배들이 주의를 주기도 하고, 언짢은 티를 내기도 했지만 그 버릇을 고치지 못했다. 주목받고 싶고, 말하고 싶은 욕구를 참지 못한 것이다.

C는 이제 3년 차가 되어가지만 업무진행은 여전히 미숙하고 사업분야에 대한 전문적인 지식도 턱없이 부족하다. 하지만 C는 여전히 회의 때마다 자신의 말만 할 뿐 잘 듣지 않는다. 그래서 선배들은 C에게 어떤 것도 가르쳐주려 하지 않는다. 선배들에게 평판을 잃은 것보다 더 중요한 문제는 자신이 정

말 배우고 익혀야 할 중요한 것들을 단순히 지껄이고 싶은 욕망 때문에 놓쳐 버렸다는 것이다. C는 아마 다른 친구들보다 성장이 더딜 것이고 언젠가는 자신의 실수를 크게 후회할 날이 있을 것이다.

신입사원은 많이 들어야 한다. 그것이 현명한 일이다. 신입사원에게는 일상이 교실이라는 사실을 잊어서는 안 된다.

신입사원이 먼저 말하기보다 많이 들어야 하는 또 다른 이유는 선배라는 존재 자체가 말하는 것을 좋아하기 때문이다. 이것 역시 본질적으로는 첫 번째 이유와 맥을 같이 한다. 어떤 선배든 배울 것이 하나도 없는 경우는 없다. 누구든 하나둘 정도는 배울 것들이 있다. 그들에게서 원하는 것을 잘 빼내는 방법 중 최선은 잘 들어주는 것이다.

사람들은 누구나 자기가 알고 있는 것을 자랑하고 싶은 욕구가 있다. 이것을 잘 활용해야 한다. 선배들은 원래 후배들에게 알은 체를 하고 싶어 안달이 난 사람들이다. 그럴 때 잘 들어주면 나에게 도움이 되는 것들을 꽤나 건질 수 있다. 진짜 똑똑한 신입사원들은 이런 방법을 쓴다.

배워야 할 것이 많은 신입사원들이 선배의 말을 잘 끌어내는 것은 정말 큰 도움이 된다. 그리고 사실 어렵지도 않은 일 아닌가? 그냥 잘 들어주기만 하면 되니까 말이다. 투여 노력 대비 효과가 만점 아닌가? 단, 선배들 이야기를 잘 들어주면 볼 때마다 별로 영양가 없는 이야기를 하루 종일 듣는 고통을 감수해야 한다는 부작용도 있을 수 있다. 그래도 어쨌든 남는 장사다.

신입사원이 선배들의 말을 더 많이 들어야 하는 세 번째 이유는 명쾌하다. 잘 듣지 않으면 업무를 진행할 때 진짜 '개고생'을 하기 때문이다. 뭔 소리냐고? 신입사원들은 대체로 선배들이 지시한 업무를 진행해야 한다. 그 일을 정확히 잘해내기 위해서는 선배가 무엇을 원하는지 정확히 짚어야 한다. 심지어 업무를 지시하는 선배들도 본인이 무엇을 원하는지 모를 때도 많다. 이럴 때는 정말 미칠 노릇이다. 하지만 그럴 때일수록 더 많이, 그리고 더 주의 깊게 들어서 대체 원하는 것이 무엇인지 추론이라도 해내야 한다. 안 그러면 어떻게 되느냐고? 집에도 못 가고 밤새 보고서 수정하는 거다.

앞에서 말했던 C 이야기를 조금 더 해보자. C는 업무를 지시받을 때조차 자기 이야기를 하느라 선배의 말을 잘 듣지 않는다. 선배가 업무지시를 하려고 하면 끊고, 자기는 이 일을 이렇게 생각한다는 둥, 이렇게 하는 게 더 나을 것 같다는 둥 자기가 하고 싶은 말만 해댄다. 듣다 못한 선배는 짜증을 내며 이렇게 말한다.

"그래 알았어. 알아서 가져와 봐!"

들을 준비가 되어 있지 않은 사람에게 무엇인가를 설명하는 일이 얼마나 짜증나는 일인지 경험해보지 않은 사람은 모른다.

어쨌든 C는 업무를 시작한다. 선배가 무엇을 원하는지도 모른 채 자기가 하고 싶은 이야기를 보고서에 덕지덕지 쓴다. 결과는 늘 뻔하다. "다시 해와!" 그러기를 몇 차례나 반복한다. C는 밤늦게까지 남아서 일은 일대로 하면서 선배들에게 인정도 못 받는다. 진짜 안타깝고 답답한 노릇이다. 신입사원들 중에 C처럼 일하고 싶은 사람은 없을 것이라 생각한다.

그럼 신입사원은 하루 종일 입을 다물고 있어야 하는 걸까? 사적인 자리에서는 얼마든지 자유롭게 이야기해도 상관없다. 그것마저 버릇없다고 생각하는 사람도 있긴 하지만, 그 정도는 무시해도 된다. 또 간혹 이야기하면서 삼천포로 잘 빠지는 선배도 있게 마련인데, 그럴 때마다 살짝 살짝 질문을 하면서 내가 궁금하고 배워야 할 것들로 주제를 돌려야 한다. 그렇지 않으면 3시간 이상, 재수 없으면 하루 종일 관심도 없는 이야기를 들어주어야 하는 고문을 당하게 될 테니까 말이다.

신입사원을 위한 회의의 기술

회의 중에는 여러 사람들이 자유롭게 의견을 말한다. 재미있는 것은 회의가 크거나 참석자의 범위가 넓어 임원 또는 사장이 참석하게 되면 참석자들이 회의의 결론 도출뿐 아니라 자신의 전문성이나 지식을 과시하려는 경향이 있다는 사실이다. 이럴 때에는 십중팔구 먼저 말하는 사람이 진다. 먼저 말하는 사람은 자신이 알고 있는 것을 초반에 모두 말해버리기 때문에, 이후 다른 사람에게 반격을 당하면 더 이상 할 말이 없기 때문이다.

마치 둘 다 권총에 탄환을 10발씩 가지고 있는데, 먼저 쏘는 사람이 기선을 제압하기 위해 정확한 표적물이 어딘지도 모르고 쏘아대는 격과 같다. 표적물을 맞추지 못하는 것은 물론, 소리 때문에 자신의 위치까지 발각되니 나중에 쏘는 사람이 훨씬 유리한 게임이 되는 것과 비슷한 이치인 것이다.

또한 마지막까지 말을 아끼고 있다가 마지막 즈음에 정리하는 사람이 훨씬 강렬한 인상을 남기게 마련이다.

내가 아는 L부장은 전형적으로 그런 사람이다. 회의를 하면 항상 많이 듣는다. 결코 먼저 말하는 법이 없다. 상대방이 원하는 것이 무엇인지, 어떤 생각을 가지고 있는 것인지, 말하고 싶은 바가 무엇인지 끝까지 듣는다. 그리고 마지막 즈음에 여러 사람이 토의한 내용들을 정리하며 결론을 내린다.

회의가 끝난 후 L부장은 모두에게 좋은 인상을 남긴다. 자신의 의견을 강하게 주장한 사람들은 자신의 이야기를 경청해주었다는 느낌 때문에 L부장에 대해 호의적인 감정을 가지게 되고, 회의에 참석한 최종 의사결정자는 마치 L부장이 이미 모든 안건을 다 알고 있었다는 느낌을 갖게 된다. 또한 최종 의사결정자는 L부장이 회의를 잘 마무리해서 원만히 진행되었다는 느낌까지 갖게 되는 것이다. 그래서인지 L부장은 회사 내에서 적도 많지 않은 편이고, 실력도 있다는 평판을 가지고 있다. 직접 겪어보니 다른 사람들의 말을 잘 들어서 실제로도 사업분야에 대한 해박한 지식을 가지고 있다는 것을 알 수 있었다. 그래서인지는 모르겠지만 L부장은 또래에 비해 승진도 빠른 편이다.

이러한 법칙을 신입사원들에게도 적용할 수 있다. 신입사원들도 1년 정도 지나면 이런저런 회의에 자주 참석하게 된다. 그리고 신입사원 역시 회의 때 자기주장을 먼저 하는 사람은 늘 공격을 당한다. 특히 신입사원은 사업분야에 대한 이해가 높지 않아서 대부분 틀린 내용이거나 다른 사람이 이미 다 아는 내용이기 때문이다.

회의 때 이기기 위해서는 먼저 말해서는 안 된다. 먼저 들어야 한다. 충분히 듣고 자신이 아는 내용이거나 확실한 대안이 있다면 자신의 의견을 말하면 되고, 그것이 아니라면 그저 듣고 모르는 것을 익히면 된다. 일단 들으면 중간은 하지만, 괜히 설레발치다가는 선배들에게 혼나고 공격만 당하기 딱 좋다.

신입사원은 많이 들음으로써 자신의 분야를 많이 공부해야 하고, 잘 들음으로써 효과적으로 업무를 잘 소화해야 한다. 또 먼저 말하는 것은 되도록 피해서 쓸데없는 공격을 당하지 않는 것이 좋다.

후배한테 쪽팔리지 마라

언제까지 신입 시절에 머물 수 있을 것 같은가.
머지않아 후배들에게 업무를 가르칠 것이라고 생각하고 철저히 배워라.
상사의 시선보다 더 무서운 게 후배들의 시선이다.

영원한 신입사원은 없다

신입사원이 언제까지나 신입사원인 것은 아니다. 시간이 조금 지나면 후배들이 들어오고, 자신도 선배가 된다. 어떠한 선배가 될지 고민해야 한다.

신입사원 시절 그렇게 욕했던 선배의 모습이 되어가고 있는 것은 아닌지 의심해보아야 한다. 그리고 후배들에게는 자신의 선배들보다 조금 더 나아진 선배가 되도록 노력해야 한다.

"H씨 생산규모 확대방안 보고서 만들어 와."
"생산규모요? 구체적으로 어떤 것을 말씀하시는지 잘 모르겠는데요?"
"그냥, 일단 생산 팀에 전화해보든지 알아서 대충 좀 작성해가지고 와."

이 대화에서처럼 자신의 선배가 상세한 설명은 고사하고 명확한 방향조차 없이 업무를 지시하는, 더구나 일이 잘못될 때에는 모든 책임을 후배에게 떠넘기는 사람이라고 가정하자. 그는 후배를 정말 피곤하고 무기력하게 만드는 사람이며 또한 후배에게 쪽팔리는 선배다.

후배는 자신의 선배가 무능력하고 무책임하다고 비난할 것이다. 하지만 한 가지만 기억하라. 비난하는 것은 자유지만 그런 선배를 보며 꼭 하나만은 배워야 한다. '나도 그렇게 고생했으니 후배들도 당연히 그렇게 해야 해'라는 유치한 보상심리가 아닌, '나는 결코 저런 선배가 되지 말아야지' 하는 교훈을 가슴 깊이 새기는 것이다.

신입사원들이 선배가 되었을 때는 좀 나은 선배가 되어야 한다. 선배들의 잘못을 그대로 답습해서는 안 된다. 어렵게 이야기할 것 없이 자신이 비난하고 욕했던 선배들과 별반 다를 것이 없는 선배가 된다는 것은 정말 쪽팔리는 일이라는 말이다.

후배들에게 쪽팔리는 선배가 되어서는 안 된다. 후배들에게 쪽팔리지 않으려면 항상 노력하는 방법밖에는 없다. 그래야 조금은 더 나아진 선배가 될 수 있다. 이는 자신의 후배들에게도 좋은 일일 뿐만 아니라 자신에게도 좋은 일이다.

나는 어떤 문제에 대해 상사나 선배들이 질문했을 때보다 후배들이 질문을 했을 때가 더욱 긴장된다. 후배들의 질문에 시원스레 답을 해주지 못하는 경우가 있다면 스스로가 너무 부끄러워서 견딜 수 없이 화가 난다. 나도 언젠가는 회사를 떠나겠지만, 그때가 언제인지는 알 수 없다. 하지만 분명한 것은 어느 순간에 내가 정체되어 후배들에게 더 이상 가르쳐줄 것이 없는 시기가 온다면, 그때가 분명 회사를 떠나야 할 때라고 생각한다. 스스로에게 부끄러운 삶은 결코 살고 싶지 않기 때문이다.

그래서 나는 끊임없이 배운다. 가르쳐주는 사람이 없다고 투덜대는 대신 관련 서적을 찾고 직접 전문가들을 찾아다니며 의견을 구한다. 내 후배들이 '나'라는 창구를 통해 해당 분야의 모든 것을 알 수 있게 되기를 바란다. 막연하고 추상적인 업무를 지시하는 선배는 되고 싶지 않다. 어려운 일이라도 명쾌하고 구체적으로 업무를 지시할 수 있는 선배가 되려 한다. 그렇지 않으면 후배들한테 쪽팔린다는 것을 알고 있기 때문이다.

선배들이 자신에게 어떻게 했는지는 중요하지도 않고 신경 쓸 필요도 없다. 자신이 바꿀 수 없는 것이니까. 나 역시 선배들의 불합리와 무능력에 대해 수없이 비난하고 질타했지만 바뀌는 것은 없었다. 돌아오는 것은 선배들의 건방지다는 비난뿐이다. 타인은 결코 내가 바꿀 수 없다. 더구나 직장의 선배나 상사들은 더욱 그렇다는 것을 경험으로 뼈저리게 알게 되었다. 그래서 내가 바뀌기로 했다. 불합리와 무능력으로 점철된 선배들에게 제대로 복수하는 길은, 그들과 같은 길을 가지 않는 것이라 생각했다. 그래서 나는 결코 후배들에게 쪽팔리는 선배가 되지 않기로 마음먹었다. 그것이 후배들뿐만 아니라 나에게도 도움이 된다는 사실을 깨달았기 때문이다.

앞으로 들어올 후배들에게 부디 쪽팔리지 마라. 많이 배우고 익혀서 후배들이 존경할 수 있는 선배가 되어라. 존경받을 만한 선배가 되려고 노력하는 것 자체에서 이미 탁월함으로 갈 수 있는 길이 반쯤은 열린 것이라 생각해도 좋다.

나중에 후배를 가르친다고 생각하고 배워라

신입사원들은 이것저것 배운다. 하지만 제대로 배우는 사람은 드물다. 지금의 선배들을 보면 알 수 있다.

Y는 4년 차 사원으로 신입사원들을 포함해 후배들에게 많은 질문을 받는다. 하지만 뭐 하나 시원하게 대답해주는 것은 없다. 시원하지 않다는 것은 아무것도 모른다는 뜻이 아니라 제대로 모른다는 뜻이다. 후배들이 의문점이 생겨 질문을 하면 Y는 문제에 대한 전반적인 내용이나 전체적인 프로세스에 대한 설명 등 본질적인 부분을 명쾌하게 알려주지 못한다. 단지 후배들에게 그때그때 상황을 모면할 수 있는 미봉책을 알려주기에 급급할 뿐이다. 마치 간이 안 좋아 피부가 검어지는 환자에게 얼굴에 하얀 분을 바르라고 처방하는 의사와 같다. 안타깝지만 그렇게 업무를 배운 후배들은 자신의 문제에 대한 근본적인 처방법을 알지 못한다.

Y가 후배들에게 명쾌한 설명을 해줄 수 없는 이유는 일을 깊이 있게 배우지 못했기 때문이다. 나는 Y가 신입사원 시절부터 지금까지 오랜 시간 봐왔다. Y는 오랜 시간 동안 자신의 일을 했지만, 그때그때 주어진 일을 하기에 급급했을 뿐, 자신의 업무에 대해 진지하고 깊게 성찰하며 배우지 않았다.

Y는 왜 그랬을까? 다른 이유가 많이 있겠지만 그중 핵심적인 이유는 언젠가 자신도 후배들을 가르쳐야 할 것이라 생각하지 않고 배웠기 때문이다. 언제까지나 신입이고 후배니 당장 닥친 일만 잘하는 것으로 족하다고 생각한 것이다. 그래서 업무의 전체적인 부분이나 세부적인 부분은 알지 못하고 수박 겉핥기 식의 업무밖에는 배우지 못했고, 신입사원이나 후배들이 물어보는 질문에 명쾌하고 체계적인 답변을 하지 못했던 것이다.

여담이지만 더 심각한 문제는 Y가 후배들의 질문을 대충 얼버무리는 것을 전혀 부끄러워하지 않는다는 것이다. 의문점이 생겨 깊이 있게 묻는 후배들에게 오히려 시키는 거나 잘하라며 핀잔을 주는 모습에서 안타까움을 넘어 한심하다는 생각까지 들었다.

후배들에게 쪽팔리지 않으려면 자신이 가르칠 것이라고 생각하고 배워야 한다. 나는 회사 내의 보안 관련 업무를 담당하고 있다. 이것은 나의 전반적인 업무 중에서 비중도 작고 중요도도 덜한, 어찌 보면 부가적인 과업이다. 그래서인지 핵심 업무가 점점 많아짐에 따라 팀장이 그 업무를 후배들에게 넘기라고 지시한 적이 있다. 하지만 나는 아직 그러지 못하고 있다. 보안업무를 사소한 업무라고 생각한 나머지 체계적이고 꼼꼼하게 공부하지 못했기 때문이다.

내게 닥친 보안 관련 업무는 무리 없이 소화할 수 있지만 후배들에게 업무를 가르칠 정도는 아니라는 것을 나는 알고 있다. 후배들이 질문한 것에 대해 체계적이고 구체적으로 가르칠 실력이 아직 되지 못하는 것이다. 나는 보안 업무를 배울 때 그것을 누군가에게 가르쳐야 될 것이라고 생각해본 적이 없기 때문이다. 지금 상태로는 후배들에게 보안 업무를 인계할 수 없다. 다른 말은 필요 없고 후배에게 '쪽팔리기' 때문이다.

나는 매일 조금씩 후배들에게 그 업무를 제대로 가르쳐주기 위해 보안 업무를 틈틈이 챙겨보고 있다. 내가 후배들에게 그 업무를 제대로 가르쳐줄 수 있겠다고 판단이 되면 그때 업무를 인계할 예정이다.

사소한 일이라도 늘 후배들을 가르칠 것이라고 생각하고 배워야 한다. 그래야 재대로 배우고 나중에 후배들에게 안 쪽팔린다. 닥친 일만 처리하는 것으로 만족해서는 업무를 제대로 배울 수 없다. 나중에 후배들이 들어오면 할 수 있는 이야기라곤 "나도 모르니까 알아서 해봐. 나도 그렇게 했으니까 그냥 해" 정도밖에 없을 것이다. 이것은 정말 창피한 일이다. 다른 사람이 이러한 것을 용납하더라도 스스로는 정말 부끄러워해야 할 일이다.

만약 시간이 흘러 선배가 된 다음 후배들에게 가르칠 것이 없고, 기껏 아는 것이라고는 대충 얼버무릴 수밖에 없는 실력이라면 그냥 회사를 떠나라, 더 쪽팔리지 말고. 냉정하게 들리는가? 그럼 지금 내가 하는 말이 나중에 냉정하게 들리지 않도록 준비해라.

일을 배울 때 자신이 언젠가는 지금 배웠던 것을 가르치게 될 것이라 생각하라. 그리고 신입사원, 그거 정말 금방 지나간다. 어느새 선배가 되어 있을 것이다. 긴장해라. 상사를 두려워하는 만큼 후배들의 시선 또한 두려워해야 한다.

집에 일찍 가라, **지금 말고**

일하는 시간의 양을 늘리는 데 거부감을 갖지 마라.
양이 어느 정도 차야 질적인 변화를 경험할 수 있다.
지금 열심히 해놓으면 나중에 집에 일찍 갈 수 있다. 정말이다.

다들 일찍 집에 가라. 신입은 좀 남고

나는 신입사원 시절 열심히 일을 해야겠다고 다짐했다. 그리고 주위의 선배들도 일을 많이 해야 회사에서 소위 '클 수 있다'라고 말했다. 또 어떤 책에서는 직장 초년병 시절에는 '바닥에서 박박 기어야 한다'라며 열심히 일해야 한다는 것을 강조하기도 했다. 그 즈음 읽었던 많은 자기계발서도 하나같이 직장에서 열심히 일해야 한다고 말해주었다.

나는 그 말이 지금도 틀린 말은 아니라고 생각한다. 한 분야에서 제법 숙달되고 기본기를 다지려면 어느 정도의 절대적인 시간이 필요하다는 생각에 전적으로 동의한다. 신입사원은 그 절대적인 시간을 견디며 묵묵히 일해야 한다.

때로는 밤에 늦게 남아서 일할 때도 있을 것이고, 하루 종일 일하다 보면 하루가 어찌 갔는지 모를 만큼 정신없는 날도 있을 것이다. 딱히 힘들다고 생각하지 마라. 자연의 법칙처럼 당연한 것이니 말이다. 정지해 있는 어떤 물건을 처음 움직이게 하기 위해서는 원래 움직이고 있는 것을 계속 움직이게 하는 것보다 더 많은 힘을 필요로 한다. 신입사원 시절은 처음 정지해 있던 물건을 막 움직이게 만드는 시기다. 따라서 원래 움직이고 있던 선배보다 더 많은 힘이 드는 것은 자연스러운 현상이다.

많은 신입사원 특히 자신이 꽤나 똑똑하고 유능하다고 생각하는 친구들이 직장에서 전문가로 성장하지 못하는 경우가 종종 있다(실제로 그런 친구들은 유능하고 똑똑하다). 여러 가지 이유가 있겠지만 내가 보기엔 그 친구들이 대부분 '헛똑똑이'라서 그렇다.

스스로 합리적이고 똑똑하다고 생각하거나 혹은 실제로 그런 신입사원들을 만나보면 대부분 자신이 받는 급여보다 많이 일하는 것을 '손해'라고 생각했다. 열심히 일하는 만큼 급여 또한 올라간다면 더할 나위 없는 선순환을 만들겠지만, 불행히도 한국의 대부분의 기업은 연공서열 체제를 고수하고 있기 때문에 능력이 출중하다고 해서 파격적인 대우를 하는 경우는 극히 드물다. 상황이 이러하다 보니 스스로 똑똑하다고 자부하는 사람들은 급여가 같다면 일을 적게 하는 것이 더 효율적이라고 생각하는 것이다. 답답한 노릇이다. 심지어 어느 신입사원이 이렇게 말하는 것을 듣기도 했다.

"오예! 나 오늘 실제로는 2시간 정도밖에 일 안 했다. 오늘 대박이네!"

받는 보수보다 적게 일을 한다는 것에 묘한 쾌감까지 느끼는 것이다. 정말 환장할 노릇이다. 그야말로 헛똑똑이 아닌가? 만약 이런 마음가짐으로 매일 출근하는 신입사원이 있다면 진심어린 충고 하나 하겠다. "차라리 그만둬라." 그게 회사도 그렇고, 자신도 그렇고 서로 해피하다.

받는 보수보다 적게 일하는 것은 결코 합리적이거나 현명한 선택이 아니다. 오히려 정말 미련한 짓이다. 좋든 싫든 하루 8시간 이상(1년이면 얼마나 엄청난 시간이란 말인가!)은 있어야 하는 곳에서 자신의 전문성을 키우고 미래를 위한 투자를 하지 못한다면 어디에서 한단 말인가? 자신의 분야에 전문성을 키우고 깊이를 더하기 위해 자신의 일을 배우는 데 투자하는 시간은 장기적인 관점에서 보면 자신의 미래에 대한 가장 확실한 투자다.

참, 그리고 덧붙이자면 제발 근무시간에 몰래 주식투자 좀 하지 마라. 그래 봐야 돈도 잘 못 번다. 선배들 중에 몰래 주식 하다가 부자 된 사람이 단 한 명이라도 있는지 찾아봐라. 없다. 직장에 왔으면 자신이 하는 일에서 전문분야를 정해 꾸준히 나아가는 것이 가장 합리적이고 확실한 투자다. 회사를 위해서도, 자신을 위해서도.

신입사원 시절에는 일단 무조건 많이 일해야 한다. 거부감이 드는가? 무식하게 들리는가? '양질 전화의 법칙'이란 철학 개념이 있다. 이것은 어떠한 분야에서 질적인 도약을 하려면 절대적인 양이 필요하다는 법칙이다. 예를 들어 물을 끓인다고 치자. 물은 처음부터 절대 끓지 않는다. 가열되는 열용량이 꾸준히 늘어서 온도가 100도가 되어야 비로소 끓기 시작하는 것이다.

물이 끓는다는 것은 액체에서 기체 상태로 질적 변화를 일으킨다는 뜻이다. 이 질적 변화는 꾸준히 누적되는 열의 절대적인 양의 누적 없이는 결코 만들어지지 않는다. 열의 누적이라는 '양적 변화'가 액체를 기체로 만드는 '기화'라는 '질적 변화'를 만드는 것이다. 이것은 자연현상이고 우리 역시 자연의 일부이니 당연한 것으로 받아들여야 한다. 요즘 나오는 1만 시간의 법칙이니 하는 것들도 결국은 양질 전화의 법칙을 자기계발 책에 적합하게, 좀 세련되게 다듬은 것일 뿐이다.

직장생활도 마찬가지다. 신입사원 때부터 가장 좋은 업무처리 방법, 최선의 학습방법 등 질적 도약은 결코 할 수 없다. 시간을 효율적으로 관리할 수 있는 방법들로는 질적 도약을 할 수 없다는 뜻이다. 또한 전적으로 누군가에게 배워서 익힐 수 있는 것도 아니다. 자신이 직접 이것저것 해보면서 어느 정도 일한 시간의 양이 채워질 때에만 비로소 시간을 효율적으로 관리할 수 있는 질적인 도약을 할 수 있는 것이다.

나는 학창시절 그다지 공부를 잘하는 학생이 아니었지만 누나는 공부를 꽤나 잘하는 학생이었다. 전교 10등 안에서 벗어난 적이 없었고, 마침내 치과대학을 가서 지금은 치과의사로 잘 먹고 잘 살고 있는 중이다.

나는 항상 공부를 단숨에 잘할 수 있는 비기를 찾아 헤맸고, 누나에게는 분명 그런 비기가 있을 것이라고 생각했다. 하루는 누나에게 공부 어떻게 하면 잘할 수 있는지 물어보았다. 당시 누나가 양질 전화의 법칙을 알고 있었는지는 알 수 없었지만 그때 누나가 나에게 했던 말이 걸작이다.

"진규야. 공부는 머리로 하는 게 아니라 엉덩이로 하는 거다. 일단 앉아 있는 연습부터 해라! 쓸데없는 것 묻지 말고."

지금 생각해도 그 핀잔은 웃긴 말이지만, 아마 누나는 오랜 시간 공부해 오면서 결국 공부를 잘하는 노하우도 무수한 시행착오를 거치면서 많은 시간을 투자해야 깨달을 수 있다는 것을 어렴풋이나마 알고 있었던 것 아니었나 싶다.

그리고 많은 시간이 흘러 내 후배들을 보고 있어도 마찬가지다. 후배들에게 일 잘하는 방법이 바로 자료 정리를 잘하는 것이라고 백날 떠들어봐야 소용없다. 자신이 직접 일을 해보면서 자료 하나 찾는 데 한 시간씩 걸리고, 밤늦게 남아서 혼자 일하느라 고생을 해봐야 선배들의 조언이 정말 값진 것이라고 깨닫게 되는 것과 같은 이치다.

쉽게 이야기하자. 신입사원 때는 좀 고생을 하더라도 집에 늦게 가라. 무조건 퇴근을 늦게 하라는 말이 아니라 자신의 일에 절대적인 시간의 양을 투여하라는 말이니 오해는 마라. 신입사원 시절에는 여기저기 부르는 데도 많고 낮 시간에는 정신이 없으니 저녁 늦게밖에 시간이 나지 않던 내 개인적인 경험 때문에 그렇게 말한 것이다.

조금 힘들 때도 있겠지만 그래도 일하는 시간의 양을 늘리는 데 거부감을 갖지 마라. 양이 어느 정도 차야 질적인 변화를 경험할 수 있다는 것은 확실하니까 말이다. 그게 나중에 얼마나 도움이 되는지 지금은 알 수 없을 것이다. 지금 열심히 해놓으면 나중에 집에 일찍 갈 수 있다. 정말이다.

이제는 일찍 가라, 눈치 보지 말고

"당신이 어디에 있는지, 어디를 향해 가고 있는지 모를 정도로 바쁘게 살지 말라."

코카콜라 회장 더글라스 테프트의 말이다. 특정 시기가 지나도 직장에서 계속 열심히 하고 무조건 늦게 퇴근하는 것이 옳은 것인가에 대해 생각해보게 되는 말이다. '열심히 한다'는 표현은 매우 모호하다. 정량적이지 못한 이 표현은 자칫 직장인들을 위험에 빠지게 할 수 있다. 개인적인 예를 한 번 들어보자.

내가 읽었던 한 자기계발서의 저자 A는 직장생활을 시작하는 처음에는 일에 흠뻑 빠져서 바닥에서부터 박박 긴다는 자세로 일을 배우라고 말했다. 참으로 매력적이고 낭만적인 말인 것 같아 깊이 매료되었다. 그래서 나는 열심히 했다. 아침 7시면 출근해서 밤10시를 넘기는 일이 다반사였다. 하루하루가 고되었지만 열심히 살고 있다는 자부심이 있었다. 하지만 그런 생활을 3년 넘게 하니까 무엇인가 잘못되고 있는 것 같은 본능적인 불안감이 밀려들었다. 그런 생각이 드는 와중에 가끔은 일이 일찍 끝나는 날도 있었고, 신입 시절에 남 못지않게 열심히 했던 일이라 어느 정도 익숙해지고 나니 일을 빨리 끝낼 수 있는 노하우도 조금씩 생기기 시작했다.

하지만 조금이라도 일찍 가는 날이면 주위 동료는 물론 스스로에게도 눈치를 보는 습관이 생기게 되었다. "내가 나태해진 건가? 열심히 하지 않는 건가?" 하는 어리석은 질문들로 스스로를 괴롭히기 시작했다. 또한 직장의 일 이외의 다른 것에 흥미를 느끼거나 그것에 빠져드는 것에 스스로 경계심과 죄책감이 들었다. 회사일 이외의 다른 일에 정열을 쏟는 것 자체가 일종의 직무유기라는 생각까지 들기 시작했다. 오직 회사 일만 하는 것이 옳은 삶이고, 응당 그러해야 한다는 강박관념 비슷한 것이 생긴 것이다.

그러던 중 갑자기 예전에 읽었던 자기계발서의 저자 A의 직장생활이 궁금해졌다. 바닥부터 박박 기라고 표현했던 그도 정말 나처럼 이렇게 일을 했을까 아니면 나보다 더 혹독한 직장생활을 했을까 궁금해졌다. 내가 무엇인가 균형을 잡지 못하고 있다는 느낌이 강하게 들기 시작했다.

A는 한국의 유명한 외국계 기업에서 20년간 일을 했고, 그 직장은 1990년대부터 이미 주 5일 근무제를 실시했다. 그가 말한 박박 긴다는 표현이, 정말 나처럼 내 삶의 3분의 2를 회사에 소진하는 이런 생활을 말하는 것이었을까, 하는 의문이 떠나지 않았다.

A는 직장생활 중에 책도 읽고 나름대로 여유를 즐겼던 것 같다. 하지만 나에게는 그런 여유가 없었다. 지금이야 기업문화가 많이 바뀌었지만 내가 신입사원이었을 당시에는 읽고 싶은 책이 있어도 회사에서는 몰래 읽어야 했고, 다른 사람들에게 책이나 읽을 만큼 한가한 사람이라고 비춰질까 두려워해야 했다.

여백이 하나도 없이 빽빽이 글자만 있는 책은 읽기가 어렵듯이 직장에서도 어느 정도의 여유가 있어야 한다. 신입사원이 자신의 일에 최선을 다해야 한다는 것은 의심할 여지없이 옳은 말이다. 하지만 무조건 계속 열심히 해야 한다는 모호한 충고에서는 균형을 잘 잡아야 한다. 열심히 일을 하면서도 자신의 삶을 돌아볼 수 있는 여유가 있어야 한다. 직장은 삶의 일부이지 삶이 곧 직장이 아님을 잊지 말아야 한다는 뜻이다.

신입사원 시절, 자신의 일에 흠뻑 빠져 열심히 일한 친구들은 이제 일과 삶의 균형에 대해 고민해야 한다. 자신의 삶을 윤택하게 하고 자신의 업무를 더 잘하기 위해서도 삶에 여유가 필요하다. 어쩌면 이것은 지식의 문제가 아니라 용기의 문제일 수도 있다. 우리는 일과 삶의 균형을 위해 어떤 것을 고민해야 하는가?

성실함에 대한 강박증, 그리고 함정

첫째 성실함의 함정에 대해 고민해야 한다. 로마의 철학자 세네카는 "바쁘게 일하기를 좋아한다고 해서 근면한 것은 아니다"라고 말했다. 어떤 일을 함에 있어서 성실함이 최우선 덕목이라는 것에는 전적으로 이견이 없다. 큰 뜻이 있더라도 성실하지 못하면 그것이 무엇이든 뜻한 바를 이룰 수 없다.

열심히 노력한다고 해서 모두 큰 성취를 이룰 수 있는 것은 아니지만, 열과 성을 다한 성실함은 환경적 요소와 관계없이 최소한의 작은 성취라도 만들어낸다는 것에 완전히 동의한다. 하지만 유교적인 한국 사회에서 성실함의 덕목은 때로 직장인들의 발목을 잡는 덫이 되기도 한다는 사실을 또한 잊어서는 안 된다.

앞서 말한 것처럼 많은 직장인들이 매일 10시간 이상 자신의 밥벌이를 위해 정말 열심히 일한다. 내가 본 대부분의 직장인들은 자신의 삶의 거의 대부분을 직장에 헌신했다. 물론 가끔은 직장인으로서의 기본적인 윤리를 의심케 할 만큼 성실하지 못한 사람도 있지만, 내가 만나본 대부분의 직장인들은 정말 성실한 사람들이었다. 그럼에도 직장인들은 대부분 자신이 성실하지 못하다는 평가를 받게 될까 늘 염려하며 살아간다. 나 역시 회식 장소에서 술을 과하게 마신 다음 날에는 성실하지 못한 모습으로 비쳐질까 두려워 지친

몸을 이끌고 평소보다 더 일찍 출근한다. 과연 무엇이 문제인가?

"한국 근로자의 연평균 근로시간은 2,357시간으로 가장 높았다. OECD 근로자의 연평균 노동시간은 1,777시간이었다. 국가별 주당 평균 일과 여가 시간을 조사한 결과 한국은 각각 50.7시간과 30.7시간으로 나타나 세계 평균(각각 40.6시간, 39.2 시간)에 비해 주당 10시간 더 일하고 8.5시간 더 적게 여가생활을 즐긴 것으로 나타났다."

어느 일간지의 기사다. 이 기사에서 볼 수 있듯이 한국은 여타 나라들에 비해 훨씬 더 열심히 일한다. 그 이유 중 하나가 우리나라에는 유독 성실함을 강조하는 분위기가 조성되어 있기 때문이다. 그처럼 열심히 일하는 분위기가 나쁘다는 것은 아니다. 하지만 그런 성실함을 강조하는 분위기를 묘하게 이용하는 게 나쁜 것이다. 하루 10시간 이상씩 일하는데 아직도 해야 할 일이 산더미라면 어떤 기분이 들겠는가? 이미 지쳐버린 사람을 더욱 몰아붙이는 데 '성실하지 못한 사람'이라는 누명을 씌우는 것만큼 효과적인 방법도 없다.

나를 포함한 한국 사람은 대부분 어려서부터 성실의 덕목을 귀가 따갑게 듣고 자란다. 성실에 대한 강박에 가까운 의식을 가지고 있는 평균적인 한국의 직장인들에게 성실하지 못하다는 평가는 정말 견디기 힘든 모욕이며 상처다.

자신이 성실하지 못하다고 느끼는 것은 스스로의 평가보다는 주위의 분위기가 그렇게 만들 때가 더 많다. 예를 들어 팀원들이 모두 10시까지 남아 있는 상황에서 어느 한 사람이 8시에 퇴근을 한다면 처음 한두 번이야 이해한다 하더라도 나중에는 성실하지 못한 사람으로 평가받게 될 가능성이 크다.

누군가 하루 10시간 이상 근무하는 업무 강도가 당연한 것으로 조성해놓으면, 그렇게 하지 않는 사람에게 성실하지 못한 사람이라는 낙인을 찍기 쉬워진다. 그럼으로써 그들에게도 역시 높은 업무 강도를 암묵적으로 강요할 수 있게 되는 것이다. 더욱 큰 문제는 그러한 높은 업무 강도를 암묵적으로 요구하는 분위기에 노출되어 있는 사람들이 정말 자신이 성실하지 못한 사람이라는 자괴감에 빠지게 되는 것이다.

이런 일은 실제로 많이 일어난다. 내 친구 K는 대형조선소에 신입사원으로 취업을 했다. 그곳은 적은 인원으로 너무 많은 일을 시키는 것으로 동종업계에서 소문난 곳이었다. 하지만 그는 좁은 취업 문틈에서 선택할 수 있는 폭이 넓지 않았기에 젊은이의 패기로 그곳을 선택했다. 내가 아는 한 K는 누구보다 묵묵히 일하는 성실한 친구였다. 하지만 오랜만에 만난 자리에서 K는 자신의 불성실과 무능력을 탓하고 있었다. 성실하게 일하고 있지만 늘 주위 사람들에게 핀잔을 듣기 일쑤였고, 쏟아지는 업무에 너무 지쳐 해야 할 일을 다 못하고 퇴근을 할 때면 스스로에 대한 실망감 때문에 너무 견디기 힘들다는 것이었다.

그렇게 지쳐갈 무렵 K는 "여기서도 성실히 일하지 못하는데 다른 곳에 가면 나아지겠느냐"는 직장 동료들의 볼멘소리에 열패감을 느끼며 떠밀리듯이 이직을 하게 되었다. 하지만 K는 어찌된 일인지 이직 후 더욱 생기가 있어지고 더 밝아졌다. 이유인즉, 그 전 직장에서만큼 고되게 일하지 않는데도 지금 직장 동료들이 성실하며 책임감이 있다고 진심으로 칭찬해주었다는 것이다. 심지어 자신의 팀장은 아직 적응기간이니 너무 무리하지 말라며 걱정을 해주기까지 했다는 것이다.

물론 새로 입사한 K에 대한 격려 차원의 립 서비스일지 모르지만, 3년 넘게 그 기업에 잘 적응하며 다니고 있는 것으로 보아 지금 회사의 K 동료들은 진심으로 그를 성실하고 책임감 있는 사람으로 보는 것 같다. 가끔 K와 통화를 하면, 그는 그때 이직을 선택한 용기를 낸 것이 인생 최고의 선택 중 하나라고 말한다.

그 친구의 사례를 보면서 한국의 직장인들이 얼마나 성실함이라는 덫에 걸려 힘들어 하는지 알 수 있었다. 나 역시 매일 밤 10시에 퇴근하다 한 번씩 7시에 퇴근하려는 날이며 괜히 성실하지 못한 것 같고 요령을 피우는 것 같은 느낌이 들곤 하니까 말이다.

이렇듯 직장인에게 성실함이란 상황에 따라 아주 지극히 주관적이고 상대적일 수 있음을 잊어서는 안 된다. 그러니 다른 이들의 주관적이고 상대적인 평가를 자신의 존재에 대한 확정적인 평가로 받아들여서는 안 된다.

성실함의 기준을 스스로 명확히 하지 않으면 주위 사람들이나 주위 분위기가 원하는 성실함에 끌려갈 수밖에 없다. 자신의 삶의 모든 부분을 볼 수 있는 사람은 자기 자신 이외에는 없다. 직장동료 그 누구와도 하루 24시간을 함께할 수 없다. 그렇다면 누군가 자신을 불성실하다고 평가한다면 상처받고 더 자신을 일하는 기계로 몰아붙일 것이 아니라, 진짜 성실하지 못했는지 진지하고 깊이 있게 스스로에게 물어야 한다.

물론 나 역시 직장인으로서 주위 사람들의 평가가 얼마나 중요한지 잘 알고 있다. 하지만 스스로에게 현명한 질문을 하지 못하는 사람은 중심을 잡을 수 없다. 중심을 잡지 못하면 늘 주위에 휩쓸리게 마련이고, 주위에 휩쓸려 다니는 사람은 긴 안목으로 보았을 때 결코 자신의 밥벌이도 굳건히 지킬 수 없다고 생각한다.

신입사원 시절 열심히 했고, 그것을 바탕으로 어느 정도 자신의 업무를 잘할 수 있다는 자신감이 생겼다면 성실함의 덫을 경계해야 한다. 이것은 자신의 삶의 균형을 위해서이기도 하지만 아이러니하게도 자신의 일을 더 잘하기 위한 노력이기도 하다. 이제 하드워킹(Hard-Working)의 시대는 지나고 스마트워킹(Smart-Working)의 시대로 들어서고 있으니 말이다.

책임감이라는 덫

책임감이라는 것은 소임을 다한다는 생각, 자신에게 주어진 일은 변명을 하지 않고 완수하겠다는 의지다. 프로페셔널에게는 아무리 강조해도 지나치지 않은 덕목이다. 그래서 나는 책임감 없는 신입사원을 좋아하지 않는다. 늘 신입사원들에게 프로페셔널로서의 태도를 강조하고 또 강조한다. 책임감은 중요하며 옳은 것이다. 직장에서든 삶에서든 자존감을 이루는 근간이며, 스스로 의연할 수 있는 힘의 원천이기 때문이다. 또한 무슨 일을 하든 그 일의 끝을 내고 마무리를 하는 데 책임감은 필수적이다.

한 사람의 성장 가능성을 그 사람의 책임감 정도를 보고 평가해도 그다지 크게 틀리지 않을 정도로 책임감은 한 사람, 한 직장인에게 중요한 덕목이다. 나 역시 직장생활을 하면서 책임감이 없다는 말은 죽기보다 듣기 싫다. 나에게 주어진 일은 반드시 해내는 사람으로 자리매김하고 싶다.

비정상적일 만큼 과도한 업무는 압도적인 물리적 시간량으로 직장인들의 육체적 피폐함을 만든다. 또 한 사람에게 비정상적인 과도한 책임감을 요구하는 것은 한 사람의 정신을 황폐하게 만든다. 더구나 주어진 일에 대한 무책임함은 자신의 밥벌이를 직접적으로 위태롭게 할 수도 있기 때문에 직장인들은 유달리 책임감에 예민할 수밖에 없다.

직장 동료 G는 언제나 지나친 책임감으로 극심한 스트레스에 시달린다. 그는 아주 책임감이 강한 사람이다. 자신이 맡은 일에 대해서는 변명하지 않고 끝까지 완수해야 한다는 강박증에 가까운 책임의식을 가지고 있는데, 강한 책임감 때문에 자신의 역량에 버거운 일을 하게 될 때면 지나치게 예민해져 가끔 주위 사람들과 마찰을 일으키기도 한다.

종종 G와 진솔한 이야기를 나눌 기회가 있는데, 그와 이야기를 나누다 보면 예민해져 가는 자신의 모습 때문에 직장생활에 대한 회의는 물론 삶의 회의까지 느끼기도 한다는 것을 알 수 있었다. 더욱 심각한 것은 그러한 극심한 스트레스 때문에 건강이 악화되어 병가를 내고 병원에 며칠간 입원하는 상황까지 맞이하게 되었다는 것이다.

그렇다면 직장인은 책임감을 어떠한 시선으로 바라보아야 올바른 것인가?

"스트레스가 생기는 것은 우리 스스로가 스트레스를 느껴야 한다고 받아들이기 때문이다. 당신은 그런 식으로 하라. 나는 이제 더 이상 그렇게 하지 않는다."

오프라 윈프리의 말이다. 책임감은 직장인에게 너무나 중요한 덕목이지만, 맡은 바 임무를 무슨 일이 있어도 완수하겠다는 생각이 지나치면 과도한 업무만 여기저기서 더 쏟아지고, 결국 심신만 피폐해질 뿐이다. 회사는 일을 잘하는 사람에게 일이 몰리게 되어 있으니 말이다. 이러지도 저러지도 못하는 진퇴양난의 상황이 아닐 수 없다.

신입사원들은 얼마 지나지 않아 진퇴양난의 상황을 맞이할 수도 있을 것이다. 처음에는 이 부분을 적지 말까도 고민했다. 혹여 신입사원들이 책임감을 갖고 일하면 더 많은 일을 하게 되니 그냥 대충 생활하는 것이 더 낫다고 생각할지 모르겠다 하는 노파심에서였다. 하지만 이 문제는 직장이라는 현실에서 일어나는 실존적 문제다. 균형 잡힌 조언이 아니라 무조건 더 책임감을 가지고 일하라는 조언은 자칫 또 다른 G를 만들 수도 있겠다는 판단에서 이 부분을 쓰기로 했다.

이 문제에 대한 실마리를 찾기 위해서는, 책임감을 삶이라는 측면에서 거시적인 관점으로 바라볼 수 있어야 한다. 책임감의 주체가 누구인가, 무엇을 위한 책임의식인가를 생각해보아야 한다는 뜻이다. 이렇게 보면 모든 것이 명확해진다. 책임의식의 주체는 자신의 전체 삶이 되어야 한다. 자신의 삶에 대한 책임의식이야말로 진정한 의미의 책임감이라고 할 수 있다. 그래서 책임감을 미시적으로 보면 늘 문제가 발생하는 것이다.

자신의 삶은 자신, 가족, 사랑하는 사람, 일 등 자신이 중요하다고 생각하는 모든 것들의 총체적인 합인데, 자신의 삶의 일부분인 '일'에만 과도한 책임감을 부여하면 여러 가지 문제가 발생하는 것은 당연한 귀결이 아니겠는가.

회사도 그렇지만 인간도 사용할 수 있는 자원이 유한하기 때문에 자신의 삶 중에서 중요하다고 생각하는 부분에 선별적 책임감을 부여하는 것이 중요하다. 행복한 삶의 정의야 사람마다 다르겠지만, 비록 소수의 의견일지라도 나는 '행복한 삶'은 '내가 원하는 삶을 사는 것'이라고 생각한다. 내가 원하는 삶은 내가 소중하다고 생각하는 것들과 흠뻑 젖어서 사는 것이다. 그러므로 나에게 행복한 삶의 시작은 진정으로 내가 소중하고, 중요하다고 생각하는 것들에 매일 조금씩이라도 관심과 애정을 더 쏟을 수 있는 책임의식을 갖는 것이다. 그것이 지금의 일이든, 가족이든, 꿈이든 말이다.

아, 쓰다 보니 너무 뜬구름 잡는 것 같다. 구체적으로 말해보자. 자신이 하는 일이 정말 중요하고 의미 있는 일이라면 가족과 소중한 사람들에게 양해를 구하고 그 일에 더 많은 책임감을 부여하는 것이 옳고, 자신이 하는 일보다 가족과 소중한 사람들과 함께하는 시간이 더 소중하고 중요한 일이라고 생각한다면 자신의 직장에 조금 덜 책임감을 느끼는 선별적 책임감 부여가 중요하다는 뜻이다. 또한 자신이 원하는 삶이 꿈을 꼭 이루는 것이라면 지금의 일과 가족에게 책임감을 선별적으로 덜 부여해야 한다는 의미이다.

어느 선택이 옳고 그르다고 판단할 수는 없다. 가족보다 일이 중요하다고 생각하는 사람을 출세에 눈이 먼 사람이라고 폄하할 필요도 없고, 일보다 가족이 중요하다고 생각하는 사람을 야심 없고 무능력한 사람이라고 깎아내릴 필요도 없다. 또 자신의 일과 가족보다 꿈이 더 중요하다고 말하는 사람을 철딱서니 없다고 무시할 필요도 없다. 중요한 것은 자신의 가치관이고, 그에 따른 판단이니까.

나는 사실 이 부분을 적으면서 조금 걱정이다. 변명하지 말고 열심히 잘할 수 있는 방법을 찾으라고 말해놓고선 또 열심히 일할 필요가 없다고 말하는 것으로 받아들이게 될까 봐서다. 신입사원들에게 더욱 혼란만을 주는 것은 아닐지 우려가 된다. 하지만 이것은 내가 깨달은 일과 삶의 균형에 관한 이야기다. 어리석은 흑백논리로부터 벗어나 균형 잡힌 시선으로 직장을 그리고 나를 바라볼 수 있게 되었기에 할 수 있는 이야기다.

만약 지금의 신입사원들이 당장 받아들이기 쉽지 않다면 3~4년 뒤 다시 한 번 이 글을 읽어보라. 그러면 내가 무슨 말을 하고자 했는지 조금은 더 받아들이게 되지 않을까 싶다.

신입사원이 가져야 할
다섯 번째 습관

성과에 집중하라

넓게 일하지 말고 깊게 일하라

당당한 신입사원의 7가지 습관

넓게 일하지 말고 깊게 일하라

사소함의 힘은 **사소하지 않다**

사소함에 힘을 쏟기 위해 잊지 말아야 할 것은
자신의 업무에 겸손해야 한다는 것이다.
스스로 뛰어나다고 생각하면 사소한 것에 신경이 잘 써지지 않는 법이다.

복사만 시켜봐도 안다

신입사원들이 회사에 들어오면 제일 처음 시키는 일 중 하나가 '복사하기'다. 당장 할 수 있는 것도 없거니와 업무와 관련된 내용을 복사하면서 조금씩이라도 익히라는 뜻에서 그렇게 한다. 그런데 복사를 시켜보면 복사 내용이 그리 많지도 않은데 면이 삐딱하거나 여러 장의 복사지를 깔끔하게 정렬해서 가지고 오지 못하는 경우가 허다하다. 사소한 일은 대충 해도 된다는 생각을 하는 것이다. 한 장을 하더라도 정성을 다해 깔끔하게 복사하고, 스테이플러로 보기 좋게 정리해야 한다는 생각을 하지 못하는 것이다.

나 역시 신입사원 시절 선배들에게 복사 하나도 제대로 못한다고 꾸중을 들은 적이 있다. 그때 나는 속으로 '뭐 이런 사소한 것 가지고 난리야' 하고 생각했다. 하지만 그 생각이 잘못되었다는 것을 얼마 지나지 않아 알게 되었다. 작은 일을 잘하지 못하는 사람이 중요한 일을 잘할 가능성은 그리 크지 않음을 깨닫게 된 것이다.

멋진 KO의 비밀

비단 신입사원들만 그런 게 아니다. 운동선수들도 이런 사례가 많다. 예를 들어 초보 격투기 선수들은 유명한 선수들의 큰 기술이나 펀치, 킥에 의한 호쾌한 KO승을 보며 열광한다. 그리고 유명한 격투기 선수를 부러워하며 언젠가 자신도 그런 멋진 장면을 연출할 수 있을 거라는 희망을 가진다. 하지만 대부분은 훌륭한 선수가 되지 못한다. 왜냐하면 그들은 결정적으로 사소한 것들을 놓치기 때문이다. 멋진 KO승을 일구는 훌륭한 선수들은 거울 앞에서 자신의 펀치와 킥의 미세한 각도와 자세를 하루에도 수십 번 점검하고 또 연습한다. 지겹고 때로는 짜증나는 그런 훈련을 매일 마다하지 않는다.

실제로 그런 사소한 훈련을 꾸준히 연습해온 사람과 스파링을 해보면 그 펀치와 킥의 정교함에 적지 않게 당황하게 된다. 마치 펀치와 킥이 움직이는 나를 따라오며 가격하는 듯한 착각이 들 정도로 위력적이다. 수없이 같은 동작을 반복하는 사소한 일들이 정확한 지점을 효과적으로 공격하여 멋진 녹아웃을 만드는 위대한 성취를 일구어낸다. 이것이 바로 사소함의 힘이다. 진리는 단순하다. 100점은 한 번에 받을 수 있는 것이 아니다. 1점 1점이 모여서 100점이 되는 것이다. 1점의 사소함이 모여서 100점의 완벽이 되는 것이다.

특히 신입사원들에게 사소함은 정말 중요하다. 자신이 꽤 똑똑하고 능력 있다고 생각하는 신입사원들에게는 더더욱. 글자의 간격도 맞지 않고 맞춤법, 띄어쓰기 등 사소한 것들이 제대로 갖추어져 있지 않은 보고서는 내용이 아무리 알차다 하더라도 훌륭한 보고서라 할 수 없다. (그리고 사소함에 정성을 다하지 않은 보고서는 대부분 내용도 알맹이가 없다.) 기본적으로 보고서의 목적조차 모르고 만들었기 때문이다. 보고서는 말 그대로 다른 누군가에게 자신의 의견을 보고하는 것이다. 따라서 보고하는 사람이 아니라 보고를 받는 사람의 입장에서 작성해야 한다. 내용도 중요하지만, 보고서를 읽는 사람이 내용 자체에 주의를 기울이게 하는 것이 보고서의 시작이고 핵심이다.

만약 시장의 트렌드를 정확히 읽어내고, 정말 창의적이고 효과적인 내용이 가득한 보고서가 있다고 가정해보자. 하지만 사소한 간격이나 맞춤법이 맞지 않아 읽는 이의 짜증을 유발해서 실제 보고서의 내용에 큰 관심을 기울이게 하지 못한다면, 그 보고서는 내용에 관계없이 0점이다. 왜냐고? 그 보고서는 아무런 효과도 발휘하지 못했기 때문이다.

냉정한가? 하나 더 말하겠다. 돌아서서 상사들이 내용은 안 보고 '쫌팽이'처럼 줄 간격이나 맞춤법 오타나 찾아낸다고 투덜대는 거 안다. 선배들이 보기에는 신입사원들이 스스로 잘 썼다고 생각하는 보고서 수정한다고 하루 종일 고생한다. 잘난 척하지 마라. 진짜 잘하기 전까지는.

그럼에도 불구하고 본인이 쓴 보고서가 정말 잘 쓴 것 같으면 한 2년쯤 지나서 그때 자신이 쓴 보고서를 다시 한 번 봐라. 손발이 오그라들 거다. 어쩜 그렇게 잘 아느냐고? 내가 그랬다.

사소함을 놓치면 탁월함은 없다

다시 한 번 말하지만 사소함이 힘이다. 설계를 하는 사람이면 아무리 지겨워도 매일 도면에 선 하나 그리는 것에도 정성을 다해라. 영업관리 파트의 신입사원이라면 매출 끝단위 1원도 놓치지 말고 꼼꼼히 정리해라. 보고서를 자주 작성해야 하는가? 내용에 신경 쓰는 만큼 사소한 양식에도 신경을 써라. 그것이 실력이고 기본이고 또 본질이며 예의다. 조직은 함께 일하는 곳이다. 그래서 자신의 일은 언제나 그 자체만으로 결과를 얻지 못한다. 자신의 결과물에 다른 이들의 결과물이 더해지고 합쳐져서 최종의 성과가 되는 것이다. 자신의 업무에 책임을 진다는 뜻은 자신의 결과가 최종 성과로 만들어지는 것에 공헌한다는 뜻이다.

그래서 제대로 된 공헌을 하기 위해서는 사소함에 정성을 다해야 한다. 설계자가 잘못 그린 선 하나가 생산자 입장에서 엄청난 문제를 야기할 수도 있고, 매일 1원씩 빼먹은 매출이 1년이 되면 몇 백 억이 될 수도 있다. 또 양식에 전혀 신경 쓰지 않은 보고서는 상사들이 보지도 않고 쓰레기통으로 갈 수도 있다. 역설적이지만 사소함은 신입사원들이 생각하는 것만큼 전혀 사소하지 않을 수도 있다는 것을 잊어서는 안 된다.

사소한 것에 정성을 다하기 위해서는 어찌해야 하는가? 앞서 말했듯이 우선 자신의 업무로 동료들에게 공헌해야 한다는 것에 초점을 맞추어야 하고,

또 최종 결과의 관점에서 자신의 업무를 객관화시켜 바라볼 수 있어야 한다. 업무의 목표가 최종 결과에 대한 공헌으로 초점이 맞추어지면 사소한 것을 놓치지 말아야 한다는 것을 자연스레 받아들일 수 있게 된다.

예를 들어 신입사원이 신상품 개발회의를 진행하고 나서 회의록을 작성하는 업무를 진행한다고 생각해보자. 그런데 회의록을 작성하던 중 논의되었던 수없이 많은 사양 중 하나가 기억이 나지 않는다. 이때 많은 신입사원은 "사양이 100개가 넘는데, 그중 하나쯤 뭐 괜찮겠지 별 문제 있겠어!" 하며 넘어간다. 하지만 막상 자신의 회의록을 가지고 연구소에서 신상품 개발을 하는데, 그 놓친 하나의 사양 때문에 최종 상품이 잘못 개발되거나 혹은 개발 일정이 미뤄진다는 생각을 한다면 그 사소한 사양 하나를 알기 위해 이리저리 전화하고 정확히 알아내려고 노력하는 것이 자연스러워지지 않겠는가? 자신이 사소하다고 생각했던 일이 사실은 전혀 사소한 일이 아니라는 발상의 전환을 끌어내는 과정이 필요하다는 뜻이다.

또한 사소함에 힘을 쏟기 위해 잊지 말아야 할 것은 자신의 업무에 겸손해야 한다는 것이다. 스스로 뛰어나다고 생각하면 사소한 것에 신경이 잘 써지지 않는 법이다. 물론 사소한 잘못을 덮고도 남을 훌륭한 전문지식을 가진 직장인도 분명히 있다. 하지만 확신하건대, 적어도 신입사원 중에 그런 사람은 없다. 그래서 신입사원은 겸손해야 한다. 다른 사람을 위해서가 아니라 신입사원 자신을 위해서 말이다.

피터 드러커 역시 자신의 저서에서 "오만은 지식을 파괴하고, 지식이 갖는 아름다움과 유효성을 갉아먹는 퇴행성 질병이다"라고 말함으로써 자신의 업무 앞에서 겸손해야 함을 역설했다.

나는 지금도 보고서를 쓸 때면 스트레스가 이만저만이 아니다. 보고서를 다 써놓고 난 이후에도 이보다 분명 더 잘 만들 수 있는 방법이 있을 거라고 늘 생각하기 때문이다. 또 인정하고 싶지 않지만 실제로도 선배들이 먼저 해 놓은 자료들을 보면 분명 더 나은 것을 발견할 수 있다. 보고서를 쓸 때마다 더 나은 보고서의 내용 구성을 생각하고 또 생각하다 진이 빠져도 글자 간격, 글자체, 오타를 검증하고 또 검증하며 사소한 도표 하나도 어떻게 하면 좀 더 이해하기 쉬울지 끊임없이 고민한다. 그 이유는 내가 만든 보고서나 결과물이 늘 최고가 아닐 수 있다는 겸손함 때문이다. 이런 태도는 한순간에 만들어지기 어려우므로 신입사원 시절부터 꾸준히 노력해야 한다.

아는 것이
힘이다

업무를 처리하는 프로세스에 대한 지식부터
자신이 하는 업무의 전문적 지식까지 모든 종류의 지식,
그것이 신입사원이 회사 내에서 키워야 할 힘이자 유일한 권력이다.

약자 검증 시스템

'약자 검증 시스템'이라는 것은 내가 회사 동기들과 장난처럼 만들어낸 말이다. 선배들은 신입사원 때부터 유순해 보이거나 약해 보이는 친구들에

게 자신들이 하기 싫은 일이나 자신에게도 무리한 일을 시켜보는 경우가 많다.

이러한 과정에서 선배들은 다른 사람의 말을 거절하지 못하는 신입사원들을 기막히게 찾아낸다. 이런 되먹지 못한 선배들은 자신들의 먹잇감이 될 만한 신입사원을 찾는 나름의 시스템을 가지고 있다. 나는 신입사원들 중 자신이 충분히 이용할 만한 약자라고 판단되는 친구들을 찾아내는 선배들의 행태를 비꼬면서 그것을 '약자 검증 시스템'이라 불렀다.

동기 중에 L은 묵묵하고 착실하지만 자신의 의사를 분명히 밝히는 것을 어려워하는 친구다. 혼자서 과도하고 무리한 업무를 진행하느라 고생이 이만저만이 아니다. L에게 나는 농담 반 진담 반으로 말한다.

"네가 힘든 이유는 되먹지 못한 선배들의 약자 검증 시스템 인증을 받아서 그런 거다!"

우리는 한 번 웃고 말지만 매일 밑도 끝도 없는 업무에다 말도 안 되는 개인적인 부탁까지 응해야 하는 L은 웃을 수만은 없는 노릇일 것이다.

한 직장에서 근무하는 모든 사람이 훌륭한 인격을 가지고 있는 것은 아니다. 자신의 능력과 권위를 돋보이게 하거나 자신의 무능력이나 잘못을 가리기 위해 후배나 동료를 공공연하게 깎아내리고 무시하는 사람들이 있다. 후배 중에 H가 그렇다. 그는 신입사원들이 들어오면 꼭 사람들이 많은 곳에서 큰 소리로 혼을 낸다.

"야, 내가 저번에 이건 이렇게 하라고 했잖아? 왜 말을 안 들어?"

"그…… 그건…… 저번에 선배님이 시킨 대로 한 건데요."

"무슨 말도 안 되는 소리야. 내가 할 때는 다 잘 되고 문제도 없었는데 왜 네가 하니까 제대로 되는 게 하나도 없냐?"

"아니…… 그게 아니고……."

"됐다, 됐어. 내가 너한테 무슨 말을 하겠냐? 그냥 내가 하는 게 낫지! 제대로 하는 게 하나가 없네, 정말."

나는 신입사원이나 후배에게 잘못이 있거나 바로 잡을 일이 있으면 따끔하게 조언하는 것이 필요하다고 생각한다. 하지만 중요한 것은 그 조언이 당사자에게 도움을 줄 수 있어야 한다는 것이다. 잘못한 것이 무엇인지, 어찌하면 더 나아질 수 있는지를 알려주는 것이 빠져서는 안 된다. 하지만 H가 신입사원들을 야단치는 이유는 신입사원의 경력을 도와주려는 것이 아니다. 상대방을 깎아내려 주위 사람들에게 상대적으로 자신을 부각시키려 한다는 것을 시간이 얼마 지나지 않아 알 수 있었다.

이후 H는 협력사와 업무 중에도 자신의 잘못을 몇 차례나 협력사 직원들에게 떠넘겨버렸다는 것을 알고 나서부터 그 친구의 품성의 수준을 가늠할 수 있었다. H는 자신의 잘못은 철저하게 감추고 필요하면 자신의 잘못을 다른 사람에게 전가하는 사람이다. 또 자신보다 약한 사람들을 검증해 그들을 폄하하고 무시함으로써 스스로 무의식적인 만족감을 느끼고 주위 사람들에게 자신이 더 나은 사람이라는 것을 과시하려고 한다.

직장 내 이런 사람은 의외로 많다. 의식적으로 하느냐 아니면 무의식적으로 하느냐의 차이만 있을 뿐. 나 역시 이런 사람과 함께 일하면서 괴로웠던 적이 있다. C과장의 이야기다. C과장은 업무지시를 명확히 하는 법이 없다. 어느 날 C과장, 팀장과 함께 회의가 있었다.

팀장: C과장, 저번에 지시했던 경쟁사 분석자료 어떻게 됐어?

C과장: 예, 그거 지시해 놓았습니다. (나를 쳐다보며) 저번에 내가 지시한 대로 진행되고 있지? 다른 거 고민할 필요 없고 내가 시킨 대로만 하면 쉽게 될 거야.

나: 네? 아무 말씀도 안 하셨는데요? 일단 알아서 해보라는 말씀만 하셨잖아요?

C과장 : 넌 왜 한 번 말하면 기억을 못하냐? 정신을 어디다 놓고 다니는 거야? 답답하다, 정말!

나: 네? 그게…… 무슨 말씀이시죠?

상황은 대충 이렇다. 다른 사람에게 책임을 전가함으로써 자신의 무능력이나 잘못을 덮으려는 것이다. 이런 부류의 사람들은 예상외로 많다. 정글처럼 치열한 경쟁이 존재하는 직장이라는 공간에서 누군가의 약자 검증 시스템에 걸려드는 순간부터 직장생활은 고단해진다. 말도 안 되는 인신공격에 시달릴 때도 있고, 터무니없는 업무를 맡아 스트레스를 받기도 하고, 사적인 부탁까지 들어주어야 하는 상황에 시달릴 수도 있다. 아, 생각만 해도 괴로운 일이다.

힘없는 신입사원들은 어찌해야 할까? 시간이 해결해줄 테니 그냥 인내해야만 하는 것인가? 상사나 선배들에게 대놓고 반항할 수도 없는 노릇이고, 정말 답답할 뿐이다.

신입사원의 권력은 '전문성'이다

부당한 대우를 받지 않으려면 힘이 있어야 한다. 직장에서 본질적인 힘은 '직급'이며 '자리'이다. 사장은 임원에게 자신의 권위를 나누어주고 임원은 팀장에게, 팀장은 차장·과장들에게 권위를 나누어주면서 조직을 유지하고 이끈다. 이런 조직의 체계는 하루아침에 바뀌지 않는다. 그래서 후배들은 결코 상사를 이길 수 없다. 반드시 지는 게임이다. 부장은 열 개 중 하나만 알아도 잘하는 것이 되지만 사원은 열 개 중 하나만 실수해도 치명적이다. 이것이 현실이다. 힘의 본질이 위에서 밑으로 내려오기 때문이다.

하지만 좌절하지 마라. 그것이 다는 아니다. 회사가 부여하는 권력이 직급이라면 스스로 만들어낼 수 있는 권력도 있다. 그것은 바로 직장에서 사용되는 모든 종류의 지식과 전문성이다. 업무 처리 프로세스에 대한 지식부터, 자신이 하는 업무에 대한 전문적 지식까지 모든 종류의 지식이 바로 회사 내의 또 다른 힘이자 권력이다.

이것은 스스로 만들어낼 수 있는 권력이라는 점에서 신입사원들에게 매우 큰 의미가 있다. 신입사원도 노력하면 얼마든지 가질 수 있는 힘이기 때문이다. 물론 아는 것의 힘과, 직급의 힘이 충돌하면 직급의 힘이 늘 이긴다. 그럼에도 지식의 힘은 어느 정도 수준이 되면 도를 넘는 불합리로부터 자신을 지킬 수 있을 정도로는 충분하다. 미국이 북한을 공격하지 못하는 것이 힘이 모자라서 그런 것인가? 미국 역시 북한을 선불리 공격했다가는 자신 역시 피해를 입을 수 있다는 것을 알기 때문이 아닌가? 다시 말해 상사가 필요로 하는 것을 적재적소에 줄 수 있다면 자신의 존재를 지켜 나가기에 충분하다는 뜻이다.

조금 추상적인 것 같으니 예를 하나 들어보자. A라는 신입사원이 있다고 가정하자. A는 입사 후부터 꾸준히 공부하여 회사 전산 관련 문제에 대해서는 모르는 것이 없다. 그래서 팀 내 전산 관련 문제는 모두 A에게 물어보아야 할 정도다. 이 정도 수준이 되면, 선배들도 A에게 아쉬운 소리를 해야 할 때가 있다는 것을 알기 때문에 도를 넘어서는 불합리를 강요할 수 없게 된다.

이런 방법으로 자신의 기본적인 권리를 지켜가는 친구들은 실제로도 많이 있다. 나 역시 그랬다. 회사 내에서 신제품 개발이라는 전문분야를 깊이 있게 공부했고, 그 분야에서만큼은 누구에게도 지지 않을 정도의 지식과 경험을 쌓으려 노력했다. 예전에는 회의에서 내 말을 무시하고 들으려고 하지 않던 사람들이 지금은 내가 조사해온 자료, 데이터 그리고 개인적 의견에도 귀를 기울인다. 모르는 것이 있으면 나에게 전화해서 묻는다. 그로써 나도 당당히 그들에게 내가 필요로 하는 것을 요구할 수 있게 된 것이다.

이것은 회사가 나에게 직급으로 준 힘이 아니다. 책을 찾아보고, 고객을 직접 방문하고, 관련 전문가들과 꾸준히 교류함으로써 스스로 만든 지식의 힘이다.

나는 '지식의 힘'으로 재미를 쏠쏠하게 봤다. 그래서 다른 신입사원들에게도 이 방법을 권하고 싶다. 품성이 좋지 않은, 되먹지 못한 사람들이 직장 곳곳에 많다는 것은 현실이다. 그 현실 속에서 자신의 인격을 지키고 싶다면 스스로 힘을 길러라. 나에게도 무엇인가 '한 방'이 있다는 것을 선배와 상사들에게 보여주어라. 단, 그 한 방은 아주 실용적이고 효과적이어서 상사가 절실히 원하는 것이어야 한다는 것을 잊지 말고.

자신에게
맞는 방법으로 일하라

어떤 상황과 조건에서
내가 최고의 성과를 내는지 관찰하고
그렇게 발견한 나의 강점과 재능에 미친 듯이 몰입하라.

강점을 찾아 거기에 집중하라

사람은 모두 다르다. 세상에 같은 사람은 단 한 명도 없다. 기질도 다르고 성향도 다 다르다. 어떤 이는 외향적이고, 어떤 이는 내향적이다. 또 어떤 이는 주목받는 것을 좋아하고, 어떤 이는 사람들 앞에 나서는 것을 싫어한다. 그래서 회사에서 가장 함께하기 힘든 선배 중 하나가 자신의 업무처리 방법은 물론, 사람을 대하는 태도까지 후배들에게 똑같이 가르치려는 사람이다. 사람은 저마다 개성이 있고, 강점이 다르다는 사실을 아예 인정하지 않거나 관심도 없는 것이다.

하지만 분명한 사실은 자신이 잘하는 방법으로 일할 때에야 비로소 괄목할 만한 성과를 만들 수 있으며 자신의 일에 재미도 느낄 수 있다는 것이다. 다른 사람이 하는 방법을 그대로 답습해서는 효과적인 성과를 만드는 것도, 일하는 것에서 재미를 찾을 수도 없다.

우선 자신의 재능부터 찾아야 한다. 그것이 가장 중요하다. 사람은 저마다 장점과 단점이 있고, 강점과 약점이 있다. 한 사람이 모든 것을 다 잘할 수 있는 재능을 가지고 있지 않듯, 어떠한 사람도 자신만이 잘할 수 있는 단 하나의 재능조차 없는 경우는 결코 없다. 누구에게나 저마다의 재능은 있게 마련이다. 마이클 조던은 농구의 신이지만 야구에서는 신통치 않았다. 농구를 잘하는 데 필요한 재능과 야구를 잘하는 데 필요한 재능은 다르다는 뜻이다. 이렇듯 자신에게 주어진 재능을 찾아내고 거기에 집중해야 한다. 간단한 이치다.

모든 것을 다 잘할 수 있는 사람은 없다. 자신이 잘할 수 있는 부분을 계발하고 자신의 업무에 녹여내어 적용하는 것이 중요하다. 하지만 신입사원들 중 자신의 장점과 강점이 무엇인지 진지하게 고민해본 친구들은 그다지 많지 않을 것이다.

세상에는 수만 가지 재능이 있지만 학창시절의 공부에 필요한 재능은 몇 가지로 제한된다. 본 것들을 빨리 외우는 '암기력', 숫자가 의미하는 바가 무엇인지 아는 '수리력', 언어를 빨리 읽고 의미를 파악하는 '언어력'이 그것이다. 이러한 세 가지 재능이 없는 학생들은 성인이 되어서도 자신은 그저 그런 평범한 사람이라고 생각하는 게 대부분이고, 때로는 열패감에 시달린다.

"누구는 서울대 나왔대. 누구는 연대 출신이라는데?" 하는 이야기를 하면서 주눅이 드는 사람들을 보면, 회사에 들어와서도 여전히 많은 사람들이 학벌 콤플렉스에 시달린다는 것을 알 수 있다. 하지만 학교에서 우등생이었다고 직장에서도 우등생이 되는 것은 아니다. 기회를 조금 더 받을 수는 있겠지만, 그것이 다는 아니다. 직장에서 필요로 하는 재능과 학교에서 필요로 하는 재능은 다르기 때문이다. 그래서 나는 신입사원들의 경우 '스스로의 재발견'이 매우 중요하다고 생각한다. 그래서 가끔 신입사원들에게 묻는다.

"넌 강점이 뭐냐? 뭘 잘하니?"

하지만 나의 물음에 시원하게 이렇다 할 대답을 한 친구는 몇 없었다. 자신에게 조금이라도 소질이 있는 것을 발견하고 그것을 계발하여 업무에 적용시킴으로써 성과를 내는 것에 게을러서는 안 된다. 그것이 자신을 차별화하여 전문가가 될 수 있게 하는 첫걸음이기 때문이다.

재능을 찾기 위한 '다섯 가지 질문'

재능이라고 해서 뭐 특별한 것이 아니다. 자신에게 더 적절하고 잘 어울리는 자기다운 것들을 찾으면 된다. 사소한 것이라도 상관없다. 직장에서 활용 가능한 재능 가운데 의미 있는 몇 가지 것들을 살펴보면서 자신의 재능을 찾기를 바란다. 자신이 살아왔던 과거를 바탕으로 다음의 것들을 한번 생각해보자. 자신에게 무엇인가 숨겨진 재능이 있다는 것을 발견하는 것, 그 자체만으로도 자신감이 생기고 의미 있는 일이다.

스스로에게 물어야 하는 첫 번째 질문은 다음과 같다.

"다른 사람들에게는 어려운 일로 여겨지는 것 중 나에게는 쉽게 다가오는 일은 무엇일까?"

나는 읽고 쓰는 것에 재능이 있는가, 듣고 말하는 것에 재능이 있는가라는 질문을 스스로에게 해야 한다. 이 질문은 자신이 업무를 어떻게 풀어나가야 하는가에 대한 중요한 키워드다. 회사는 학교처럼 문답식의 시험을 치르는 곳이 아니다. 그리고 정답도 없다. 직장에서는 스스로 올바른 의사결정을 찾고, 그것을 타인들에게 납득시켜야 하는 과정의 연속이다. 그래서 업무를 하는 방법 또한 정답이 있을 수 없다. 자신이 '읽고 쓰는 것'에 재능이 있다면 자신에게 주어진 업무를 풀어갈 때 읽고 쓰는 것을 더욱 계발할 수 있는 방향으로 나가야 하고, '듣고 말하는 것'에 재능이 있다면 그것을 이용하여 더욱 능력을 계발해야 한다. 학창시절에 무엇인가를 배울 때 읽고 쓰면서 배우는 것이 더 좋은 성과를 내었는지, 아니면 듣고 말하는 과정에서 무엇인가를 배우는 것이 더 효과가 있었는지를 살펴보고 기억해내면 도움이 되지 않을까 싶다.

두 번째로 자신에게 던져야 하는 질문은 이것이다.

"나는 다른 사람과 함께 일하는 것이 좋은가? 혼자 일하는 것이 좋은가?"

직장에서 일을 하다 보면 혼자 일해야 할 때도 있고, 여럿이 함께 일을 해야 하는 경우도 있다. 하지만 둘 중 어느 쪽이 더 자연스럽고 효과적인지는 사람마다 다르다. 만약 혼자서 일하는 것이 더 효과가 좋다면 혼자 일할 수 있는 환경을 적극적으로 만들어야 하고, 그렇지 않다면 함께 일하는 상황을 더 많이 만들려고 노력해야 한다.

학창시절에 혼자 도서관에 앉아 묵묵히 공부하는 것이 더 성과가 좋았는지 아니면 다 함께 모여서 스터디그룹으로 하는 것이 더 성과가 좋았는지 생각해보는 것도 하나의 방법이다. 단, 중요한 것은 자신에게 더 자연스러우면서 성과 역시 좋았던 경우에 한해서 생각해야 한다. 직장에서는 자신에게 잘 맞는 업무방법이라도 성과를 낼 수 없으면 의미가 없기 때문이다.

세 번째 스스로에 대한 질문은 이것이다.

"나는 다소 긴장감 속에 일하는 것이 더 잘 맞는가? 아니면 고도로 구조화되고 예측 가능한 환경 속에서 일하는 것이 더 잘 맞는가?"

이것은 재능이라기보다는 성향이나 기질에 가까운 것이지만, 직장생활에서는 중요한 요소다. 돌발변수들이 많아 업무를 하는 동안 다소 다이내믹하게 진행되는 것이 잘 맞는지, 아니면 모든 프로세스가 완전히 정립되어 안정적으로 일이 진행되는 것이 잘 맞는지 잘 생각해보아야 한다.

네 번째 질문은 다음과 같다.

"나는 거대한 조직의 일부로서 일하는 것이 잘 맞는가? 아니면 작은 조직에서 의사결정에 적극적으로 참여하는 것이 더 잘 맞는가?"

달리 말하면 자신이 주도적으로 업무의 큰 틀을 그려가며 일하는 것에 재능이 있는지 아니면 전체적인 업무는 정해져 있고 그 속에서 세부 업무를 구체적으로 진행하는 것에 재능이 있는지 알아야 한다는 것이다. 큰 틀을 그리면서 일하는 것에 재능이 있는 사람들은 전체가 정해져서 세부적인 업무만 하는 것을 답답해하고 능률도 오르지 않는다. 반면에 세부적인 업무 진행에 재능이 있는 친구들은 전체적인 큰 틀까지 그려가며 일하라는 지시에 당황하며 스트레스를 받는다. 자신이 어느 쪽에 더 재능이 있는지 알아야 한다.

마지막으로 스스로에게 던져야 하는 질문은 이것이다.

"나는 마감이 있어야 일을 더 잘하는가? 그냥 내버려두어야 일을 잘하는가?"

업무 마감이 정해져야 능률이 오르며 일을 잘하는 사람들이 있고, 또 중간 점검이나 엄격한 마감시간이 있으면 오히려 긴장되고 당황해서 능률이 떨어지는 사람도 있다. 자신은 어떤 종류의 사람인지 잘 파악하라. 신입사원들의 경우에는 시험기간에 벼락치기를 하는 것이 성적이 좋았는지, 아니면 평소에 꾸준히 공부를 하는 것이 더 편안하고 성과가 좋았는지를 생각해보면 좋지 않을까 싶다. 아니면 유사한 상황을 떠올려보는 것도 좋고.

재능에 대한 나의 생각

재능이라는 것은 거창한 것이 아니다. 아주 사소한 것까지도 나에게 맞는 방법을 찾으려고 노력하되, 그것을 나의 재능이라 생각하라. '낮에 일을 잘하는지, 밤에 일을 잘하는지' '보고서를 만들 때 초안을 많이 만들고 그중 하나를 선택하는 것이 나에게 적합한지, 아니면 문장 하나까지도 꼼꼼하고 세세하게 따지는 것이 나에게 적합한지' 혹은 '사람들 앞에서 준비된 원고를 가지고 발표를 하는 것과 간단한 요약만을 가지고 하는 것 중 어느 것이 더 성과가 좋은지' 등등 어찌 보면 유치해 보일 정도로 사소한 것까지 나에게 어울리고 성과가 좋은 방법들을 찾으려고 무던히도 스스로를 실험하고 관찰해라. 그 실험과 관찰 속에 나의 재능들이 숨어 있고 비로소 '나'다운 방법으로 더욱 좋은 성과를 낼 수 있게 될 것이다. 사소하지만 진정으로 '나'다운 것들을 모두 나의 재능이라 믿어라.

나는 사소한 것이라도 자신이 잘하고 성과를 낼 수 있는 것이 있다면 감히 재능이라 부르고 싶다. 암기력, 수리력, 언어력만이 재능의 모든 것이라고 생각하는 사람들에게 그런 흔해 빠진 재능이 아니라도 숨겨진 자신만의 장점이 무궁무진하다는 것, 그리고 그것 역시 아주 위력적인 재능임을 증명하고 싶다. 또한 사람은 누구나 자신만의 특별한 재능 하나쯤은 있다는 것을 증명해 보이고 싶다.

노파심에서 하나만 더 말하자면, 자신의 재능을 찾아가는 방법을 과거의 자신의 삶에서 추측하되 자신이 재능이라고 생각한 그것이 정말 성과로 이어질 수 있는 재능인지 실제 업무를 하면서 비판적으로 검증해야 한다는 것이다. 사람들은 자신이 원하는 모습이 자신의 진짜 모습이라 믿는 경우가 너무 많다. 자기객관화가 결여된 재능은 성과로 이어지지 못하고, 성과로 이어지지 못하는 재능은 아무런 의미가 없다.

나의 강점 찾기 이야기

강점을 기반으로 해서 일한다는 것은 달리 말하면 자신에게 맞는 방법으로 일한다는 뜻이다. 일을 하다 보면 자신에게 더 적합한 업무 방법이 있게 마련이다. 비슷한 노력을 해도 비범한 결과를 가지고 오는 방법 말이다.

직장은 복잡한 공간이고 신입사원들은 각자 처한 상황이 다 다르다. 그래서 '강점에 맞춰 일한다는 것은 반드시 이러이러해야 한다'고 단정적인 하나의 방법으로 말하기는 불가능하다. 그래서 나의 개인적인 경험을 통해 신입사원들 역시 자신의 강점에 맞추어 일하는 것이 어떠한 것인가에 대한 힌트를 얻기 바란다. 아래의 사례들을 보면서 나에게 적용할 만한 것들은 없는지, 그리고 있다면 어찌 적용해야 하는지 하나라도 건질 수 있었으면 좋겠다.

직장생활을 하면서 나는 글보다 말에 더 강점이 있다는 사실을 알게 되었다. 신입사원 시절, 선배 J는 모든 일을 e메일로 진행하는 사람이었다. 간단하게 통화해서 진행하면 될 일도 꼭 문서로 전달하는 사람이었다. J는 나에게도 반드시 모든 일을 e메일로 진행하도록 요구했다. 신입사원이라 어쩔 수 없이 일단 따르기는 했지만, 그 방법이 왠지 불편했고 나에게 맞지 않는다는 생각이 들었다. 게다가 그렇게 진행했던 일은 역시 업무 처리가 더뎠고 성과 도출도 미약했다.

시간이 얼마 지나지 않아 나는 글보다 말에 강점이 있는 사람이라는 것을 알게 되었고, 그 강점에 맞추어 일하려고 노력했다. 업무를 시작할 때 내용을 세세하게 적어서 e메일을 보내는 대신 관련 사람들과 함께하는 회의를 소집했고, 그 내용을 간단하게 회의록으로 작성해 회의에 참석한 사람들에게 보내주었다. 또 업무를 진행하면서 발생하는 사소한 문제들은 전화통화로 그 내용을 전달하거나 공유했다. 꼭 잊지 말아야 하거나 모두 공유해야 할 중요한 사안만 간단하게 e메일을 쓰는 방법으로 업무 처리 스타일을 바꿔나갔다. 그것이 나에게 더 잘 맞는 방법이었다.

나는 업무 내용이 전부 글로만 되어 있으면 한눈에 들어오지 않는다. 이해하는 데 시간도 더 걸리고 전체적인 업무의 흐름을 파악하는 것도 시간이 더 걸린다. 하지만 업무에 대한 이야기를 하다 보면 자연스럽게 전체적인 업무가 파악되고, 그 내용 또한 금방 숙지가 된다. 나는 읽는 것보다 듣는 것에 강점이 있는 사람이고, 쓰는 것보다 말하는 것에 강점이 있는 사람이라는 것을 깨닫게 된 것이다.

내가 일하는 방법을 바꾸자 J는 자신의 방법대로 일하지 않는 것을 불쾌하게 생각했고, 작은 실수가 있을 때마다 나에게 자신의 업무 방법을 강요했다. 하지만 내가 잘할 수 있는 방법으로 일을 하면서 점차 성과를 만들기 시작한 이후부터 J는 업무 스타일에 대한 강요는 하지 않게 되었다.

또한 나는 혼자 일하는 것보다 함께 일하는 것에 더 강점이 있는 사람이다. 진행해야 할 업무가 있으면 혼자 일하기보다 다 함께 모여 의견을 나누는 게 더 나은 성과를 낸다는 것을 알게 되었다. 그 후 나는 다른 지역에 있는 사람들과 함께해야 하는 일처럼 번거로운 경우에도 최소한 시작, 중간, 마무리 단계로 나눠 세 번은 직접 출장을 가서 얼굴을 보며 협의를 진행한다. 혼자 e메일 주고받고 하는 것보다 같이 얼굴을 보며 이야기하다 보면 더 좋은 아이디어가 떠오를 때가 많고, 회의가 끝난 후 머릿속에 현재 업무진행 현황이 자연스럽게 정리가 되기 때문이다. 이것은 분명 나의 강점이다.

물론 그 먼 출장길을 왔다 갔다 하는 게 너무 비효율적이라고 말하는 사람도 있다. 하지만 나의 경우는 업무 시작부터 끝까지 혼자 고민하고 e메일만 쓰는 것보다 훨씬 효율적이고 성과도 잘 나온다. 자신에게 적합하고 성과를 잘 낼 수 있는 방법을 찾았다면 설사 다른 사람이 비효율적이라 무시해도 개의치 마라. 자신만큼 자신에 대해 잘 아는 사람은 없으니까.

그리고 나는 다른 사람의 결정에 따라 일을 하는 것보다 내가 주도적으로 결정하고 일하는 것에 강점이 있다. 끌려가고 있다는 느낌을 받을 때는 흥도 나지 않고 성과도 나지 않는다. 지금이야 경력도 좀 생기고 내 분야에 전문성도 생겨서 주도적으로 일할 수 있는 기회가 많이 생겼지만, 신입사원 시절에는 시키는 일만 해야 하는 경우가 많아서 꽤나 힘이 들었다.

하지만 나의 강점을 파악하고 난 후에는 신입사원 시절임에도 가벼운 회의라도 주도적으로 이끌기 위해 자료를 꼼꼼하게 준비하고, 그날 회의 안건들에 대한 내용을 먼저 공부하거나 회의실 사정 준비를 먼저 하는 등 나름대로 할 수 있는 일은 주도적으로 하려고 노력했다.

이처럼 사소한 것이라도 자신의 강점에 맞추어 일을 해나가는 방법을 찾아내고 또 그것을 실천하는 것이 중요하다.

마지막으로 나는 확실히 마감임박형 인간이다. 마감이 정해져 있으면 초인적인 능력을 발휘할 때가 많다. 마감이 없으면 시간이 아무리 많이 주어져도 탁월한 성과 도출이 되지 않을 때가 많다. 반면에 다소 무리하다 싶을 정도로 빡빡한 일정에서 일하는 것이 결과적으로는 일정이 충분했을 때보다 성과 도출이 탁월한 경우가 많았다. 물론 그 과정은 정말 힘들고, 스트레스도 많이 받지만 말이다.

적절한 긴장감 속에서 성과를 내는 것이 나의 강점이다. 이러한 강점을 파악한 이후에는 업무 착수 보고를 하거나 사소한 업무라도 그것을 시작할 때는 적절하게 긴장감을 줄 수 있는 마감을 스스로 정하고, 사람들에게 공개적으로 알린다. 마감시간을 스스로 정한 순간부터 만들어지는 긴장감이 업무에서 최상의 성과를 낼 수 있는 나의 강점을 자극한다는 것을 잘 알고 있기 때문이다.

자신의 강점에 맞추어 일한다는 것, 즉 나에게 맞는 방법으로 일하는 것이 중요한 이유는 같은 시간에 더 나은 성과를 낼 수 있다는 이유도 있지만, 그만큼 중요한 또 다른 이유는 일이 조금은 재미있어진다는 것이다.

나는 나의 강점을 찾았고 또 그것을 업무에 적용하는 방법을 찾았다. 중간에 시행착오도 많았고, 업무가 힘들 때면 얄팍한 업무편의성을 위해 강점을 활용하는 것 따위는 고려조차 하지 않은 채 편한 길로 가고자 했던 적도 있다. 하지만 강점에 기반해 일하는 것의 핵심은 업무가 '편하느냐 그렇지 않느냐'가 아니라, '성과가 더 좋으냐 그렇지 않느냐'이다. 성과에 초점을 맞춘 강점 활용은 일하는 과정 자체의 재미뿐만 아니라 그것과는 비교도 되지 않을 업무 성취감이라는 재미를 안겨다준다. 그래서 나는 신입사원들에게 자신에게 맞는 방법으로 일하는 것이 중요하다고 항상 말한다.

위의 사례들은 전적으로 나의 개인적인 경험들이다. 재능이나 강점 등을 전문적으로 공부한 것이 아니므로 나의 경험에 들어 있는 몇 가지 재능이 직장 속에서 활용 가능한 전부라고 말할 수는 없다. 또 사람은 정말 모두 다르기 때문에 딴 사람은 전혀 생각지도 못한 자신만의 재능도 있을 것이다.

중요한 것은 자신 안에 특별한 비범함이 있다고 믿는 것이다. 그리고 자신이 믿었던 비범함을 관찰하고 검증하고 실천함으로써 비범함이라고 불리는 재능이 꽃필 수 있는 순간을 만들어야 한다. 자신의 재능이 꽃을 피울 수 있는 순간이 오면, 자신이 가지지 못한 것을 부러워하는 열패감으로부터 벗어나 진정으로 특별한 사람이 될 수 있다.

시간이 아닌
성과를 팔아라

조직에 대한 충성과 복종을 부르짖으며
시간을 팔지 마라.
다른 사람의 눈치를 보며 시간으로 일하던 시대는 끝났다.

시간을 팔아 먹고사는 사람들

프로페셔널은 무엇인가를 고객에게 팔면서 돈과 명예 등의 대가를 받는다. 프로 운동선수들은 갈고닦은 기량으로 멋진 플레이라는 성과를 관중들에게 팔면서 대가를 받는다. 더 멋지고 더 정교한 플레이를 보여주는 선수에게 우리는 더 많이 열광하고 더 많은 대가를 지불한다. 프로 가수들은 어떠한가? 그들의 재능 위에 갈고닦은 노래 실력으로 고객에게 감동이라는 성과를 줌으로써 대가를 받는다. 그리고 우리는 더 많은 감동을 주는 가수에게 더 많은 대가를 지불한다.

화가, 배우, 경영자 등 다른 모든 프로페셔널도 마찬가지다. 그 어느 누구도 '시간'을 팔아 대가를 받지 않는다. 화가가 오랜 시간 그림을 그렸기 때문에, 배우가 연기 연습을 오래 했기 때문에, 경영자가 오래 일을 했기 때문에 대가를 받는 것이 아니다.

그들은 모두 '성과'를 판다. 화가는 마음을 움직이는 그림으로, 배우는 감동적인 연기로, 경영자는 실적으로…… 자신이 낼 수 있는 각자의 성과를 팔아서 그 대가로 돈이나 명예를 얻는 것이다.

시간을 파는 삶과 성과를 파는 삶은 무엇이 다른가? 우선 시간을 파는 사람들의 삶은 고달프다. 그들은 엄밀한 의미에서 '노예'다. 자신이 팔 수 있는 것이 시간밖에 없을 때, 삶 자체를 타인에게 통제 당하기 때문이다. 그들은 특정 시간에 특정 장소에 반드시 있어야만 한다. 시간 이외에 그들의 노동을 증명할 수 있는 지표가 없기 때문이다. 프로페셔널이라면, 이것은 스스로에 대한 모욕이다.

안타깝지만 직장에도 이런 사람들이 많다. 시간을 때우기 위해 오는 사람들이다. 나는 신입사원 시절 선배들이 "내가 신입 때는 매일 10시까지 일했어"라고 말하는 것이 정말 듣기 싫었다. 선배들이 오랜 시간 일을 했다는 것 그 자체가 그들의 자부심이 아니길 바랐다. 굳이 신입사원인 나에게 자신이 우월하다는 것을 자랑하고 싶은 거라면 차라리 이렇게 말해줬으면 싶었다.

"내가 신입 때는 이런이런 성과를 벌써 냈어!"

아직도 어떠한 성과를 낸 것이 아니라 오랜 시간 일을 했다는 것에 자부심을 느끼는 사람이 더 많다. 아마 조직에 대한 복종과 충성이 자신의 정체성이 되어 그런 것일 게다. 자신이 얼마나 더 오래 책상에 앉아 있느냐로 고용을 보장받던 시절이었으니까. 대체로 이런 사람들은 퇴근시간에 눈치를 본다. 자신의 상사가 퇴근하기 전에는 결코 퇴근하는 법이 없다. 또 제일 먼저 출근하고 가장 늦게 퇴근하는 것을 가장 중요한 것으로 생각한다. 대부분 자신이 낼 수 있는 성과에 자신이 없기 때문이다. 항상 다른 사람 눈치를 보고, 일을 잘하는 것이 아니라 일을 많이 하는 것처럼 보여야 한다는 강박관념 속에 살고 있는 사람들이다.

그래서인지 시간을 파는 사람들이 언제나 입이 닳도록 부르짖는 것이 성실함이다. 이것은 그네들의 삶을 합리화시키는 데 아주 좋은 방어막이다. 오래 책상에 앉아 있는 것을 성실하다는 것으로 치환시키면 자신이 더욱 안전해지기 때문이다.

나 역시 삶을 잘 살아내는 데 있어서 성실함만큼 중요한 덕목도 없다고 생각하는 사람이다. 하지만 '시간을 파는 사람'들이 말하는 성실과 내가 정의하는 성실은 다르다. 성실하다는 것은 무엇인가? 성실하다는 것의 사전적 의미는 '정성스럽고 참되다'이다. 어떤 일에 정성스럽고 참된 것이 바로 성실하다는 것이다. 나는 직장인으로서 성실하다는 것은 자신이 맡은 일에서 가장 효과적인 성과를 내는 것이라고 생각한다. 이것이 가장 정성스럽고 참된 것이라 생각하기 때문이다. 하지만 현실은 조금 다르다. 직장에서는 성실이라는 것에 대한 해석 차이로 많은 사람들이 힘들어 한다.

동기 중에 S라는 친구가 있다. 그는 다소 다혈질이지만 자신의 업무에 책임지는 태도로 일하며, 언제나 자신이 하는 일을 조금 더 나은 결과물로 만들고자 노력한다. 그런 한편 S는 자신의 라이프스타일 역시 중요하게 여긴다. 일하는 만큼 적절한 휴식과 취미생활을 해야 한다고 생각한다. 그래서 근무시간 중에는 효과적으로 업무처리를 하고 가급적 퇴근시간에 맞추어 일을 마무리 짓는 편이다. 하지만 어느 순간부터 S는 자신이 다른 사람들에 비해 일찍 퇴근하는 것을 꺼리는 듯했다.

"무슨 일 있어?"

"아니 뭐 별일은 아닌데, 내가 칼퇴근하는 것 가지고 사람들이 뭐라고 하는 것 같아서."

"뭐라 그러는데?"

"일은 곧잘 하는데 성실하지 못한 것 같다고. 뭐 대충 그런 이야기지 뭐……."

S와 나는 일이 많을 때는 커피 한 잔도 마시지 못할 정도로 집중해서 일한다. 나중에 알고 보니 S에게 그렇게 말한 사람은 근무시간에 집중하지 않기로 유명한 사람이었다. 그는 근무시간에 집중하지 않는 대신 밤늦게까지 남아서 일을 한다. 그러고는 근무시간에 정신없이 집중한 S에게 성실하지 못하다고 핀잔을 주는 것이다. 과연 누가 정말 성실하지 못한 것인가?

성실함은 오래 앉아 있는 것이 기준이 되어서는 안 된다. 직장인은 모두 프로페셔널이다. 프로페셔널은 성실해야 하지만, 성실의 기준은 시간의 양이 아니라 성과의 '질'이 되어야 한다. 시간은 효과적인 성과를 내기 위한 수단으로서만 의미를 가진다.

신입사원 역시 얼마나 많은 시간 일을 했는가 하는 것으로 자신을 증명해서는 안 된다. 자신의 성과에 책임을 지는 사람이 되어야 한다. 그것이 프로페셔널로서의 태도이고, 다른 사람에게 존중받을 수 있는 사람이 되는 길이며, 나아가 자신의 삶을 조금 더 윤택하게 가꿀 수 있는 길이다.

성과를 파는 사람이 돼라

조금 더 현실적인 이야기를 해보자. 그럼 확실한 성과를 낼 수만 있으면 내 마음대로 출근하고 퇴근해도 된다는 말인가? 일주일에 3일만 출근해도 되는가? 물론 답은 '안 된다'이다. 그것은 꿈같은 이야기다. 하지만 나는 그렇게 되어야 한다고 생각하는 사람이고, 또 점점 그렇게 되어갈 것이라고 믿는다.

앞에서는 일하는 시간보다 성과의 질이 더 중요하다고 말해놓고는 출퇴근을 마음대로 하면 안 된다니, 모순적이라 생각할 수도 있겠다. 하지만 이것은 모순이 아니라 균형이다. 자신이 처한 현실과 나아가야 될 방향에 대한 균형 말이다.

그러면 성과에 자신이 있더라도 소위 말하는 근무태도(출근, 퇴근, 근무시간 등)를 지켜야 하는가? 나의 답은 '그렇다'이다. 왜냐하면 그 어떤 회사조직도 개인의 업무 성취도를 객관적이고 정확하게 판단할 수 있는 방법이 존재하지 않기 때문이다. 즉 회사의 목표를 달성하기 위해 모인 수많은 사람 중 누가 얼마만큼의 기여를 했는지 정량적으로 구분할 수가 없다.

예를 들어, 어떤 회사에서 그해 매출 목표의 200퍼센트를 달성했다고 해보자. 그것은 영업 팀이 잘해서인가, 아니면 연구소가 신제품 개발을 잘했기 때문인가. 아니면 마케팅 팀에서 시장조사를 잘했기 때문인가. 회사의 최종적인 결과는 좋은 성과든 아니든 모든 구성원들의 역할이 하나로 융합된 화합적 결합물이다. 아무리 유능하고 똑똑한 경영학자도 회사의 종합적인 성취를 가지고 구성원별로 정확히 기여도를 구분해낼 수는 없다. 바로 이 지점이 직장인들이 근무태도를 완전히 등한시해서는 안 되는 이유다.

조직 내에서 한 사람의 성과는 코에 걸면 코걸이, 귀에 걸면 귀걸이인 경우가 많다. 함께 모여서 성과를 내는 회사라는 조직은 개개인의 업무역량이나 기여도를 정확히 점수로 매길 수 없음에도 구성원들에 대한 평가가 매년 이루어진다. 명확한 근거가 없는 직장인들의 업무평가를 보완해주는 것이 근무태도다. 물론 업무적 역량이 너무 빈약해서는 안 되겠지만, 분명한 것은 직장에서 개인을 평가하는 기준 가운데 근무태도가 큰 비중을 차지하는 게 사실이라는 점이다. 그래서 유능하고 뛰어나지만 근무태도가 좋지 않은 사람들은 때때로 평가에서 불이익을 받기도 한다. '회사에서는 실력 있는 사람이 항상 인정받는 것은 아니다'라는 유능한 선배들의 말은 틀린 말이 아니다.

이것은 중요한 현실적인 문제다. 직장에서 프로페셔널답게 일하는 것도 중요하지만, 주위의 인정을 받는 것도 그만큼 중요하다. 주위로부터 인정받지 못하는 것이 얼마나 고통스러운 것인지 나는 잘 알고 있다. 나는 신입사원들에게 자신의 일에서 올바른 성과만 낼 수 있다면 조직의 눈치는 하나도 보지 않아도 된다고 말하고 싶지 않다. 그것은 무책임한 말이다.

회사가 원하는 기본적인 근무태도가 있다면 맞추어라. 자신의 삶의 균형을 깨뜨릴 정도가 아니라면 인정하고 받아들여라. 불합리가 있더라도 회사를 다니기로 결정했다면 인내하고 그 속에서 한 분야의 전문가가 되어라. 세상은 분명 변해갈 것이기 때문이다.

정말이다, 세상은 변한다

직장은 점점 더 '근무태도'를 중시하는 문화에서 '성과'를 중시하는 문화로 변해갈 것이다. 근무태도를 중시하는 문화의 저변에는 조직에 대한 충성과 복종이 깔려 있다. 이런 문화는 일본 기업들의 종신고용체제에서 유래된 것인데, 한국의 대부분의 기업은 종신고용체제의 일본식 기업문화를 받아들였다. 이 때문에 한국의 많은 기업이 충성과 복종을 중요하게 생각하면서 자연스레 근무태도를 중요한 평가 잣대로 여기게 된 것이다.

하지만 지금 세계는 어떤가? 먼 미국이나 유럽을 사례로 들 것도 없다. 종신고용이라는 독특한 기업문화의 진원지였던 일본에서도 오늘날 종신고용을 유지하는 기업은 거의 없다. 물론 일본의 불경기에도 살아남은 몇몇 기업 중 종신고용을 끝까지 유지했던 곳이 있다. 이것으로 종신고용체제가 아직 효력이 있다고 말하는 학자도 있지만, 전체적으로 보았을 때 그 수는 미미하며 흐름은 이미 고용 유연화 쪽으로 흐르고 있다는 것은 부정할 수 없다.

앞으로 이러한 흐름은 분명 더욱 가속화될 것이다. 급변하는 시장에서 기업들은 상황에 기민하게 반응할 수 있는 유연하고 날렵한 조직으로 변해갈 것이다. 결코 지금보다 더 안정적인 고용을 보장해주는 기업으로 진화하지는 않을 것이다. 급변하는 시장의 리스크를 모두 떠안으면서 조직 구성원들의 고용 안정성을 보장해줄 천사 같은 경영자는 그리 흔치 않다.

고용 유연화는 이제 거스를 수 없는 하나의 사회적 현상이다. 고용 유연화를 위해 회사는 어찌 변해갈 것인가? 형태야 다소 다르겠지만 본질적인 모습은 프로야구 팀과 유사한 형태로 변해갈 것이다. 프로야구 팀은 회사와 비슷한 점이 많다. 혼자 잘한다고 성과를 낼 수 있는 것이 아니라 개개인의 성취들이 잘 융화되어야 한다. 그러나 그것만으로는 부족하다. 각자가 팀이라는 조직 내에서 주어진 역할에 최적화된 전문가라는 점(투수, 포수, 내야수, 외야수처럼 각자의 전문분야가 있다)은 회사라는 조직과 흡사하다.

하지만 회사와 프로야구 팀에는 차이가 있다. 그것은 개개인의 역량을 정확히 산출하는 시스템이다. 프로야구 팀에는 투수는 투수대로, 포수는 포수대로, 타자는 타자대로 각자 역할에 적합한 정교한 평가시스템이 있다. 그리고 매년 그 성적을 가지고 선수 평가를 한다. 이 평가를 바탕으로 프로선수들은 매년 고용을 다시 계약하게 되는 것이다. 바로 이 객관적이고 정량화된 개별 평가 시스템이 프로야구 선수들의 고용조건을 결정한다. 앞으로 많은 회사들이 이렇게 변해갈 것이다. 고용 유연화 추세에 매우 적합한 시스템이기 때문이다.

고용 유연화 추세는 한 포지션마다 소수의 최고 전문가만 남긴다. 프로야구 팀에도 최고의 포수는 소수이고, 내야수, 외야수, 투수도 모두 소수다. 실력이 없는 선수들은 가차 없이 2군으로 보낸다. 나이가 많고 적고는 아무 상관없다. 성적이 최우선이다. 성적은 근면함, 성실함과는 아무런 관계가 없다. 극단적인 예를 들면 연습장에 하루 종일 나타나지 않아도 좋고, 매일 술을 먹고 나와도 상관없다. 그래도 성적이 좋고 팀의 우승에 결정적 기여를 할 수 있다면 그 선수는 여전히 좋은 조건에서 다시 계약을 할 수 있다. 누군가 성실하지 않다고 욕은 할 수 있겠지만 그에게 그 어떤 불이익도 줄 수 없다.

회사도 결국은 고용 유연화 추세에 맞춰 갈 것이고, 이미 그렇게 되고 있다. 요즘 기업들이 내세우는 탄력근무제니 자율근무제니 하는 것도 바로 이러한 상황의 징후들이다. 앞으로 점점 더 충성과 복종을 근간으로 하는 근무 태도는 별로 의미가 없어질 것이다. 조직은 점점 더 날렵해질 것이고 분야별로 소수의 전문가만을 남기고 모두 아웃소싱하려 할 것이다.

이것이 의미하는 바가 무엇인가? 얼마 남지 않은 미래의 조직, 지금의 신입사원들이 맞이할 미래의 회사는 지금처럼 상명하복식의 수직적인 형태가 아니라는 뜻이다. 각자의 전문가들이 동등한 조건에서 일하는 수평적인 형태가 될 것이다. 이러한 수평적인 형태의 기업에서는 충성과 복종은 아무 의미가 없다. 오직 자신의 성과만이 의미를 가진다. 지금처럼 다른 사람의 눈치를 보기 위한 근무태도 평가는 의미가 없어질 것이란 뜻이다.

조직에 대한 충성과 복종을 부르짖으며 자신의 시간을 파는 사람은 결국 또 자신이 복종하고 충성할 다른 조직을 찾아 헤맬 것이다. 하지만 그러한 사람을 필요로 하는 곳은 점점 더 없어질 것이다. 냉정하지만 이것이 현실이다.

성과를 파는 사람이 돼라. 내가 팔 수 있는 성과에 자신이 있다면 진정한 전문가가 될 수 있다. 진정한 전문가는 자신의 삶을 스스로 통제할 수 있다. 세상은 언제나 변하고 있다. 지금의 기준으로 미래를 준비하는 것은 매우 위험한 일이다.

20세기 사람들과 함께 일하고 있는 21세기 사람들(신입사원)은 매우 답답하고 힘들다. 자연스러운 현상이다. 지금의 현실을 받아들이고 그 속에서 미래를 준비해라. 그것이 신입사원이 가져야 할 균형 잡힌 삶의 태도이다.

프로젝트
성공!!

신입사원이 가져야 할
여섯 번째 습관

상사관계를 주도하라

복종이 아닌 성과로 보답하라

당당한 신입사원의 7가지 습관

복종이 아닌 성과로 보답하라

상사와 **싸워라**

미래를 보려 하지 않는 상사와 싸워라.
상사와 싸우기 위해서는 한 분야의 전문가로 인정받아야 한다.
업무적 지식, 논리적 근거로 자신의 상사를 설득하라.

복종과 충성이 해답은 아니다

"팀장님, 아무래도 시장조사부터 먼저 하는 게 좋을 것 같은데요."

"무슨 또 시장조사야. 그거 해서 언제 보고서 쓰나? 이 과장이 보고 대충 눈치껏 보고서부터 써."

"예…… 그럼 그렇게 하겠습니다."

업무진행을 놓고 벌어지는 상사와 부하직원의 일상적인 대화 내용이다. 어찌 보면 이상할 것 없다고 생각할 수 있지만, 여기에는 문제가 많다. 그리고 신입사원들은 이러한 대화를 보면서 답답함을 느껴야 한다. 이 과장은 자신에게 주어진 일을 더 효과적으로 하기 위해 올바른 업무진행 방식을 건의했다. 하지만 팀장은 그 의견을 묵살한다. 그리고 이 과장은 더 이상 그에 대해 자신의 주장을 펴거나 설득하려 하지 않는다.

물론 이 과장의 의견이 옳을 수도 있고, 팀장의 의견이 옳을 수도 있다. 중요한 것은 어떤 것이 더 적절한 방법인지 서로 의견 조절이 충분하지 않았다는 것이다. 이 과장은 그냥 팀장이 시키는 대로만 일하는 것이다.

왜 그랬을까? 아직까지 많은 직장인들이 복종과 충성이 최고의 덕목이라고 생각하기 때문이다. 이 과장은 자신의 보고서 업무를 위해 시장조사가 꼭 필요하다고 판단했다면 팀장을 설득시켰어야만 했다. 다소 논쟁이 있더라도 말이다. 하지만 대부분의 직장인들은 그렇게 하지 않는다. 자신의 일을 올바르게 하고 최상의 성과를 내는 것이 중요한 것이 아니라, 자신의 상사를 언짢게 하지 않는 것이 중요하다고 생각하니까.

물론 상사의 의견이 옳을 때도 있을 것이다. 빈도수를 본다면, 상사의 의견이 옳을 확률이 더 높을지도 모르겠다. 실무자들보다 오랜 경험과 지식을 가지고 있기 때문이다. 하지만 분명한 것은 상사의 의견이 항상 최선의 방법이 아닐 수도 있다는 것을 늘 염두에 두어야 한다는 사실이다. 그리고 더 나은 방법이 없는지, 최상의 성과를 낼 수 있는 다른 방법은 없는지 고민해야 한다. 그것이 프로페셔널의 자세다.

시키는 대로만 하면 안 되는 이유

때로는 상사와 불편한 언쟁을 하더라도 시키는 대로만 해서는 안 된다. 이것은 단순한 젊은 치기로 인한 반항심이 아니다. 그 이유를 알기 위해 조금 재미없는 이야기를 해볼까 한다. 읽다가 좀 지루하다 싶으면 건너뛰어도 크게 문제는 없다. 참고 읽으면 더 좋고.

나라마다 차이가 있겠지만 세상은 자급자족을 했던 농경사회를 거쳐 고도성장기인 산업화 시대를 거쳐 왔고, 지금은 컴퓨터를 넘어 스마트폰이 일상화된 정보화 시대로 들어섰다. 하지만 지금 직장인들은 대부분 산업화 시대에서 보고, 듣고, 느끼고, 배우며 살아온 세대들이다. 그들의 심리적 시계는 산업화 시대의 허상에 멈춰서 있다.

산업화 시대 성장의 핵심은 소품종 대량 생산이었다. 같은 것을 많이 찍어내기만 하면 그것으로 충분했다는 뜻이다. 이러한 산업화 시대가 존재하기 위해서는 만들어진 것은 반드시 모두 소비된다는 전제조건이 있어야 한다. 아무리 많이 찍어낼 수 있다고 한들, 팔리지 않는다면 아무런 의미가 없기 때문이다.

그 전제조건이 충족되기 위해서는 우선 시장이 예측 가능한 상태로 존재하거나 혹은 시장을 소수의 거대 자본이 독점이나 과점으로 설명되는 안정화 상태로 만들어야 한다. 쉽게 말하자면 기업이 무조건 찍어낸 같은 제품을 확실히 사줄 고객이 존재하거나, 아니면 돈 많은 사람들이 똑같이 찍어낸 제품이 아니면 살 것이 없게 만들 수 있거나 하는, 둘 중 한 가지 조건은 반드시 충족되어야 한다는 말이다.

산업화 시대에는 이 조건이 적절히 충족되었다. 당시는 고객들의 기호가 다양하지도 못했고, 다양한 것을 원하지도 않는 시기였다. 만약 고객의 기호가 다양하고 또 그것을 원했다 하더라도 시장이 지금처럼 세계화되어 있지 않았던 산업화 시대에는 몇몇 대규모 기업이 고객의 선택권을 얼마든지 제한할 수 있었다. 그러니 산업화 시대의 핵심은 효율성일 수밖에 없었다. 얼마나 똑같은 제품을 값싸고 빨리 만드는지가 관건이었다.

이런 효율성을 극대화하기 위해 가장 좋은 방법은 한 명 혹은 소수의 사람이 전체적인 계획을 세우고 생산성을 더 높이기 위해 일을 더욱 세분화하는 것이다. 당시 거의 대부분의 기업들이 이러한 방법을 채택해서 많은 성공을 거두었고, '새마을운동'으로 대표되는 당시 초창기 기업들 역시 그랬다.

이미 누군가 계획을 세웠고, 생산과 판매 등 모든 업무에는 이미 정답이 존재한다. 별달리 고민할 게 없다. 그저 시킨 일을 얼마나 효율적으로 잘하느냐가 관건이다.

안타깝게도 우리는 이러한 산업화 중심의 시대에서 그것이 진리고 정답이라고 생각하며 살아왔다. 또한 '한강의 기적'이라 일컬어지는 성공사례가 이러한 고정관념을 고착화시키는 데 큰 몫을 했다. 같은 것을 대량으로 만들고 그것을 충분히 소비할 수 있는 여건이 존재하는 산업구조일 때 자율성은 불필요하고, 효율을 저하시킨다.

같은 일을 무한 반복해서 효율을 극대화해야 하는 사람에게 필요한 것은 관리와 통제다. 어렵게 이야기할 필요 없다. 그저 군말 없이 시키는 대로 하는 사람이 필요했다는 뜻이다. 누구나 같은 일을 오래 반복하면 지치고, 자연히 관심이 다른 곳으로 가게 마련이다. 하지만 공장의 컨베이어 벨트는 쉼

없이 계속 돌아가기 때문에 이 컨베이어 벨트에 사람을 묶어두기 위한 장치가 필요했다. 그래서 개발한 것이 바로 관리와 통제에 기반을 둔 강압적인 기업문화였다. 이것이 산업화 시대의 근로자들에게 가장 필요했던 장치였다.

대량 생산, 대량 소비의 산업화 시대에서 선호되는 우수한 인재는 자신의 일에 대한 근본적인 질문 없이 그저 하루하루 시키는 일을 묵묵히 해내는 성실한 사람이었다.

산업 시대의 포문을 연 사람은 포드 자동차의 초기 경영자였던 '헨리 포드'다.

헨리 포드가 T형 자동차 공장(생산성 향상을 위해 만든 초창기 자동차 생산공장)을 만든 이후, 가장 훌륭한 경영은 아무 생각 없이 일할 수 있도록 강압적인 분위기를 만드는 것이었고, 또한 충분한 급여로 이를 보상해주는 시스템을 채택하는 것이었다. 실제로 헨리 포드는 여러 가지 업무 개선이나 건의사항을 주장하는 근로자에게 "말없이 일해줄 일손을 뽑았는데 사람이 들어왔구먼!"이라고 말함으로써 관리와 통제에 기반을 둔 강압적인 경영철학을 간접적으로 내비치기도 했다.

물론 이러한 방식은 당시로서는 최선의 방식이었는지도 모른다.

"포스트 포디즘 시대에는 이른바 '루틴'을 깨고 새로운 진화의 길을 열 수 있는 뮤턴트(돌연변이)의 등장을 가속화하는 편이 절대적으로 유리하다."

– 우석훈 《조직의 재발견》 중에서

하지만 우리가 살고 있는 지금은 어떠한가? 이제 같은 것을 더 많이 생산하고 더 많은 것을 소비하는 시대는 지나가고 있다. 또한 시장은 예전처럼 제한적이지 않다. 인터넷을 통해 지구 반대편에서 파는 물건도 클릭 한 번으로 얼마든지 살 수 있는 시대가 되었다. 사람들의 기호는 복잡하고 다양해졌으며 시장은 이미 지구촌 전체가 되어버렸다. 예전 산업화 시대의 시스템으로는 이 다양한 욕구를 감당하기에 어려움이 많아지게 된 것이다.

제조업의 상징이라 할 수 있는 자동차업계에서도 성능을 개선하고 품질을 향상하는 노력만큼 디자인 등 심미적이고 감성적인 면에 많은 투자를 하고 있다. 소비자들이 예전처럼 같은 제품, 같은 품질에 저렴한 가격이기만 하면 구입하는 소비 패턴에서 벗어났기 때문이다.

이제 같은 제품을 대량으로 만들어서 낮은 가격에 대량으로 판매하는 시대는 이미 지나갔다. 그리고 대량생산 대량소비의 포디즘(포드주의: 대량생산 대량소비를 일컫는 말. 포드가 그러한 시대를 열었다고 해서 이름 붙여짐) 시대는 우리가 죽기 전까지 다시 돌아오지 않을 것이다. 이제는 '창의적인 발상'으로 승부해야 한다.

정말 많은 사람들이 사용하는 아이폰이 그 대표적인 예다. 애플사의 아이폰이 불세출의 히트 상품이 된 이유는 창의적인 발상의 전환을 꾀했기 때문이었다.

초창기 아이폰은 애플의 MP3 플레이어인 아이팟과 외관이 모두 같다. 단 하나만 빼고. 아이폰은 전화통화 기능을 더하기 위해 아이팟에 통화용 스피커를 추가한 것이다. 말하자면 아이팟이라는 히트 제품에 전화 기능을 더해 사람들이 거부할 수 없게 만들었다. 산업화 시대처럼 신제품 개발을 위해 공장을 설치하고 설비를 구축하는 대규모 투자를 하는 것이 아니라 창의적인 발상의 전환으로 엄청난 히트 상품을 만들어낸 것이다.

아이폰과 같은 히트 상품은 그것이 나오기 전에는 누구도 보지 못한 제품이다. 위에서 시키는 대로만 일하는 사람이, 세상 누구도 보지 못한 제품을 생각하고 기획해낼 수 있을까? 시키는 일만 하는 신입사원이 어느 날 갑자기 사장이나 팀장이 한 번도 보지 못한 새로운 어떤 것을 생각해내라고 하면 어떻게 할 것인가? 생각만 해도 답답하고 괴로운 일이 될 것이다.

문제는 여기서 발생한다. '창의적인 발상'은 시키는 대로만 일하는 산업화 시대의 사람에게는 생길 수 없는 능력이다. 이제 시장은 세계화되고, 소비자의 욕구는 까다로워졌다. 품질, 성능, 디자인 모두를 만족시킬 수 있는 제품을 필요로 한다. 대량생산 체제의 패러다임으로 이러한 숙제를 풀기는 요원하다. 지금의 조직에서 발생하는 대부분의 문제들은 산업화 시대의 패러다임으로는 해결하지 못하는 것이 대부분이다.

예를 들어 '급변하는 시장을 예측하라'거나, '원가는 낮추면서 사양을 높이는 방법을 찾으라'거나, '다양한 소비자의 구매 패턴을 알아내라'거나 하는 조직의 새로운 요구들은 기존 산업화 시대에 젖어 있는 사람들에게는 말도 안 되는 이야기다. 산업화 시대의 위대한 역군들은 아마 이렇게 말할 것이다.

"시장이 급변한다고 자기가 말해놓고 시장을 어찌 예측하라는 거야?"
"원가를 낮추면서 사양을 어떻게 높인단 말이지?"
"그 수많은 소비자들의 구매 패턴을 어떻게 알아?"

필요한 것은 창의적인 문제해결 능력이다. 시키는 것만 하는 데 익숙한 산업화 시대의 사람에게 창의적인 문제해결 능력을 기대하기는 어렵다. 나도 이미 지금의 회사에서 예전 선배 세대들이 한 번도 해보지 않았던 업무를 많이 하고 있는데, 지금 직장생활을 시작하는 신입사원들은 그러한 업무를 더욱 많이 하게 될 것이라는 걸 더 말해 무엇 하겠는가.

이것이 바로 신입사원들이 시키는 대로만 해서는 안 되는 근본적인 이유이고, 때로는 상사와 싸워야 할 필요가 있는 이유다. 옛날의 것과 새로운 것은 충돌하게 마련이고, 지금 직장은 과도기적 시기이다. 그 충돌이 싫어서 아무 생각 없이 옛것만을 답습한다면 다가올 새로운 시대에 적응하기가 쉽지 않을 것이다. 시키는 대로만 일하는 데 적응하는 신입사원은 기나긴 직장생활 가운데 분명 난관에 봉착하게 될 것이다. 이미 그러한 패러다임의 전환을 받아들이지 못해 곤경에 처하는 사람들이 속속 나타나고 있는 것이 지금 직장의 현실이다.

지금만 보지 말고 곧 닥쳐올 미래를 보는 것에 게으르지 마라.

진짜 예의는 복종이 아니다

가끔 나는 상사들에게 그들의 의견이나 그들이 지시하는 업무진행 방법이 옳지 않음을 조목조목 따지고 들어 더 나은 방법을 제시할 때가 있다. 그럴 때면 어떤 사람은 상사에 대한 예의가 없다고 말한다. 또 어떤 사람은 좋은 게 좋은 거라고, 대충 넘어가라는 이야기를 조언이랍시고 한다. 답답한 노릇이다.

직장에서 상사에 대한 그리고 회사에 대한 최고의 예의는 자신의 업무에서 최상의 성과를 내는 것이다. 그리고 그 방법을 찾는 의견 조율 과정에서는 다소 다툼이 있을 수도 있다. 서로의 생각이 다르니 당연한 것 아닌가? 서로 다른 생각을 논의하고 논쟁하면서 더 나은 생각이나 방법이 나오는 것이다. 그 과정에서 상사의 생각이 더 낫다면 그것을 따라야 하고, 후배사원 심지어 신입사원이라도 그의 의견이 옳다면 따라야 하는 것이다.

좋은 게 좋은 것은 가족이나 친구들끼리 있을 때 하면 된다. 직장은 서로 기분을 언짢게 하지 않도록 하기 위해 오는 곳이 아니다.

자신의 분야에서 꾸준히 배우고 익히면서, 검증하고 또 검증하면서 올바른 방법을 찾았다면 상사와 의견을 나누어라. 하지만 미처 생각하지 못했거나 상사의 의견이 더 적절하다는 생각이 들면 감사하며 받아들여라. 하지만 그것이 아니라면 상사에게 자신의 의견을 설득해야 한다. 필요하다면 상사에게 따지고 묻고 싸울 수 있어야 한다. 굳이 마찰을 빚을 필요는 없지만, 피치 못할 사정이라면 감수해야 한다. 두려워하지 마라. 자신의 업무에 자신을 가지고 자기 주장을 단호히 하는 사람이 회사에서 인정을 받는 경우가 더 많다.

물론 직장에는 합리적이고 현명한 선배들만 있는 것은 아니다. 유아적인 사람들도 많다. 일의 옳고 그름보다 자신의 의견에 단순히 동조해주거나 맹목적으로 추종하는 사람을 좋아하는 사람들도 많다. 안타깝지만 현실이다. 하지만 필요하다면 상사에게 자신의 의견을 단호하게 말할 수 있어야 한다. 단, 감정적이 되어서는 안 된다. 오직 초점은 업무의 성과를 내는 것에 맞추어야 한다. 어떤 선배나 상사가 감정적으로 싫어서 반대를 위한 반대를 해서는 안 된다.

얼마 전 특정 판매 부진 제품의 판매 활성화 방안을 놓고 팀원들과 논의를 했다. C과장은 판매가를 낮추어 판매 활성화를 하는 것이 가장 좋은 방법이라고 먼저 주장했다. 나는 그것이 효과적인 방법이 아니라고 주장했다. 왜냐하면 제품 판매가 부진한 본질적인 이유가 가격 때문이 아니라는 것을 여러 번의 시장조사에서 알고 있었기 때문이다. 또 예전에도 판매가 조정 정책을 사용했지만 별다른 성과를 보지 못했음도 미리 파악했다. 결코 C과장을 면박 주거나 무시하려는 의도가 있었던 것이 아니다.

여러 가지 사례와 논거를 들어 C과장을 설득하려 했지만, 그는 가격을 더 파격적으로 낮추면 판매가 활성화될 것이라고 거듭 주장했다. 하지만 나는 판매가격이 아니라 고객의 제품 신뢰도가 문제라고 판단했고, 그것이 옳다고 확신했다. 그래서 제품 무료 대여 서비스 정책 등으로 제품에 대한 고객의 신뢰를 먼저 회복하는 것이 옳다는 의견을 강하게 주장했다. 그 과정에서 다소 언성이 높아지는 상황까지 갔지만, 결국 팀장은 C과장의 손을 들어주었고, 판매가 인하로 활성화 방안을 진행하기로 했다.

결과는 달성률 10퍼센트에도 미치지 못하는 저조한 실적으로 나타났고, C과장은 실패 보고서를 어떻게 써야 하나 고민하느라 진땀을 뺐다. 지금도 아쉬움이 많이 남는 결정이었다. 그때 상사들에게 조금 더 강하게 의사를 전달하지 못한 것에 미련이 남는다. 물론 나의 의견이 채택되었더라도 성과가 잘 나지 않았을 수 있다. 하지만 나는 좀 더 의견을 나누고 더 효과적인 성과를 낼 수 있는 방법을 찾는 과정이 필요했다고 생각한다. 또한 내가 C과장의 의견에 반대하는 것이 그 사람 자체를 싫어하거나 적대시하는 것이 아니라 업무의 성과를 높이고자 하는 데 그 목적이 있다는 것을 알아주기를 바랐다.

그렇다고 무턱대고 싸워서는 안 된다. 신입사원은 그 불이익을 감당할 수 없는 경우가 많기 때문이다. 상사와 싸우기 위해서는 단 한 가지 전제조건이 있다. 상사와 싸우기 전에 한 분야의 전문가로 인정받아야 한다는 것이다. 시간이 걸릴 수도 있지만 많은 사람들에게 자신의 업무에 대한 전문지식과 업무처리 능력을 인정받아야 한다. 그 이유는 상사와 현안 문제를 놓고 동등하게 논의할 수 있는 수준이 되어야 하기 때문이다.

지금 하고 있는 일을 진행하는 것만으로 버거워하는 사람의 의견이나 주장은 상사들이 보기에는 단순한 불평불만으로 들릴 수도 있고, 또 실제로도 단순한 업무편의성을 주장하는 불평불만인 경우가 대다수다. 자기객관화가 필요한 부분이다.

자신의 업무 수준이 상사와 동등 수준이거나 그 이상이라고 생각되지 않으면 그냥 상사의 말을 따라라. 여러모로 그게 옳다. 다시 한 번 말하지만 자신의 업무편의성이나 반대를 위한 반대를 해서는 안 된다. 이것은 얻을 것은 없고 잃을 것만 많은 최악수다.

적합한 사례로 들 수 있는 친구가 한 명 있다.

T는 2년 차 직장인이다. 자기주장이 강한 편인 그는 팀 내에서도 늘 적극적으로 자기주장을 한다. 팀장이 어떤 업무를 시키건 T는 항상 자신의 의견을 내놓는다.

"그건 이렇게 하는 게 더 나을 것 같은데요?"

"그래? 왜 그렇게 생각하는데?"

"그게 일하기 더 쉬워요, 간단하고. 어렵게 할 필요 없잖아요?"

"그렇게 했을 때 뭐가 문제가 되는지 생각해봤나?"

"아뇨. 그냥 딱 봐도 별 문제 없을 것 같은데요?"

T가 자기 의견을 내는 이유는 본인 업무의 편의성 때문이다. 업무를 하기에 편한 것이 반드시 효과적인 것이 아니다. 그럼에도 그는 본인이 편한 방법에 '효율적'이라는 말을 붙인다. 때로는 보고서를 한 줄 쓰기 위해 세부 데이터를 몇 시간 동안 분석해야 하는 경우도 있고, 만들어진 자료를 조금 더 보기 좋게 만들기 위해 밤늦게까지 작업을 해야 하는 경우도 많다. 이것은 자신의

일에 최선을 다하는 프로의식이지 결코 비효율적인 것이 아니다.

게다가 T는 자신의 업무에 대한 전문지식도 약한 편이다. 그러니 자신의 업무진행에 따라 발생할 문제점들을 예측할 수 없는 것은 물론이고 업무의 본질을 정확히 짚어내지도 못한다. 반면 T의 팀장은 오랜 경력에 따른 경험과 지식으로 T의 업무의 본질적인 부분을 정확히 알고 있으며 향후 발생할 문제점 또한 미리 파악할 수 있는 수준이다. 이러한 경우라면 T는 아무 말 없이 팀장의 말에 따르는 것이 옳다.

업무적 지식, 논리적 근거와 사례로 자신의 상사를 설득할 수 없다면 그냥 상사의 의견을 따르는 것이 옳다. 근거도 사례도 없이 자기주장만 하는 것은 아집이고 독선이고 단순한 불평불만이다. 그리고 그 대가는 어떤 식으로든 반드시 치러야 한다. 상사에게 업무의 안정감을 줄 수 있기 전까지는 아무 말도 하지 말고 그냥 시키는 대로 해라.

하지만 자신의 분야의 전문가는 상사와 싸울 의무가 있다. 자신의 분야에서 끊임없이 고민하고 학습한 사람으로서 누구보다 그 분야에 대해 잘 알고 있다면 상사를 위해서도 자신을 위해서도 마땅히 자신의 의견을 피력해야 한다. 그것은 건강한 직장인으로서의 의무다.

물론 자신의 의견을 강하게 주장하는 후배는 사실 부담스럽다. 그리고 사람들이 그다지 좋아하지 않는 것도 현실이다. 하지만 생각해보자. 그냥 '좋은 게 좋은 거다' 하고 넘어가서 성과를 내지 못하는 것과 때로 언성이 높아질 때도 있지만 최고의 성과를 내는 것 중 시간이 지났을 때 상사에게 어떤 것이 더 도움이 되겠는가? 또한 자신에게는 어떤 것이 더 도움이 되겠는가?

상사 앞에서 기분을 맞춰주려고 전전긍긍하는 것보다, 상사에게 성과로 보답하는 것이 훨씬 낫다. 상사는 후배 사원들이 성과를 내주기를 원한다. 상사 역시 자신의 성과로 평가받는 존재들이기 때문이다. 복종과 아첨으로 상사를 기분 좋게 하는 것이 상사에 대한 예의가 아니다. 좋은 성과물로 상사를 빛나게 해주는 것이야말로 후배로서 최상의 예의다. 또한 전문가로서 최상의 성과를 내는 방식으로 일하는 것이야말로 진정 스스로 성장하는 길이다.

기억하라. 신입사원들은 전문가가 되어야 하고, 필요하다면 상사와 싸우는 것도 마다해서는 안 된다. 그것이 선배에 대한 예의고, 자신에게 기회를 주는 것이고, 다가오는 미래를 잘 준비하는 것이다.

존경하지 않는 것을 **부러워하지 마라**

대부분의 신입사원은 매달 받는 급여, 직급이 올라가면서 갖는 권한이나 권력, 다른 사람들에게 미칠 수 있는 영향력 등을 부러워한다. 하지만 무엇보다 그것이 자신의 삶의 가치와 연장선에 있어야 한다.

진정으로 원하는 삶의 모습은 무엇인가?

많은 직장인들이 경력의 사다리 위에 있는 사람을 부러워한다. 그리고 대부분 그 삶이 자신이 정말 원하는 삶인지 아닌지 스스로 따져 묻지 않는다.

경력의 사다리의 상층부에 있는 사람들이 가진 권력과 급여 그리고 여러 가지 혜택의 좋은 점만 보면서 그들을 부러워하는 것이다.

어떤 것을 부러워한다는 것은 양날의 검과 같이 매우 위험스럽다. '부러워한다'는 것은 마음속에 '그렇게 되고 싶다'라는 생각을 가지게 만든다. 어떤 모습이 되고 싶고, 어떤 것을 갖고 싶은 부러운 마음은 자신을 움직이게 하는 원동력이 되지만, 한편으로는 그러한 마음 때문에 피폐해지기도 한다는 사실을 잊어서는 안 된다.

언젠가 'SBS스페셜'이라는 프로그램에서 '출세'라는 4부작 심층 다큐방송을 했다. 그 프로그램은 '출세란 무엇인가?' 그리고 '사람들은 출세라는 것을 어찌 바라보는가?' 하는 것을 여러 가지 실험과 인터뷰를 통해 분석했다. 그 프로그램에서는 소위 말하는 성공한 주류를 바라보는 한국인의 시선을 이렇게 갈파했다.

"한국 사람들은 출세한 주류들을 부러워하지만, 그들을 존경하지는 않는다."

여러 가지 조사에서 대한민국의 행복지수가 다른 나라들에 비해 현저히 낮은 이유의 핵심을 찌르는 한마디가 아닐까 생각한다.

'존경하다'의 사전적 의미는 '남의 인격, 사상, 행위 따위를 받들어 공경함'이다. 그리고 '부러워한다'의 사전적 의미는 '남의 좋은 일이나 물건을 보고 자기도 그런 일을 이루거나 그런 물건을 가졌으면 하고 바라는 마음이 있음'이다. '자신이 존경하지 않는 것을 부러워한다'는 것은 자신이 진정으로 원하는 것이 아닌 것을 갖고자 무던히 노력한다는 것이다. 또한 자신이 본받고 싶지 않은 사람이 되려 한다는 뜻이다. 자신이 진심으로 공경하지 않는 모습이 되고자 하는 것은 매우 불행한 일이다. 그것은 삶의 모순을 만들기 때문이다.

예를 들어 부자를 선망하며 그렇게 되고자 하는 어떤 사람이 있다고 가정하자. 많은 사람이 돈을 많이 벌어 출세한 사람들의 호화로운 생활을 부러워하는 것처럼 말이다. 하지만 부자가 되고자 하는 것이 떳떳하지 못하고 부적절한 행동에 의한 결과라는 것을 알게 되거나 혹은 자신이 진정으로 존경하며 원했던 삶이 부자의 삶이 아니라는 것을 깨닫게 되면 그 사람의 삶은 혼란스러워진다. 자신이 존경하는 삶과 부러워하는 삶의 불일치는 삶을 점점 더 힘들게 만든다. 자신이 되고자 하는 어떤 것이 마음속 깊은 곳에서 우러난 진심어린 존경이 아닐 때 사람들은 점점 더 갈등하게 되는 것이다. 존경하지 않는 삶을 부러워하기 때문이다.

이러한 상황은 직장에서도 자주 일어난다.

H대리는 자신의 삶을 스스로 통제할 수 있는 독립적인 전문가들과 그들의 삶을 존경한다. 하지만 회사 임원들의 권력과 급여, 영향력을 무척이나 부러워한다. 부러워하는 감정이 너무 강렬해서 자신도 모르는 사이 점점 더 자신이 부러워하는 삶으로 조금씩 다가간다. 하지만 문득문득 '내가 진정으로 살고 싶은 삶은 어떤 것인가?' 하는 질문을 스스로에게 던질 때마다 무엇인가 잘못되었다는 것을 느낀다.

H대리는 회사 내의 권력과 많은 급여, 그리고 영향력을 부러워하고 갖고 싶다. 하지만 그것을 얻기 위해 더 열심히 하면 할수록 자신이 진정으로 존경하고 살아내고 싶은 삶에서는 멀어진다.

H대리는 한동안 괴리감 때문에 힘든 방황기를 보내야 했다. 어찌 그리 H대리의 마음까지 잘 아느냐고? 내가 바로 그 H대리이기 때문이다.

신입사원들에게 진심으로 말한다. 직장생활을 하다 보면 학생 때는 알지 못했던 매력적인 것들을 알게 된다. 매달 받는 급여, 직급이 올라가면서 갖게 되는 권한이나 권력 또는 다른 사람들에게 미칠 수 있는 영향력 등 말이다. 그것에 맹목적으로 홀리지 마라. 경력의 사다리의 끝을 노려보는 것도 나쁘지 않다. 하지만 회사를 떠나는 순간 바람처럼 사라질 것들에 초점을 맞추어서는 안 된다.

화려함이 아닌 진정성을 좇아라

L이라는 후배는 회사 고위 임원의 상가집에 갔다 돌아와서 주위 사람들에게 이렇게 말했다.

"우리 본부장님 진짜 멋지더라. 갔는데 축하 화환이 끝이 안 보일 정도로 줄을 서 있더라고. 그뿐이 아냐. 협력업체 사람들이며 회사 사람들 방문이 끊이지를 않더구먼. 진짜 '뽀다구' 나더라. 나도 꼭 그렇게 되고 만다. 진짜."

L은 성취욕이 꽤 강하다. 다른 사람들에게 돋보이는 것을 좋아하는 친구다. 그래서 고위 임원이라는, '자리'가 주는 권력에 매료되었던 것이다. 사실 나는 좀 한심했다. 자신의 삶의 목표를 정하는 이유가 고작 사람들에게 돋보이고 싶다는 이유라니 말이다. 안타깝지만 L은 정작 자신이 존경하고 살아내고 싶은 삶이 무엇인지 모르는 것 같다. 그저 당장 눈앞에 보이는 것을 이리저리 따라다니기 바쁜 친구다.

화려한 커리어를 쌓으며 비교적 젊은 나이에 경력의 꼭대기까지 올라가

신 분들이 막상 직장을 떠날 때는 쓸쓸히 퇴직하는 모습을 적지 않게 보았다. 40대 초반에 대기업 임원으로 신문에도 자주 나올 만큼 화려한 직장생활을 하다가 지금은 원치 않은 퇴직을 하고 자그마한 소규모 사업을 하시는 분을 알고 있다.

그분은 "17년간 화려한 직장생활에서 내가 좇았던 것은 허상이었다. 17년 동안 얻었던 것 중에 지금 나에게 남은 것은 별로 없다. 그나마 지금 내게 남겨진 것들도 진정 내가 원했던 것이 아니었다는 것을 직장을 나와서야 알게 되었다"라고 말해주었다.

자신의 삶의 흔적을 부정하는 것은 고통이다. 그럼에도 그분은 솔직하게 말해주었다. 그분의 말에서 진심이 느껴졌다.

자신이 진심으로 존경하는 삶을 살아내는 용기를 내야 한다. 직장에 충실하지 말라는 뜻이 결코 아니다. 경력의 상층부를 노려보든, 아니면 자신이 진정으로 원하는 삶을 노려보든 선택은 자신의 몫이다. 다만 자신이 목표하는 삶이 어떤 것이든 존경하지 않는 삶을 부러워해서는 안 된다는 것이다.

실제로 존경하지 않는 것을 부러워하지 않는 용기 있는 삶을 살아낸, 삶 자체를 존경할 만한 사람들이 많다. 그런 사람 중 한 명이 바로 골프 좀 치는 사람이라면 귀에 익었을 법한 '바이런 넬슨'이다. 프로 골퍼인 바이런 넬슨은 1945년 한 해에만 30개 토너먼트에 참가해서 무려 18승을 거두었다. 거기에다 11연승의 대기록까지 함께 세웠으니, 실로 놀랄 만한 일이다. 또 그는 이듬해 추가로 6승을 거두었다. 1944년부터 46년까지 3년 통산 32승으로, 이 성적은 오늘날 골프 황제라 불리는 타이거 우즈(22승)조차 명함을 못 내미는 현존 세계 신기록이다.

이만한 성공을 거두면 평범한 사람들이 부러워하는 것은 거의 모두 얻을 수 있다. 하지만 그는 1946년 시즌이 끝나자마자 충격적인 전격 은퇴를 선언했다. 충격적인 은퇴 선언으로 그를 진심으로 좋아했던 팬들은 어리둥절했지만, 바이런 넬슨은 그런 팬들과 동료들을 뒤로 하고 미련 없이 고향으로 내려가 평생 소원이었던 목장주가 되었다.

그가 진정으로 존경하며 살아내고 싶었던 것은 골프 황제의 삶이 아니었다. 텍사스의 가난한 농부의 아들로 태어난 바이런은 자기 소유의 작은 목장을 갖고 유유히 사는 삶을 동경했고, 진심으로 그러한 삶을 존경했다. 그리고 그는 때가 되자 추호의 망설임도 없이 자신이 진정으로 존경하는 삶을 향해 달려간 것이다. 나는 정말 이러한 용기 있는 사람 자체를 존경하지 않을 수가 없다.

내가 바이런이 아니라서 단정적으로 말할 수는 없지만, 그도 분명 갈등했을 것이다. 그가 누렸던 수많은 관심과 영향력, 경제적 보상을 뒤로 하고 평범한 목장주가 되는 것에 대한 고민들 말이다. 그럼에도 그는 자신이 진정으로 원하는 삶을 용기 있게 선택한 것이다. 나는 그 용기에 진심으로 박수를 보내고 싶다.

시간이 날 때마다 자신에 대해 탐색하면서 자신이 진정으로 어떤 삶을 살아내고 싶은지 고민해라. 그리고 어떤 사람을 존경하는지, 그리고 그 사람은 어떠한 삶을 살고 있는지 알아봐라. 그리고 묵묵히 그 길을 걸어가라.

한 우물만 파라는 전근대적인 어리석은 조언에 갇히지 마라. 자신이 존경하는 분의 삶이 창업을 하는 삶이었다면 일을 하면서도 어찌하면 창업을 할 수 있을지 고민하고, 자신이 존경하는 분의 삶이 자원봉사자의 삶이라면 자신의 일에 최선을 다하면서 자원봉사자의 삶을 살아내려는 노력을 하라는 뜻이다.

경력이 쌓여감에 따라 업무의 절대량과 책임은 점점 더 가중되게 마련이다. 어느 직장이나 마찬가지이다. 자신만의 철학을 가지고 자신의 일을 잘 통제해야 한다. 쏟아지는 업무에 휩쓸려서는 안 된다. 정신없이 직장 다니면 1년은 금방이다. 한 번밖에 없는 소중한 인생, 정신 바짝 차려야 한다. 지나고 나서 정작 내가 원하지도 않았던 것만 잔뜩 짊어지고 있는 인생을 살기 싫거든 말이다.

다시 한 번 말하지만 존경하는 것을 부러워해야 한다. 그것이 시작이다. 존경하는 것을 부러워하면 그 부러워하는 것을 갖기 위해 진심으로 노력하게 된다. 그렇게 시간이 지나면 언젠가 존경하는 삶을 살고 있는 자신을 발견할 수 있다. 만약 그것이 안 되더라도 진심으로 '존경하는 것을 부러워하는 삶'을 살 수 있다면, 적어도 직장에서는 성공하고 직장을 제외한 삶에서는 실패하는 '성공한 실패자'는 되지 않을 것이다. 이것은 나의 신념이다.

현명하지 않은 충고, **무시해라**

신입사원들은 충고를 선별해야 한다.
훌륭한 충고에는 통찰력과 애정이 모두 있어야 한다.
통찰력과 애정이 없는 충고는 단순한 '배설'에 지나지 않는다.

핵심을 찌르는 한마디를 흡수하라

신입사원이 직장생활을 하다 보면 이런저런 이유들 때문에 답답하고 힘이 들 때가 많다. 그럴 때 선배들이 조언이나 충고를 해주는 경우가 있다. 지금 내가 겪고 있는 일들을 먼저 겪은 사람의 충고는 아주 유용하고 도움이 되는 경우가 많다. 미처 내가 생각하지 못한 것들을 짧은 충고로 깨닫게 해주거나, 문제의 원인조차 모르고 있는 상황에서 적절한 충고로 상황이 나아지게 하기도 한다.

신입사원 시절 나는 업무를 정말 열심히 했지만, 시간을 투자하는 것에 비해 만족할 만한 성과가 나오지 않아 상사들의 기대수준을 맞출 수 없는 경우가 많았다. 열심히 하는데 성과가 나오지 않을 때의 답답함이란 정말 말로 표현할 수가 없다.

그렇게 힘들어하는 와중에 평소 따르던 B차장에게 고민을 털어 놓았다. B차장은 나에게 두 가지를 점검해보라고 충고해주었다. 첫째는 데이터 관리를 꼼꼼하고 체계적으로 잘하는지 점검해보라는 것이었고, 두 번째는 일을 시작하기 전에 그 일의 끝을 어떻게 마무리할 것인지 미리 그려보라는 것이었다.

그 충고는 아주 적절하고 큰 도움이 되었다. 나는 원래 정리정돈을 잘하지 못하는 편이다. 그러다 보니 이미 내가 가지고 있는 여러 가지 자료를 업무 종류에 따라 검색하고 분류하는 것에 시간도 많이 걸릴 뿐만 아니라 필요에 따라 그것을 잘 찾아낼 수도 없었다. 그러니 당연히 시간은 오래 걸리고 성과는 안 나올 수밖에 없었던 것이다.

또 당시에는 일이 주어지면 그 일의 끝이 어떠한 성과를 내야 하는지에 대한 전체적인 방향은 생각조차 해보지 않았다. 그냥 시키면 일단 무작정 시작했다. 그렇게 일을 하다 보니 엉뚱한 방향으로 가서 성과를 내지 못하거나 처음부터 다시 시작해야 하는 경우가 많았던 것이다.

B차장의 충고를 들은 이후 나는 다른 사람들보다 30분 먼저 출근해서 내

가 가지고 있는 데이터를 체계적으로 정리했고, 업무를 진행하면서 발생하는 부수적인 자료들은 다음 업무 중 찾기 쉽게 정리하는 것을 게을리하지 않았다. 또 업무가 주어지면 일단 책상에 앉아 이것을 어떻게 마무리 지을 것인지 차분하게 전체적인 업무의 큰 그림을 그리는 습관을 가지려고 무던히 노력했다. 덕분에 지금은 별 노력하지 않아도 업무가 주어지면 자연스럽게 그렇게 된다. 그 이후부터는 확연하게 업무를 하는 시간은 줄고 성과는 더 효과적으로 되었고, 상사들 역시 업무 성취도에 만족하고 있다.

B차장의 충고는 나의 문제점을 정확히 짚어내는 아주 훌륭한 것이었다. 이처럼 훌륭한 충고는 신입사원들에게 정말 큰 도움을 준다. 혼자서 고민하느라 머리를 싸매고 있던 문제들이 핵심을 찌르는 한마디 충고에 의해 단번에 해결되기도 한다.

통찰이 없는 충고는 무시해라

하지만 "모든 선배나 상사들의 충고가 도움이 되느냐?"라고 신입사원들이 묻는다면 나는 "아니다"라고 대답하겠다. 충고나 조언은 넘치지만 정말 '좋은' 이야기는 드물다. 좋은 조언이나 충고가 흔치 않은 이유는 두 가지 요소가 반드시 있어야 하기 때문이다.

첫 번째가 통찰력이다. 통찰력을 가진 현명한 사람들의 조언만이 도움이 된다. 훌륭한 충고는 최소한 충고를 하려고 하는 분야에 있어서만큼은 끊임없는 고민을 바탕으로 한 지식과 경험, 그리고 검증을 통한 예리한 통찰이 있어야 한다. 이것이 없는 선배들의 조언은 단순한 배설에 지나지 않는다.

많은 직장인들은 자기가 가장 현명하다는 착각 속에 살아가며 그렇게 믿고 싶어 한다. 자신이 살면서 고민하고 공부하고 검증해보지도 않고 다른 길이 있을 수 있다는 것을 의심해보지 않았으면서도 아는 체하며 충고를 해댄다. 신입사원들에게 어설픈 충고를 하면서 자신은 꽤 괜찮은 삶을 살고 있다는 불쌍한 우월감을 가지고 싶어서이거나, 아니면 회의적인 삶에 대한 자기기만인 경우가 대부분이다. 신입사원들은 절대 이러한 충고에 흔들려서는 안 된다. 이것은 조언이 아니다. 단순한 배설이다.

신입사원 F는 이전에 사귀던 여자친구와 결혼을 고려하고 있는 친구다. 회사에서나 사석에서 그는 선배들에게 '결혼'에 대해 자주 묻는다. 사회 초년병이고 또래들보다 일찍 결혼을 고민하고 있으니 당연히 선배들의 조언을 구하고 싶을 것이다. 선배들의 조언은 하나같이 똑같다.

"결혼 일찍 하지 마라. 골치 아픈 일밖에 없다. 대기업 다니면서 돈 잘 벌면 즐길게 얼마나 많은데, 괜히 결혼해서 무덤 파지 말고 그냥 혼자 살아. 그러다 나중에 힘 빠지면 그때 한번 생각해보던지. 절대 일찍 결혼하지 마라. 너 손해다."

이런 조언을 하는 선배들의 면면을 살펴보면 결혼생활에 만족하지 못하거나 후회하는 경우가 대부분이다. 나는 쓸데없는 마찰은 빚고 싶지 않아 그런 조언을 하는 사람들에게 직접 따져 묻지는 않는다. 하지만 마음속으로는 그런 조언을 하는 사람들에게 정말 묻고 싶다. "결혼이 가지는 의미에 대해 한번이라도 진지하게 고민해본 적이 있나?"라고 말이다. 아마 아닐 것이다. 그들은 진지하게 결혼이라는 것에 대해 고민하고 성찰해본 적이 없을 것이다. 그저 때가 되어서 결혼했거나 다른 사람들이 하니까 덩달아 한 것이 대부분일 것이다. 실제로 술자리에서 은근슬쩍 물어봐도 결혼에 대한 가치관 같은 것이 없는 사람이 대부분이다.

결혼이 왜 좋지 않은 것인가? 나는 반드시 결혼을 해야 한다는 생각에 동의할 수 없지만 자신과 잘 맞는 사람을 찾았다면 그 사람과 결혼하는 것도 훌륭한 선택이라고 생각한다. 한 가정의 가장이 된다는 것은 건강한 책임감을 수반한다. 이것은 자신의 삶을 잘 경영할 수 있는 힘의 원천이다.

나는 사랑하는 아내의 남편으로, 한 아이의 아버지로 잘 살아가고 있다. 가끔은 가장의 무게가 무겁다고 느낄 때도 있고, 가끔은 가정을 위해 포기해야 할 것들도 있다. 하지만 후회하지 않는다. 아니 행복하다. 내가 지치고 외로울 때 항상 내 곁을 지켜주는 아내가 있다는 것, 그리고 아무리 지친 날에도 해맑은 웃음으로 나의 힘듦을 잊게 해주는 아들이 있어 정말 행복하다.

스포츠카 대신 승합차를 사는 것, 좋아하는 운동 대신 아들을 돌보는 것, 즐겁게 동료들과 술 한잔하는 대신 집에 일찍 들어와 아내를 도와주는 것, 책을 읽기 위해 아들이 자는 새벽 시간에 일어나는 것들이 내가 가족을 위해 양보하는 것들이다. 하지만 내가 가족들 덕분에 얻는 행복에 비하면 이런 것들은 얼마든지 양보할 수 있다.

나에게 결혼은 이런 것이다. 그래서 나는 F에게 결혼하는 것도 나쁘지 않다고 조언해주었다. 내가 진지하게 고민했고 경험으로 얻은 것들에 대한 확신으로 조언을 해준 것이다.

자신이 한 번도 진지하게 생각해보지도 않고, 자신의 지금이 만족스럽지 못한 상태에서 신입사원들에게 이런저런 충고를 한다는 것은 너무 무책임하지 않은가? 실제로 F가 여자친구와 결혼을 차일피일 미루다 관계가 나빠졌다는 이야기를 들었을 때는 마음이 아팠다. 혹여 무책임한 누군가의 충고가 그의 인생에 영향을 미친 것은 아닐까 하고 말이다.

누군가에게 충고를 한다는 것은 매우 조심스러운 일이다. 만약 누군가 당신에게 충고를 구한다면, 그것은 그 사람이 당신을 신뢰한다는 뜻이고 그것은 그 충고를 받아들일 준비가 어느 정도 되었다는 말이다. 그만큼 한 사람의 인생에 영향력을 미칠 수 있다는 뜻이니 어찌 신중하지 않을 수 있단 말인가?

신입사원들은 충고를 선별해야 한다. 오직 통찰력 있는 현명한 선배의 말에 귀를 기울여야 한다. 현명하지 않은 사람들의 충고는 무시해라.

애정이 없는 충고는 도움이 안 된다

훌륭한 충고가 흔치 않은 두 번째 이유는 나에게 애정이 있는 사람이 그다지 많지 않기 때문이다. 아무리 통찰력 있고 현명한 사람도 충고를 하고자 하는 사람에 대한 애정이 없으면 훌륭한 충고를 할 수 없다. 사람은 누구나 처한 환경과 여건이 다르다. 아무리 현명한 사람이라도 만인에게 적용할 수 있는 올바른 충고를 할 수는 없다. 그 사람의 환경과 여건에 대한 제대로 된 인식을 가진 후에야 비로소 효과적인 충고를 할 수 있는 것이다.

충고를 구하는 사람의 환경과 여건에 대한 인식은 그에 대한 애정 없이는 불가능하다. 뛰어난 통찰력을 가진 사람들의 책이 대체로 공허한 메아리처럼 들리는 이유가 바로 이 때문이다. 책의 저자는 통찰력 있는 이야기를 하고 있지만, 정작 나에게는 적용할 수 없고 도움이 되지 않는 경우가 많다. 본질적인 이유는 그 책에 현재 '독자가' 처한 환경과 여건이 녹아있지 않기 때문이다.

만약 피터 드러커가 당신에 대해 큰 애정을 가지고 있다고 가정해보자. 그는 당신의 환경과 여건을 이해하려 애쓸 것이고, 자신이 가지고 있는 그 뛰어난 통찰을 당신만의 환경과 여건에 녹여내어 적합한 충고들을 해줄 것이다. 그 충고는 한 사람의 인생을 바꿀 수 있을 만큼의 엄청난 위력을 발휘할 수 있다. 나는 때때로 이런 상상을 하곤 하는데, 그것은 상상만 해도 즐거운 일이다.

물론 한 사람에 대한 애정만으로는 훌륭한 충고가 되지 않는다. 훌륭한 충고는 뛰어난 통찰력이 바탕이 되고, 애정으로 그 사람의 여건을 살피는 것으로 완성된다. 이 두 가지가 충족되어야 비로소 의심 없이 믿고 따를 수 있는 충고가 되는 것이다.

사실 통찰력은 없고 애정만 있는 충고는 정말 위험하다. 충고 중에서 가장 위험한 충고가 자신을 사랑하거나 혹은 자신이 사랑하는 사람들의 충고다. 전형적인 예가 부모의 자식에 대한 애정이다.

세상 그 누구도 자식을 향한 부모의 애정을 능가할 수 없다. 하지만 만약 부모가 현명하지 못한 사람이라면 문제는 심각하다. 자신이 살아왔던 삶과 경험을 비판적으로 학습하거나 검증해보지 않고 자신의 성공방정식 혹은 실패방정식을 자식에게 무조건 강요하기 때문이다.

내 친구 T는 어렸을 적부터 공부를 뛰어나게 잘했다. 그 친구의 부모는 두 분 모두 교사였고, T에게 사회적 지위와 경제적 보상이 확실한 의대를 꼭 가야 한다고, 그것이 성공이라고 끊임없이 충고했다. 그래서 T는 어렸을 때부터 자신이 무엇이 되고 싶은지 한 번도 고민해보지 않고 당연히 의사가 되어야 된다고 생각했다. T는 자신을 사랑해주고 또 자신이 사랑하는 부모를 실망시켜서는 안 된다는 강박관념에 시달렸다. 결국 그는 고3 여름방학에 과도한 중압감을 이기지 못하고 휴학을 했다. 전해들은 이야기로는 우울증이 심해져 정신과 진료를 받느라 휴학을 할 수밖에 없었다고 했다.

나는 지금도 생각한다. T의 부모에게 사회적 지위나 경제적 보상이 아니라 자신이 원하는 삶을 사는 것이 더 중요하다는 삶의 통찰력이 있었다면 T는 그렇게 되지 않았을 것이다. 꼭 의사가 아니더라도 충분히 의미 있고 즐겁게 살 수 있는 일이 많다는 것을 T에게 충고해줄 수 있었다면, T의 사춘기 시절이 그렇게 힘들지는 않았을 것이다.

이렇듯 애정은 있지만 현명하지 않은 사람들의 충고는 올바른 것이 될 수 없다. 그것이 어찌 보면 제일 위험한 충고일 수 있는 것이다.

선배의 충고 속에서 통찰과 애정을 찾아라

신입사원들은 충고를 선별해야 한다. 검증되지 않은 충고에 휘둘려 시간을 낭비해서는 안 된다. 우선은 자신의 업무에서, 더 나아가서는 자신의 삶에 통찰력 있는 현명한 선배들을 찾고 그들에게 조언을 구해야 한다. 자기기만이나 자기를 과시하기 위한 충고는 과감히 무시해라. 차라리 그것이 낫다. 그들의 충고에 귀를 기울이면 더 혼란스럽기만 할 것이다.

그것만으로는 부족하다. 신입사원들은 훌륭한 선배들과 좋은 관계를 만들어야 한다. 자신의 분야에서 혹은 인생에서 통찰력을 가진 숨은 고수를 만나거든 곁에 두고 좋은 관계를 만들어라. 찾아보면 주변에 재야의 고수들이 의외로 많다. 자신의 삶에 대해 고민하고 학습하며 검증하는 것을 게을리하지 않은 훌륭한 선배들과 깊은 관계를 가져라. 그러면 그들이 가진 통찰력을 바탕으로 오직 당신만을 위한 균형 잡힌 맞춤형 충고를 받을 수 있을 것이다.

훌륭한 선배들은 일에 너무 치중한 후배들에게는 적절한 휴식이 필요하다는 조언을 해줄 것이고, 자신의 업무에 부족함이 있는 친구들에게는 업무의 디테일을 조언해줄 것이다. 이러한 효과적이고 균형 잡힌 적절한 조언은 깊은 애정 없이는 불가능하므로 훌륭한 선배들과 좋은 관계로 지내라.

잊지 마라. 훌륭한 충고에는 통찰력과 애정이 모두 있어야 한다는 것을. 쓸데없는 충고에 이리저리 휘둘리며 시간을 낭비하고 싶지 않다면.

회사 사람만 만나지 마라

새로운 시선을 갖게 해주는 가장 효과적인 방법은
평소의 생활공간과
조금 다른 곳에 있는 사람들을 만나는 것이다.

삶의 다양성을 지켜라

신입사원들은 회사에 취업을 하는 순간부터 삶의 중심이 회사로 바뀐다. 적게는 하루 8시간부터 많게는 15시간까지 하루의 대부분을 회사에서 보내게 된다. 생활하는 장소도 만나는 사람도 단순해진다. 심리적, 물리적 공간이 단순해지면 자연스레 생각도 단순해지게 마련이다. 삶을 다양하게 바라볼 수 있는 능력이 점점 퇴화되는 것이다.

삶을 다양한 시선으로 바라보지 못하는 것은 무엇이 문제인가? 회사에서는 늘 이런저런 문제들이 끊이지 않으며 그로 인해 스트레스를 받고 힘들어 한다. 하지만 어떤 문제가 생겼을 때, 이제껏 바라보던 시선으로 그 문제를 바라보면 아무것도 해결이 되지 않을 때가 많다. 그러나 새로운 시선으로 문제를 바라보면 너무나 심각해 도저히 답이 없을 것만 같았던 문제들이, 그다지 심각하지도 어렵지도 않은 문제였음을 깨닫게 되는 경우가 많다.

새로운 시선을 갖게 해주는 가장 효과적인 방법은 평소 생활공간과 조금 다른 곳에 있는 사람들을 만나는 것이다. 거창한 것이 아니어도 상관없다. 고등학교나 대학교 친구들과 한 달에 몇 번 정도 만나 같이 식사를 하거나 맥주를 한잔하는 것만으로도 도움이 된다.

나 역시 친한 친구들이나 동생들과 한 달에 한두 번씩 만나 가볍게 맥주를 한잔하거나 많이 바쁠 때는 회사 근처에서 점심식사를 함께하기도 한다. 물론 언제나 업무적인 문제를 한가득 안고 있고, 친구들을 만나도 그것이 해결되지 않는다는 사실을 잘 알고 있다. 하지만 일상적인 이야기를 나누다 보면 그들 모두 자신만의 무거운 삶을 짊어지고 살아가고 있다는 사실 자체에 위로받을 때도 있다. 또 어떤 경우에는 회사 내의 집단적 고정관념으로 해결되지 않던 문제를 전혀 다른 회사 사람들의 시야에서 바라보거나 혹은 다른 회사의 비슷한 문제해결 사례를 접함으로써 해결되기도 한다.

실제로 그렇게 해서 문제를 해결한 사례를 하나 들어보겠다.

우리 회사는 10월~11월에 내년도 사업계획 수립을 위해 그해의 매출을 집계한다. 문제는 그해 남은 기간 동안 매출이 얼마나 더 될지 예측하는 것이 쉽지 않다는 것이다. 예측이 잘 맞으면 좋지만 연말에 확인 결과 그 예측이 틀리면 수많은 보고서를 모조리 다 수정해야 하는 단순 반복 작업을 해야만 한다. 그리고 더 큰 문제는, 매년 그 예측이 어김없이 틀린다는 것이다.

잠시 고민을 덮어두고 퇴근길에 다른 회사에 다니는 친구와 맥주를 한잔 하면서 이런저런 이야기로 잠시 머리를 식히고 있는 중이었다. 평소 내가 고민했던 문제들이 그 친구와 담소를 나누는 과정에서 자연스레 나오게 되었다. 그런데 고민을 다 이야기하고 나니 그 친구는 나를 아주 의아하다는 표정으로 바라보며 말했다.

"그럼 매출 추정을 정확한 수치로 하는 게 아니라 범위로 하면 안 돼?, 뭐 2,000억에서 2,500억 사이라든지……. 우리는 보통 그렇게 하는데."

"아! 왜 그 생각을 못했지?"

망치로 머리를 한 대 맞은 것 같은 기분이었다. 순간 모든 문제가 거짓말처럼 해결되었다. 아무도 나에게 정확한 수치로 보고서에 쓰라고 말한 적이 없다. 혼자 당연히 그렇게 해야 한다고 생각하고 있었을 뿐이었다. 다음 날 회사로 돌아온 나는 사업계획수립 보고서 매출 예상을 정확한 예측치가 아니라 예상 가능한 범위로 바꾸어 표기했다. 덕분에 나는 그 뒤에 일어날 수도 있었을 수많은 단순 반복 작업을 피할 수 있었고, 이제는 회사의 많은 사람들이 나와 유사한 방법으로 보고서를 쓰게 되었다.

아마 이런 고민에 대해 같은 회사에 다니는 사람들에게 이야기를 했다면 "회사가 다 그런 거지 뭐, 그냥 참고 하자"라는 결론 이외에는 별다른 해결책이 나오지 않았을 것이다. 하지만 새로운 시선으로 그 문제를 바라본 덕분에 의외로 문제가 쉽게 해결된 것이다.

매일 생활하는 공간과 다른 곳에 있는 사람들과 이야기하는 것은 그 자체가 위로가 될 수 있어서 좋을 뿐 아니라 때로는 자신의 문제 해결에 실질적이고 직접적인 실마리를 제공하기도 한다.

내 인생의 인터뷰

직장을 잠시 떠나 개인적인 친분이 있는 새롭고 다양한 사람들과 담소를 즐기는 것만으로도 좋다. 하지만 나는 조금 더 다양한 삶을 접하기를 원했다. 그렇게 나의 삶을 객관화시켜 보고 싶었다. 신입사원 시절부터 직장 안에서 다들 아등바등 살아가는데, 정말 이런 길 이외에는 없는 것인지, 다른 삶은 없는지 살펴보고 싶은 욕망이 강했다.

하지만 내가 살아온 삶 자체가 다양하지 못해서인지 주변 친구나 지인들은 대부분 직장인이거나 학생이었다. 나는 전혀 다른 분야에 있는 사람들을 만나보고 싶었다. 그래서 인터뷰라는 형식을 빌려 다양한 사람들을 만나 이야기하고자 했고, 나만의 블로그를 만들어 그 기록들을 남기기로 했다. 거창하게 말하자면 1인 미디어의 기자쯤 되었다고나 할까?

이 방법은 꽤 효과적이었다. 일면식도 없는 사람들을 무작정 만나자고 할 만큼 붙임성이 좋은 성격은 아니었지만 '인터뷰'라는 형식을 취하니까 인터뷰를 요청하는 입장에서도 요청받는 입장에서도 서로 큰 부담이 되지 않았던 것이다.

결혼을 하기 전까지 나는 주말마다 나와 전혀 다른 공간에서 전혀 다른 생활을 하는 사람들을 만나 인터뷰를 하며 삶의 다양성을 간접적이나마 체험하려 애썼다. 개중에는 나보다 어리지만 소위 말하는 짱짱한 외국계 기업을 그만두고 나와 홀연히 1년간 세계일주를 한 친구도 있었고, 나와 동갑이면서 직장인이 아니라 자신의 언어적 재능으로 다양한 외국어를 섭렵하여 멋진 밥벌이를 하는 친구도 있었다. 또한 지금은 강연가로 활동하고 있지만 한때 이름만 대면 모르는 사람이 없을 정도로 잘 나가던 IT업체 대표도 있었고, 한국에서 꽤나 유명한 자기계발 서적의 작가도 있었다.

나는 그분들과 인터뷰를 하고, 그것을 정리해서 블로그에 올리면서 나의 주말을 모조리 헌납했다. 녹음해온 것을 다시 들으면서 정리하고 타이핑하는 일들이 번거로웠지만 재미있었다. 그리고 그것은 정말 잘한 일이었다. 친구들과 맥주 한잔하면서 얻을 수 있는 것과는 또 다른 것들을 얻을 수 있었기 때문이다.

직장의 반복적인 일상을 세상의 전부인 것처럼 여기던 나에게는 신선한 충격이었고, 그처럼 다양한 삶이 존재한다는 것을 알게 되었다는 것만으로도 왠지 삶에 자신감이 생겼다. 다양한 삶이 존재한다는 것, 그리고 그러한 삶을 걸어가고 있는 사람이 존재한다는 것, 그것은 배울 수 있는 것이 아니라 오직 깨달을 수밖에 없는 것이다.

나는 신입사원들에게 '직장이 당신의 모든 것이다. 직장에 모든 것을 걸어라'라고 말하고 싶지 않다. 건강한 직업윤리를 가지고 자신의 밥벌이에 책임을 지는 태도만 있다면 얼마든지 삶의 다양성을 경험해보라고 말하고 싶다. 그래서 사람마다 기질에 따라 조금 다르겠지만 다양한 사람들을 만나 인터뷰해볼 것을 추천한다. 다양한 삶을 사는 사람들이 있다는 것은 책이나 텔레비전을 통해서도 알 수 있겠지만, 나와 다른 삶을 살아가고 있는 사람과 눈을 마주치며 같이 호흡하며 이야기를 나누는 것에는 비할 바가 못 된다. 물론 내가 외향적인 사람이라 그것이 더 자연스러웠는지 모르지만, 기질과 관계없이 한 번쯤 도전해볼 만한 일이다.

직장에서 인간관계 때문에 힘든가? 아니면 직장인이 되고 나니 삶의 정체성에 혼란이 오는가? 자신의 삶이 무엇인가 잘못되었다는 생각이 드는가? 나 역시 그랬다. 텔레비전이나 책에서는 온통 성공하고 잘나가는 사람들 얘기뿐인데, 나는 직장에서조차 제대로 적응하지 못하는 것 같은 열패감에 시달렸다.

젊은 시절 나만의 인터뷰는 다양한 사람들을 만나게 해주었고, 그 속에서 성공한 사람도 견디기 힘든 시련이 많았다는 평범한 진리를 깨닫게 해주었다. 또 꼭 유명해지거나 성공하지 않았더라도 자신만의 삶을 살면서 충분히 행복한 사람도 얼마든지 많다는 사실을 알게 해주었다. 나만의 인터뷰에서 내가 살면서 경험했던 그 어떤 강의나 책보다 많은 것을 얻을 수 있었다고 확실히 말할 수 있다. 나의 인터뷰는 늦게 철이 든 나에게는 위로였고 성장이었고 깨달음이었다. 그래서 나는 감히 신입사원들에게 자신만의 인터뷰를 추천한다.

인간관계도 편식은 안 된다

인간의 몸은 중요한 영양소를 골고루 섭취해야만 한다. 어느 한 영양소만 섭취하면 건강에 이상이 발생하게 마련이다. 인간관계 역시 마찬가지다. 한쪽으로 편중된 편식을 하게 되면 정신적 건강에 이상이 온다. 정신적 건강 이상이란 '심각한' 어떤 것이 아니라 외로움이나 허전함 또는 가벼운 우울증 같은 것을 말하는 것이다.

많은 직장인들이 편중된 인간관계로 인해 외로움이나 허전함을 겪고 있다. 내가 알고 있는 C차장이 그런 분이다.

C차장의 아버지가 돌아가셔서 장례식장에 간 적이 있다. 많은 사람들이 찾아와서 위로해주었고 함께해주었다. 식사를 하면서 C차장과 짧은 이야기를 나누게 되었다.

"차장님, 뭐라 위로를 드려야 할지 모르겠네요. 힘내세요."

"뭐 괜찮아, 세상 살면서 누구나 한 번은 겪어야 하는 일인데 뭘."

"그래도 사람들 많이 와서 다행이다 싶네요."

"그런가? 근데 다 회사 사람들이네. 예전에 친했던 친구들이 보고 싶은데 한 명도 안 왔어. 너도 직장생활한다고 친구들한테 너무 무심하고 그러지 마라. 나중에 외롭다."

C차장은 정말 열심히 일하는 사람이다. 늦게 퇴근하는 것은 물론이고 직장 동료들까지 잘 챙겨준다. 그래서 많은 직장 동료들이 와서 위로해주었다. 하지만 C차장의 마음 한켠에는 무엇인가 외로움이 있는 듯했다.

밥벌이에 대한 중압감, 자신의 직업에 대한 책임감 때문에 많은 직장인들이 자신의 모든 삶을 회사를 위해 건다. 회사만을 위해 산다는 것은 그저 주어진 일만 한다는 뜻이 아니다. 생활의 중심이 직장이 된다는 것이고, 그 속의 치열한 경쟁을 이겨내려면 좋든 싫든 삶의 대부분을 업무 안팎으로 쏟는다는 의미다.

나는 관계의 교감으로 만들어지는 감정에도 종류가 있다고 생각한다. 그리고 그런 여러 종류의 감정을 골고루 얻어야 건강하고 행복한 사람이 될 수 있다고 믿는다.

감정의 종류는 크게 세 가지다.

첫째는 자신의 일과 관련된 사람과 교감하면서 얻는 감정들이다. 말하자면 회사 내의 칭찬, 인정, 존중 등이다. 이는 자존감을 떠받치는 중요한 감정이다. 다른 사람에게 인정받고 있다는 느낌, 그리고 생산적인 일을 함께하고 있다는 감정이다. 삶에서 아주 중요한 감정이지만 이것만으로 한 사람의 건강한 감정을 모두 채울 수는 없다. 기본적으로 이러한 감정은 이해와 타산을 바탕으로 하기 때문이다. 솔직해지자. 직장은 웃으며 함께 일하고 있지만 결국은 자신의 이해관계를 충족시키기 위해 모르는 사람들이 모여 앉아 있는 곳이다. 수많은 회식과, 함께 근무하는 숱한 시간 역시 업무를 조금 더 잘하기 위한 준비이거나 아니면 이미 성과를 낸 일을 함께 보상받는 자리 아니던가? 따라서 직장 속 교감의 감정만으로는 결코 한 사람의 존재 자체에 대한 갈증을 풀어줄 수 없다.

두 번째는 자신의 일과 관계없는 사람들과 교감하며 얻는 감정들이다. 친구나 취미를 같이하는 사람들 혹은 학교 선후배와 같은 관계다. 이것 역시 중요한 감정이다. 이런 관계는 서로에게 무엇인가를 바라지 않는다. 같은 추억을 공유하거나 혹은 취미를 공유하는 사이다. 서로의 이해관계가 거의 없는 사이다. 이런 사람들과 함께할 때 생기는 감정은 팍팍한 일상으로부터 휴식을 주며 자신에게 충실할 수 있도록 해준다. 인생을 살면서 함께 고민을 나눌 친구가 한 명도 없다는 것만큼 슬픈 일이 또 있겠는가?

세 번째는 가족들이 채워줄 수 있는 감정이다. 이것은 매우 중요하다. 어찌 보면 앞의 두 가지보다 더 중요할 수도 있다. 경우에 따라서는 앞의 두 가지 감정의 결핍을 채울 수도 있기 때문이다. 일과 친구들이 없을 때의 괴로움은 때때로 가족들의 사랑으로 이겨 나갈 수 있다. 하지만 직장의 동료나 친구들과의 좋은 감정만으로 가족들의 사랑을 대체할 수는 없다.

직장생활을 하다 보면 많은 직장인들이 결혼한 것을 후회한다고 말한다. '개인시간이 없다' '너무 구속된다' '가족을 부양하는 것이 힘들다' 등등의 이유로 결혼을 후회한다고 말하면서 결혼을 하지 말라는 무책임한 충고를 하기도 한다.

나는 기본적으로 결혼 예찬론자다. 직장에서 사람들과 하는 교감은 때로 너무 허전하다. 그리고 매일 함께 있지만 외로울 때가 있다. 때로는 과도한 업무가 두려워질 때도 있다. 하지만 이 모든 것을 웃으며 견뎌낼 수 있게 해주는 것이 바로 나의 아내와 아이다.

퇴근 후 집에서 아내와 짧은 이야기를 나누는 것, 그것만으로도 나에게는 무엇과도 바꿀 수 없는 힘이 된다. 나는 때로 외롭고, 허전하고 또한 두려움을 느끼는 존재인 것을 잘 안다. 그리고 나의 그 불안한 감정을 채워주는 존재가 나의 가족들이고 아내임을 잘 알고 있기 때문에 나는 결혼 예찬주의자다. 그리고 이제는 또 안다. 아무리 강한 척하는 사람도 결국 외롭고 허전해하며, 두려움이 많은 불완전한 한 인간이라는 것을.

앞서 말한 세 가지 감정은 결코 대체되거나 그중 하나만으로 충분하지 않다. 자신의 사회적 존재를 나타낼 수 있는 사람들과의 교감, 이해관계를 벗어난 사람들과의 순수한 교감 그리고 자신의 존재 자체에 대한 위로를 받을 수 있는 가족들과의 교감, 이 세 가지 감정이 잘 어울려 균형을 잡아야만 건강한 감정을 가진 행복한 사람이 될 수 있다. 일 때문에 친구와 가족을 등한시해서도 안 되고, 친구를 위해 자신의 일을 등한시해서도 안 된다. 그리고 가족을 위해 일과 친구 모두를 등한시하는 것도 올바른 태도는 아니다.

건강한 직장인이 되고 싶다면 아집이나 편견으로 하나의 감정에 집착하는 사람이 되어서는 안 된다. 자신을 둘러싼 인간관계에 대해 편식을 해서는 안 된다.

휴가중

신입사원이 가져야 할
일곱 번째 습관

가치관을 키워라

그저 그런 월급쟁이로 살지 마라

당당한 신입사원의 7가지 습관

그저 그런 월급쟁이로 살지 마라

하기 싫음 하지 말고, **시작했으면 끝을 봐라**

일단 시작했으면 끝을 보는 자세는 직장에서 자신의 평판을 좋게 해준다. '그 사람은 믿을 만해' '일을 시키면 뭔가 확실히 해내는 사람이야'라는 평판을 얻게 되는데, 이는 신입사원에게 큰 자산이다.

때때로 하기 싫은 일은 하지 마라

나는 회사라는 장소가 불합리한 일이 많이 일어나는 곳이라는 것을 알고 있다. 특히 개인적인 성향이나 기질 같은 것들은 고려 대상조차 되지 못하고 강압적으로 주어지는 일을 해야 할 때가 많다는 것을 모르는 직장인은 없다. 이것은 여러 가지 불가피한 회사 사정에 따라 피할 수 없는 것이다. 직장인의 숙명이다.

하지만 나는 내가 잘할 수 있는 일이나 내가 하고 싶은 일을 처음부터 포기하고 무작정 내게 주어진 업무만 하고 싶지는 않았다. 신입사원 시절을 지나면서 회사 내에서 내가 잘할 수 있고, 또 성장하고 싶은 전문분야를 찾았고 그것으로 승부를 하고 싶어졌다. 물론 아직까지 팀 내의 사정이나 회사의 사정에 따라 여전히 나에게 잘 맞지도 않고, 하고 싶지도 않은 일들 역시 많이 하고 있지만, 때로는 하기 싫은 일은 하지 않는다.

이렇게 이야기하면 어떤 사람은 "직장이 네가 하고 싶은 일만 하러 오는 곳이냐?"라고 면박을 줄지도 모르겠다. 옳은 말이다. 직장은 하고 싶은 일만 하러 오는 곳은 아니다. 하지만 나는 그 사람에게 이렇게 묻고 싶다.

"그럼 직장이 꼭 하고 싶지 않은 일만 하러 오는 곳입니까?"

많은 선배들이 직장을 무조건 참고 견디는 수양 장소쯤으로 알고 있다는 생각이 들 때가 많다. 자신도 신입사원 시절부터 하기 싫은 일만 해왔으니 후배들도 그러해야 한다는 것이다. 유치한 보상심리다.

어리석은 질문으로는 제대로 된 해답을 찾을 수 없다. 현명하고 제대로 된 질문이 중요하다. '직장에 하고 싶은 일을 하러 오느냐 하고 싶지 않은 일을 하러 오느냐?'라는 건 어리석은 질문이다. 제대로 된 질문은 "왜 직장에 오는가?"로 시작해야 한다. 프로페셔널로서 돈을 받으며 출근하는 이유는 오직 성과를 내기 위해서다. 내가 한 일의 결과가 효과적인 성과로 이어지게 하기 위해 직장에 오는 것이다.

성과라는 것은 하고 싶지도 않고, 관심도 없는 잡다한 일을 꾸역꾸역 한다고 만들어지는 것이 아니다. 하루 이틀 또는 1~2년 참으며 할 수는 있겠지만 그것으로 진정한 성과를 내는 것은 힘들다. 한 분야의 전문가가 되어 회사에 성과로 보답하는 사람들을 보면 대부분 자신의 일에 지대한 애정과 관심이 있다. 그리고 그런 사람들은 대체로 자신이 잘할 수 없거나 관심이 없는 업무는 때에 따라 단호히 거부하기도 한다.

어찌 보면 이기적일 수도 있겠지만 내가 보기엔 대단히 책임감 있는 태도다. 자신의 분야를 적극적으로 개척해나가는 이러한 태도는 개인의 삶에도 회사에도 도움이 된다. 자신이 성장하고 싶은 전문분야에 집중하기 위해 때로 상사의 요구를 거절한다는 것은 직장생활을 해본 사람이라면 알겠지만 그리 쉬운 일이 아니다. 나는 하고 싶지 않은 일을 매일 하고 있다며 투덜거리고 불평불만만 하느라 성과 역시 제대로 내지 못하는 사람들보다는 하기 싫은 일은 하고 싶지 않다고 단호하게 말할 수 있는 사람이 회사를 위해서도 필요하다고 생각한다.

실제 직장생활에서 이러한 사례는 많다.

H대리는 상품기획 업무를 하고 있다. 그는 신제품 개발 콘셉트를 잡고, 경쟁사 분석을 하는 자신의 업무를 정말 좋아한다. 또 그 분야의 전문가가 되고 싶어 한다. 하지만 상사가 갑자기 자신의 업무와 관련이 없는 일을 시키기 시작했다. 처음에는 거절할 수 없어 마지못해 했지만, 계속해서 자신의 주요 업무와 관계없는 일을 시켰고 그 업무의 비중이 점점 커지게 되었다.

더 이상 양쪽을 다 잘해내는 것이 무리라고 판단되는 시기가 왔을 때, H대리는 상사에게 "상품기획 업무가 많아서 시키신 일을 다 하지는 못할 것

같습니다"라고 짧지만 단호하게 말했다. 상사의 싫어하는 표정이 계속 생각나서 그는 꽤 오랫동안 불편했다. 하지만 자신의 전문분야의 업무에 집중하기 위해 다른 일을 거부했다는 그 불편함이 자신의 전문분야로 성과를 내야 한다는 건강한 긴장감으로 이어졌고, H대리는 자신의 업무를 더욱 열심히 하게 되었다. 지금 H대리는 자신의 전문분야에서 즐겁게 일하면서 인정받는 전문가가 되고 있다.

반면에 Y대리는 직장에서 별달리 하고 싶은 일을 생각해본 적도 없고, 그저 회사는 시키는 일만 하는 곳이라 생각하는 사람이다. 그러니 선배들이 이 일 저 일 시키는 것을 마다하지 않는다. 그냥 주어진 일만 한 것이다. 그렇게 몇 년이 지나니 주위 사람들은 자신의 분야에서 자리를 잡아가는데 그는 아직도 선배들이 시키는 일만 이리저리 하고 있다. 그제야 Y대리는 매일 "내가 하고 싶은 일도 못하고 매일 남 뒤치다꺼리만 하고, 진짜 직장생활 못해먹겠네"라고 불평불만을 늘어놓는다. 또, 매일 불평불만을 하느라 자신의 전문분야로 회사에 공헌할 만한 역량 역시 갖추지 못했다.

어떤 사람이 더 나아 보이는가? 하기 싫은 일은 안 해도 된다. 단, 그것이 자신의 업무편의성에 편승한 것이 아니라, 자신의 비전과 미래를 위해서 한번 도전해보고 싶은 업무를 찾았다면 말이다. 긍정적으로 찾다 보면 업무 중에서도 재미있는 일이 꽤 있고 그것이 자신에게 잘 어울린다면 그 일을 해라. 그리고 그 일을 하는데 지장을 줄 정도로 부가적인 업무가 쏟아지거든 때론 단호하게 거부해라. 하기 싫음 하지 마라. 그래도 괜찮다.

직장은 성과를 내는 곳이고 또 그 성과를 내는 가장 좋은 방법이 자신이 원하는 일을 하는 것이다. 직장이니까 하기 싫은 일을 무조건 참고 해야 한다는 선배들의 고정관념에 흔들리지 않아도 된다. 신입사원이 자신에게 어울리는 일을 찾아가는 것은 본인의 삶을 윤택하게 하는 것은 말할 것도 없고 조직을 위해서도 아주 긍정적인 일이다.

때로는 그 과정이 시간이 걸릴 수도 있고, 서로의 이해관계 때문에 괴로울 수도 있을 것이며 때로는 외로울 수도 있을 것이다. 하지만 싫어하는 일을 참고 매일을 사는 것보다는 그것이 더 낫다고 생각한다.

일단 시작했으면 끝을 봐라

직장에 들어오는 순간 자신의 의지와 관계없이 하고 싶지 않은 일을 해야만 할 때가 많다. 이것은 직장의 현실이다. 하기 싫은 일은 하지 않아도 되지만 직장인이라면 어쩔 수 없는 상황이 늘 발생한다. 이제 싫어하는 일을 '어느 정도까지 참고 해야 하느냐' 혹은 '얼마나 참고 해야 하느냐' 하는 문제가 남는다. 이것을 단정적으로 일반화시키는 것은 불가능하다. 사람이 처한 상황은 모두 다르고 여건도 다르기 때문이다. 오직 자신이 책임질 수 있는 범위 안에서 판단하면 된다.

단, 자신이 원했던 일이든 본인은 원치 않았지만 상황에 따라 어쩔 수 없이 맡게 된 일이든 일단 하기로 했으면 끝을 봐야 한다. 자신이 도저히 못할 것 같거나 하고 싶지 않은 일은 처음부터 단호히 거부해야 하지만 가정형편이나 팀 동료들과 관계, 상사에 대한 눈치 등 이유가 뭐였든 일단 그 업무를 맡기로 했다면 끝을 봐야 한다.

P대리는 상사가 일을 시키면 두 번도 묻지 않고 "예 그거 제가 하겠습니다"라고 이야기한다. 그 일이 무엇인지 어떻게 하는 것인지 또 자신에게 어울림이 있는지는 생각도 하지 않는다. 그리고는 돌아서서 "아 씨, 진짜 짜증나게

아무거나 시키고 있어"라고 불평을 늘어놓는다. 여기까지는 좋다. 나 역시 부가적으로 떨어지는 업무가 반갑지만은 않은 것이 솔직한 심정이니까.

하지만 P대리는 상사가 시킨 그 일을 하는 둥 마는 둥 한다. 끝을 보지 않는다. 가끔 내가 걱정이 되어서 "P대리님, 그때 시키신 거 하고 있으세요?"라고 물으면 P대리는 "아, 그거 별로 중요하지 않은 일일 거야. 아마 자기가 업무지시한 것도 까먹고 있을걸. 괜찮아"라고 한다. 그리고 그 업무를 흐지부지하며 매듭을 짓지 않는다. 그 업무가 정말 중요하지 않아 다시 거론되지 않을 때도 있지만 시간이 조금 지나 상사가 어느 날 어찌 되고 있느냐며 결과 보고를 하라고 한 날이면 P대리는 어찌할 줄 몰라 진땀을 뺀다.

신입사원은 P대리같이 되어서는 안 된다. 그 일이 중요한가 그렇지 않은가 혹은 상사가 일을 시킨 걸 기억하고 있느냐 그렇지 않느냐도 중요한 것이 아니다. 중요한 것은 그 일을 내가 맡기로 했다는 사실이다.

나도 부가적인 업무를 맡을 때가 있다. 때로는 중요하지 않은 것일 때도 있고, 상사가 그냥 지나가는 말로 던지듯이 하는 지시일 때도 있다. 또 실제로 상사가 그것을 기억하지 못할 때도 많다. 하지만 나는 일단 그 일을 하기로 했으면 무슨 일이 있어도 일정에 맞추어 끝을 본다. 사정이 여의치 않아 주중에 다 끝을 내지 못했다면 주말이라도 출근을 해서 마무리를 짓는다. 그것은 프로페셔널이 되고자 하는 나 스스로와의 약속이기 때문이다.

프로페셔널은 자신의 일에 끝을 봐야 한다. 끝을 보지 못하는 업무는 아무런 성과를 낼 수 없다. 반드시 자기가 맡은 업무에 대해서는 끝을 봐야 한다. 신입사원 때는 업무를 잘하지 못해서 결과가 좋지 못할 때도 있다. 하지만 일의 끝맺음을 했다는 그것만으로도 좋다. 일의 결과가 다소 좋지 못하더라도 업무의 마무리 그 자체가 또 다른 성과이기 때문이다. 결과가 좋지 못하다면 최소한 다음부터는 다른 방법으로 해보아야겠다는 것을 깨닫게 되는 성과라도 얻게 되는 것이다.

또한 일단 시작했으면 끝을 보는 자세는 직장에서 자신의 평판을 좋게 해준다. '그 사람은 믿을 만한 사람이야' '일을 시키면 뭔가 확실히 해내는 사람이야'라는 평판을 얻게 된다. 이것은 직장인으로서 무엇과도 바꿀 수 없는 중요한 자산이 된다. 또한 직장에서 조금 더 중요한 일을 하면서 더 훌륭한 경력을 만들 수 있게 해주는 자산이다. 이 자산은 직장에서 다른 사람들에게 존중받을 수 있는 바탕이 된다.

일단 시작했으면 반드시 결과를 만든다는 것은 한 개인으로서 또 직장인으로서의 자부심이다. 누가 보지 않더라도, 중요하지 않은 일이라도 일단 시작했으면 반드시 끝을 내겠다는 자세는 스스로의 자부심이고 명예다. 이 자부심과 명예는 바로 스스로를 존중할 수 있는 바탕이 된다. 이것은 다른 사람들에게 존중받고 스스로를 존중하기 위해 신입사원들이 반드시 익혀야 할 자세다.

주인의식 좀 가져라

아이러니하게도 직장인의 건강한 주인의식은,
자신이 조직의 주인이 아님을
인정하는 것에서 시작해야 한다.

그냥 대충 하지, 누가 알아주냐고?

신입사원에게 주인의식은 매우 중요하다. 비단 직장에서 인정을 받고 경력의 사다리 위로 올라가기 위해서일 뿐 아니라 자신의 삶을 경영하는 데 있어서도 중요하다. 삶은 곧 태도다. 한 사람의 성취와 관련 있는 모든 것은 그 사람의 태도에 달려 있다. 신입사원으로 일을 하면서 주인의식이 없는 태도가 학습되면 그 태도는 삶의 전반적인 부분에 영향을 미친다.

"아, 대충 하지 뭐. 내가 이렇게 한다고 누가 알아주나. 돈을 더 주는 것도 아닌데"라고 말하는 신입사원들은 대부분 그 일이 자신의 일이 아니라고 생각한다. 즉 직장 속 자신의 일에 주인의식이 없는 것이다. 이런 친구들이 어느 날 다른 직장으로 옮긴다고, 또는 자신의 사업을 시작한다고 해서 어느 한 순간에 적극적이고 능동적인 삶을 살아내는 일은 있을 수 없다. 주인의식의 부재라는 삶의 태도는 쉽사리 변하지 않기 때문이다.

직장에서 훈련되고 학습된 주인의식은 삶에서 능동성과 적극성을 만들어낸다. 정확히 표현하자면, 직장에서의 주인의식은 개인보다는 조직에 더 긍정적인 것이 사실이다. 하지만 주인의식이라는 것에서 만들어지는 능동적이고 적극적인 삶의 태도는 개인의 삶을 경영하는 데 없어서는 안 될 중요한 요소다.

그래서 나는 직장에서의 주인의식은 조직과 개인 모두를 위해 아주 중요한 것이라고 생각한다. 신입사원은 마치 자기 일이 아닌 것처럼 업무를 방만하게 경영하는 상사를 닮으려고 해서는 결코 안 된다. 이러한 상사들은 남들보다 적게 일한다는 것에 묘한 쾌감을 느낄지는 모르겠으나 동시에 자신의 삶을 경영하는 중요한 태도까지 훼손한다는 사실을 신입사원들은 잊어서는 안 된다. 직장생활을 시작하는 신입사원에게 주인의식은 자신의 삶을 위해서라도 반드시 익혀야 할 바람직한 태도다.

나를 포함해서 이제 직장생활을 시작하는 친구들은 적게는 두세 번, 많게는 수도 없이 직장 또는 업무의 종류를 완전히 바꾸어야만 하는 상황을 맞이할 것이다. 이것은 전적으로 나의 견해만은 아니다. 제레미 리프킨의 《노동의 종말》, 피터 드러커의 《프로페셔널의 조건》 등에서 시대를 통찰한 현자들이 이미 그렇게 이야기하고 있다.

바로 이것이 신입사원들이 주인의식을 가져야 하는 본질적인 이유다. 시간이 흐르면 직장도 얼마든지 바뀔 수 있고, 하는 일 자체도 바뀔 수 있다. 수많은 변화 사이에 자신을 꾸준히 성장시킬 수 있는 유일한 동력은 일과 삶을 바라보는 태도다. 삶을 능동적으로 바라볼 수 있는 주인의식을 가지는 것이 이 변화무쌍한 세상에서 자신을 바로 세울 수 있는 거의 유일한 자산이다.

주인의식을 가진다고 주인이 되는 것은 아니다

삶은 언제나 모순 덩어리다. 그래서 균형을 잘 잡아야 한다. 가끔 신입사원들에게 주인의식을 꼭 가져야 한다고 이야기해주면 그것이 곧 자신이 직장의 주인이 되는 것이라고 오해하는 경우가 종종 있다.

주인의식을 갖는다는 것과 주인이 된다는 것은 전혀 다르다는 사실을 놓치면 안 된다. 프레데릭 테일러 혹은 헨리 포드로부터 지금까지 산업발달에 따라 현대경영학이라는 학문이 등장했다. 역사와 전통을 자랑하는 경영학이라는 학문이 아름답게 포장해놓은 포장지를 걷어내면 직장이라는 곳은 결국 '남의 일을 해주러 오는 곳'이다. 어떤 이는 받아들이고 싶지 않겠지만 사실이다. 아무리 열심히 해도 회사가 내 것이 되지는 않는다. 나와 직장을 동일시하는 것은 위험하다. 고용인으로서 급여를 받는 직장인들은 누구나, 언젠가는 그곳을 떠나야 하기 때문이다. 신입사원들도 이러한 직장의 속성을 알고 있어야 한다.

남의 일을 해준다는 것은 곧 그 일이 내 것이 아니라는 뜻이다. 대부분의 직장인들이 주인의식을 가져야 한다는 회사 안팎의 수많은 교육과 세뇌에도 그것을 가지기 힘든 근본적인 이유는 바로 이것이다. 특히 이제 막 직장생활을 시작하는 신입사원 때부터 이러한 교육을 받으면 '주인의식'을 가지는 것과 '주인이 되는 것'의 명쾌한 구분을 해내는 것이 더욱 어려워진다.

무조건적인 조직에 대한 충성심을 기반으로 한 가짜 주인의식은 자기기만으로 이어지게 마련이다. 어느 상사가 부하직원들에게 주말에도 일을 맡기면서 "회사가 곧 너희들의 것이라 생각하고 주말 특별 근무수당 같은 건 신청하지 마라" 명령했다고 가정해보자. 이 경우는 상사가 '주인의식'과 '주인이 되는 것'을 명확히 구분하지 못했거나, 그 둘의 차이를 정확히 알고 있으면서 부하직원들을 혹사시키기 위한 위선적인 자기기만일 확률이 높다. 자신의 기여에 대한 정당한 급여를 받는 것 또한 건강한 주인의식이기 때문이다.

어찌하면 '주인의식'과 '주인이 되는 것'을 명쾌하게 구분할 수 있을까? 아이러니하게도 직장인의 건강한 주인의식은 자신이 조직의 주인이 아님을 인정하는 것에서 시작해야 한다. 그래서 조직과 자신 모두를 위해 일할 수 있는 '연결고리'를 찾을 때까지는 건강한 주인의식을 가지기 힘들다.

자기 것이 아닌 것을 자기 것이라고 받아들이라고 강요하는 것은 기득권 유지를 위한 간교한 논리이거나 자연스럽지 못한 억지다. 진정한 '주인의식'과 '주인이 되는 것'을 명쾌하게 구분하지 못하고 직장생활에 헌신해온 상사들을 꽤나 보았다. 그런 상사들은 자신의 뜻과 무관하게 조직을 떠나게 되었을 때 비로소 무엇인가 잘못되었음을 깨닫게 되었다고 했다.

나의 직장상사 한 분은 직장을 떠나게 되었을 때 마지막 회식 장소에서 "20여 년을 정말 열심히 일했는데, 거기 진짜 내 것은 없다는 것을 이제야 알았다"라며 푸념을 하셨다. 마음이 아프지만 그는 강압되고 주입된 가짜 주인의식의 희생자라고 생각한다.

이제 시작하는 신입사원들이 분명히 알아야 할 것은 고용된 사람의 건강한 주인의식은 결코 거저 생기는 것이 아니라는 사실이다. 자신이 속한 조직과 개인의 비전을 연결할 수 있는 연결고리가 반드시 필요하다. 이 연결고리가 없는 '주인의식'은 '주인이 되는 것'과 혼동을 일으키게 될 개연성이 매우 높다. 조직과 개인의 비전을 잘 연결할 수 있는 '연결고리' 없는 주인의식을 가지면, 경력의 사다리의 상층부로 올라가더라도 결국은 직장에서는 성공했지만 삶에서는 실패한 '성공한 실패자'가 되게 된다.

주인의식을 갖게 하는 두 개의 연결고리

이 연결고리는 어려운 것이 아니다. 직장에 기여하면서 자신의 삶에도 기여할 수 있는 것이면 된다. 이야기가 추상적이 되는 것 같아 나의 이야기로 사례를 들어보겠다.

나는 회사 내에서 두 가지 연결고리를 찾았다. 첫 번째는 '신제품 개발' 업무다. 이것은 회사 내에서 상품기획 업무를 하고 있는 내게 매우 중요한 업무 중 하나이다. 나는 목표를 하나 세웠다. 2년 뒤 우리 회사 내에서 제일 유능한 신제품 개발 전문가가 되고, 다시 3년 뒤에는 동종업계에서 가장 유능한 신제품 개발 전문가가 되겠다는 것이었다. 그렇게 목표를 세우고 난 뒤에는 밤늦게 남아서 신제품 개발 업무를 진행하는 게 그리 힘들지 않았다. 회사를 위해 헌신하는 일이기도 하지만 나의 꿈을 위해 노력하는 것이기도 하기 때문이다. 이것이 내가 찾아낸 나의 비전과 조직의 비전을 연결하는 첫 번째 연결고리다.

두 번째 연결고리는 '직장생활' 그 자체다. 무슨 말인지 의아하게 생각할 수도 있겠지만, 직장생활을 하면서 겪는 에피소드, 고민, 극복사례와 같은 모든 경험이 나에게는 중요한 자산이다. 나는 언젠가 직장을 그만두면 직장의 고민과 애환을 함께 나누는 컨설턴트가 되고 싶다. 그래서 강연도 하고, 책도 쓰고, 다양한 사람들을 인터뷰하면서 제2경력을 준비하고 있다. 나의 꿈이라고 할 수 있는 제2의 경력에서 가장 중요한 것은 직장생활의 여러 가지 경험들이다. 그것은 무엇과도 바꿀 수 없는 소중한 자산이다. 지금 직장생활을 훌륭히 해내는 것은 회사를 위한 것이기도 하지만 나의 미래 고객들을 위한 자산이기도 하다. 그것이 바로 주인의식을 갖게 하는 연결고리이다. 지금 내가 쓰고 있는 책 역시 나의 꿈을 위한 준비의 연장이기도 하다.

결국 행복한 삶은 직장 안에서든 밖에서든 자신을 위해 일하는 삶이다. 아이러니한 것은 직장 안에서도 자신이 주인이라는 거짓 충성심이 아닌 건강한 주인의식을 가지고 자신의 업무를 경영하는 사람이 업무의 질 또한 높다는 것이다.

쉽게 말해 회사 내에서 하고 있는 업무와 경험은 회사를 위한 것이기도 하지만 자신을 위한 길로 만들 수 있다는 창의적인 발견과 그것을 가능하게 하는 발상의 전환이 필요하다는 것이다. 그저 하루를 때우는 사람이나 무조건적인 충성심을 기반으로 한 사람보다 건강한 주인의식을 가진 사람이 업무의 성취도가 높아지는 것은 자연스러운 일이다.

자신을 위해 최선을 다하면서 회사의 발전에도 공헌할 수 있는 연결고리를 찾아라. 남의 일 속에서 나의 일을 발견할 수 있다는 믿음을 가지고 일해라. 회사의 주인이 되는 것이 아니라 내 삶의 주인이 되는 것이야말로 건강한 주인의식이다. 조직에 대한 무조건적인 충성심이 미덕이었던 시대는 지나갔다. 자신을 위한 충성심이야말로 진정한 주인의식이다.

들소 떼처럼 **살지 마라**

회사에 지켜야 할 규율이 있다면 지켜라. 회식이 있다면 가라.
사람들과 소통하고 화합하는 것에 인색해하지 마라.
단, 집단의 소속감이 주는 맹목적인 안전함에는 빠지지 마라.

인디언이 들소 떼를 사냥하는 법

인디언들은 들소 떼를 잡을 때 특이한 방법을 사용한다. 사람들은 눈이 둘 다 앞쪽을 보고 있기 때문에 달려가면서도 앞을 잘 본다. 하지만 들소는 우리가 흔히 보는 소처럼 눈이 옆에 달려 있다. 그래서 앞으로 달려갈 때도 사실은 옆을 보고 달리는 셈이다. 게다가 들소들은 일단 두려움으로 흥분을 하면 아예 머리를 숙이고 내달리는 습성이 있다. 그나마 옆에 있는 눈도 무용지물이 되는 셈이다. 그래서 들소는 혼자 움직이는 것보다 떼로 움직이는 것이 편하다.

지혜로운 인디언들은 이러한 들소들의 특성을 놓치지 않는다. 일단 몇 명이 들소들에게 겁을 주며 흥분시킨다. 그리고 들소들을 절벽 쪽으로 점점 몰고 간다. 그러면 흥분한 들소들은 머리를 숙이고 앞에 가는 들소의 꽁무니만 보며 내달린다. 그리고 절벽에 임박하면 불행한 사태가 발생한다. 앞에 있는 들소들이 뒤에 있는 들소에게 떠밀려서 절벽 아래로 떨어지는 것이다. 그리고 뒤쪽에 있는 들소들은 달려오던 관성 때문에 멈추지 못하고 함께 절벽 아래로 떨어지게 되는 것이다. 그러면 절벽 아래에 기다리고 있던 인디언들은 떨어진 들소들을 들쳐 메고 유유히 사냥을 끝낸다.

들소들이 참으로 어리석지 않은가? 하지만 우리네 직장에도 이러한 사람들이 적지 않다. 인간은 원시 시원부터 각인되어 온 공통적인 잠재 무의식이 있다. 높은 곳에 올라가면 무서움을 느낀다든지, 자신보다 덩치가 큰 것에 위압감을 느낀다든지 하는 것들 말이다.

사람들은 이런 것을 본능이라고 부르기도 한다. 이 본능 중에는 무리에 속해야 안전함을 느끼는 성향도 있다. 원시 시절부터 지금까지 인간은 사자나 호랑이의 이빨과 발톱 같은 위협적인 무기도 없고, 코끼리나 공룡들처럼 압도적인 크기도 없었으니 함께 뭉쳐 다니는 것으로 자신을 보호하고 안정감을 얻는 본능이 생긴 것은 당연한 것일 수도 있다.

하지만 문명화된 현대에는 무리에 속하는 것이 반드시 현명한 것은 아니다. 대부분의 직장인들은 '다수'에 들어가려고 애를 쓴다. 그래서 늘 주위를 살핀다. 설사 틀리고 잘못된 길일지라도 다수이기 때문에 구제받을 수 있을 거라고 믿는다. 대세와 주류에 편승해 있으면 별 탈 없이 무난한 일상을 보낼 수 있다고 믿는 것이다.

단지 다수라는 무리에 속해 있는 것으로 안정감을 느끼는 사람은 들소에 지나지 않는다. 고개를 들어 자신이 처한 주위를 살피고 지금 있는 곳에 대한 성찰이 없는 집단의 안정감은 위험하기 짝이 없다.

N과장은 항상 사람들과 몰려다닌다. 그리고 다른 사람들의 눈치를 살피느라 정신이 없다. N과장이 후배들에게 강조하는 것은 소통과 화합이다. 항상 후배들에게 무엇을 하든 많은 사람들과 함께하는 것이 중요하다고 말하고, 새로운 생각이나 다수와 다른 생각은 옳지 못한 것이라고 단정한다. 소위 말해서 '튀지' 말라는 것이다.

그리고 중요한 의사결정을 할 때도 자신의 의견보다는 다른 사람들은 어찌했는지, 다른 사람들은 어떻게 생각하는지가 기준이다. 옳은 결론을 찾는 것이 아니라 많은 사람들이 손을 들어줄 결론을 찾는다. 그가 그토록 역설했던 소통과 화합은 사실은 부족한 자신감과 업무능력에 대한 포장이며, 집단 속에서 안정감을 얻으려는 안이함이다. 실제로 N과장은 다른 사람들의 관례와 선례, 그리고 눈치를 보느라 타이밍을 놓쳐 일을 그르치는 경우가 많았다.

N과장은 고개를 들어 주위를 살피며 자신의 현재 상황을 객관적이고 합리적으로 살피지 않는 들소다. 오직 무리에 속한 안정감으로 무난하게 살고 싶은 것이다. 하지만 안타까운 것은 N과장이 그토록 원했던 무난한 삶의 결과가 절벽 끝 낭떠러지라는 사실이다. 다만 들소들의 질주와 조금 다른 점은 본능적으로 달려나가는 시간이 단 몇 분이 아니라 몇 년이라는 차이만

있을 뿐.

진리는 다수결이 아니다

직장이라는 공간은 정도의 차이가 있을 뿐 지켜야 할 규율이 있게 마련이다. 명시적으로 기록해놓은 규율도 있고 암묵적으로 통용되는 것들도 있다. 그래서 규율에 어긋나는, 소위 '튀는' 행동은 항상 제재의 대상이 된다.

'튀는' 행동이 명시적으로 기록된 회사의 규율에 반하는 것이라면 자제하는 게 옳다. 많은 사람이 함께 일하는 회사에서의 공공의 선이거나, 공공의 이익을 대변하는 규범인 경우가 많기 때문이다. 출근시간을 지킨다든지, 회사 내의 보안사항을 준수하는 것이든지, 업무적 절차를 준수하는 것들 말이다.

하지만 선배들이나 상사들의 암묵적인 규율이나 다수와 다른 것에 대해 느끼는 위화감으로 신입이나 후배사원들을 제재하는 것은 문제가 있다.

H대리는 담배를 피우지 않는다. 그래서 팀 사람들끼리 담배를 피우러 나갈 때 함께 가지 않을 뿐더러 점심식사 후에 담배를 피우며 이야기를 나눌 때도 먼저 사무실로 올라온다. 하지만 팀 사람들은 H대리에게 소통과 화합을 하는 데 인색하다며 암묵적인 핀잔을 준다.

또한 H대리가 속해 있는 팀은 아침에 출근하면 업무 시작 전 다 같이 모여 커피를 마시면서 시시한 농담 따먹기로 하루를 시작한다. 처음에는 H대리도 팀원들과 함께 아침마다 커피를 마시며 농담도 하고 일상적인 이야기를 나누었다. 하지만 그는 매일 아침 반복되는 농담 따먹기가 의미 없이 느껴졌고, 시간도 아깝다고 느껴졌다. 그래서 아침 커피 타임과 점심시간에 담배를 피우며 이야기하는 시간에 빠지기로 했다. 그 대신 하루 30분씩 두 번을 자신의 발전을 위해 책을 읽는 데 할애했다. 사소한 일이지만 H대리는 아무 생각 없이 달리는 들소 떼로부터 빠져나오는 연습을 시작한 것이다. 다수의 기준이 아니라 자신만의 기준으로 생각하고 판단할 수 있다는 것은 생각보다 용기를 필요로 하는 일이다.

무리를 벗어난다는 것은 불안하고 또 두려운 일이다. 담배를 피우는 자리에서 내가 꼭 알아야 할 중요한 정보가 나눠지고, 이 때문에 나중에 나만 불이익을 받을 것 같고, 또 내가 없으니 사람들이 나의 뒷담화를 할 것 같은 본능적인 불안함이나 두려움도 있다.

실제로 H대리가 동료 중 한 명에게 매일 그렇게 나가서 할 이야기가 많으냐고 물었더니, 동료의 대답은 이랬다.

"매일 시시껄렁한 농담이나 하는 거지 뭐. 아침에 회사 오면 왠지 불안하고 답답한데, 그래도 사람들이랑 같이 있으면 좀 나아지는 것 같아. 또, 다 가는데 혼자만 안 가면 좀 왕따 같잖아."

이것은 분명 무리에 속해 있음으로 안정감을 찾는 들소들과 크게 다르지 않은 행동이다.

조금만 객관적이고 합리적으로 생각해보면 별로 신경 쓸 만한 문제가 못 된다. 자신이 정말 알아야 할 중요한 정보는 어떤 식으로든 결국 알게 되어 있다. 또 자신의 뒷담화를 두려워하는 것 역시 크게 신경 쓸 문제가 못 된다. 세상의 그 어떤 사람도 모든 시간에 모든 장소에 있을 수는 없다. 어차피 자신에 대해 욕할 사람은 언제든지 할 수 있다. 자신이 신경을 쓰든 말든 어차피 자신이 통제할 수 없는 문제라는 말이다. 따라서 크게 신경 쓸 필요가 없다.

진리는 다수결이 아니다. 다른 사람들이 다 그렇게 한다고 해서 반드시 내가 그렇게 해야 하는 것은 아니다. 그것은 현명한 방법도 안전한 방법도 아니다. H대리는 정신없이 돌아가는 직장 속에서 하루에 한 시간이라는 자신만의 시간을 만들었고, 그 시간 동안 책을 읽고 고민하고 사색하면서 그저 주어진 일을 하는 사람이 아니라, 어떻게 직장생활을 하는 것이 옳은지 또 어떻게 삶을 사는 것이 옳은 것인지 스스로 고민한다. 그 매일의 시간이 모여 10년이 된다면 어찌 되겠는가? 분명 사소한 일이지만 누적된 사소함이 10년이라는 세월 속에서 숙성되면 떼로 몰려다니는 것에 안정감을 느끼는 사람들과는 전혀 다른 성취를 이룰 수 있을 것이다. 직장 안에서든 밖에서든 상관없이 말이다.

자신만의 길을 묵묵히 걸어서 위대한 성취를 이룬 사례는 셀 수도 없이 많다. 그들은 대부분 너무 위대해져서 평범한 우리들과는 마치 전혀 다른 사람들처럼 보인다. 이미 눈치 챈 독자들도 있겠지만, 위의 H대리는 나다. 다수에 속해 있다는 것이 현명한 것도 안전한 것도 아니라는 사실을 깨닫고 난 이후 나는 매일 한 시간을 나에게 썼다. 직장생활이라는 것을, 나의 삶이라는 것을 진지하게 고민했고, 읽었고, 또 썼다. 그렇게 4년이라는 시간이 지났다. 쓸데없는 짓이라 무시하는 사람도 많았다. 또 자신과 다른 모습을 못마땅해 하는 사람도 있었다. 때로는 외롭고, 불안하기도 했지만 개의치 않았다. 그 사소한 변화로 조금씩이지만 무리로부터 벗어나 나의 힘으로 생각하는 힘을 가지게 되었다.

그리고 그 사소한 하루 한 시간이 조금씩 누적되자 주말에는 그것들을 조금씩 정리하고 체계화했다. 그리고 어느 날 나는 이것을 한 권의 책이라는 성취로 만들고 싶어졌다. 스스로와의 약속이었다. 평범한 직장인이지만 나름대로 자신만의 삶을 걸어가고 있는 사람이 여기에 있다고 외치고 싶었다. 그 외침은, 이룰 수 있는지 없는지에 대한 확신은 없었지만 스스로와의 절실한 약속이었다.

그 약속의 결과가 바로 당신이 지금 읽고 있는 이 책이다. 위대한 사람들의 성취에 비하면 아주 보잘것없는 것이지만 나는 이 성취가 자랑스럽다. 내가 한 권의 책을 낼 수 있었다는 사실보다 내가 무리로밖에 존재할 수 없는 것이 아니라 이 한 권의 책으로 비로소 '나'로 존재할 수 있게 되었다는 사실이 자랑스럽다.

그렇다고 신입사원들에게 무조건 책을 쓰라는 말이 아니다. 다만 다수의 생각에 자신의 생각이 압도되어서는 안 된다는 말이다. 일을 정말 잘하기 위해서도, 삶을 행복하게 잘 살아내기 위해서도 머리를 숙이고 달리는 들소 떼처럼 살아서는 안 된다.

회사에 지켜야 규율이 있다면 지켜라. 회식이 있다면 가라. 사람들과 소통하고 화합하는 것에 인색해하지 마라. 단, 집단의 소속감이 주는 맹목적인 안전함에 빠지는 것은 경계해야 한다. 진리는 결코 다수결이 아니다. 다수보다 더 큰 야심이 있는 사람, 더 큰 꿈이 있는 사람, 더 위대해지고자 하는 사람은 자연히 다수에게 이질감을 줄 수밖에 없다. 역사가 그리 말해준다. 다른 사람들의 관례와 선례에 얽매여 자신의 잠재력을 소진해서는 안 된다. 들소들의 전력 질주는 절벽을 향한다는 사실을 우리는 결코 잊어서는 안 된다.

네 개의 유리공을 위한 휴식

상처 입기 쉬운 4개의 유리공을 돌보기 위해서는 최소한의 용기와 시간, 그리고 열의가 필요하다. 이것들은 스스로를 돌아볼 수 있는 '휴식'이라는 여백을 통해서만 얻을 수 있다.

기억하라, 일은 삶의 전부가 아니다

"인생을 공중에서 다섯 개의 공을 돌리는 저글링이라고 생각해보자. 각각의 공을 일, 가족, 건강, 친구, 그리고 영혼이라 명명하고, 모두 공중에서 돌리고 있다고 생각하자. 조만간 당신은 일이라는 공은 고무공이어서 떨어뜨리더라도 바로 튀어오른다는 것을 알게 될 것이다. 그러나 다른 네 개의 공(가족, 건강, 친구, 영혼)은 유리로 되어 있다는 것도 알게 될 것이다. 만일 당신이 이 가운데 하나라도 떨어뜨리면, 떨어진 공들은 닳고, 상처 입고, 긁히고, 깨지고, 흩어져버려 다시는 예전과 같이 될 수 없을 것이다. 당신은 이 사실을 이해하고, 당신의 인생에서 이 다섯 개의 공들의 균형을 갖도록 노력해야 한다."

– 코카콜라 회장, 더글라스 대프트의 신년사 중에서

유능하고, 의욕적이며 야심이 큰 신입사원들이 꼭 알아야 할 것이 있다. '일은 삶의 전부가 아니다'라는 사실이다. 우리는 이 명백하고도 단순한 사실을 잊은 듯이 하루하루, 일이 모든 것인 것처럼 살아간다. 크게 고민하지 않는 삶을 살아왔다면 이 글을 읽고 있는 사람도 그럴 확률이 높다.

삶은 가족, 건강, 친구, 일 그리고 자신의 존재 자체의 적절한 조합이다. 무엇 하나 소중하지 않은 것이 없다. 가족이 없으면 그 삶은 척박해지며, 건강하지 않다면 자신의 삶을 온전히 누릴 수 없으며, 함께 삶을 나눌 친구가 없으면 외롭기만 한 삶이 될 것이며 자신을 세상에 표현하고 밥벌이를 할 수 있는 일이 없다면 삶은 곤경에 빠질 것이다. 또한 살아가면서 자신(자아)에 대해 고민해보지 않는다면 앞의 모든 것들의 의미를 찾을 수 없을 것이다.

바쁜 직장인들은 늘 '중요한 일'과 '급한 일' 속에서 고민하며 살아간다. 가족, 친구, 건강, 자신의 존재에 대한 것은 대체로 중요한 일이고, 자신의 일에 관련된 것들은 대개 급한 일에 속하는 경우가 많다. 현대인들은 중요한 것이 무엇인지 알고 있다. 하지만 급한 일을 처리하느라 삶의 대부분을 보낸다. 그리하여 정작 중요한 일은 뒤로 밀리게 되는 것이다.

멀리서 찾을 것도 없다. 나의 경우만 보더라도 직장에서의 성취욕과 업무에 대한 책임감으로 일에 너무 많은 시간과 에너지를 쏟아왔다는 사실을 부인할 수 없다. 직장에 들어간 뒤, 일을 핑계로 소중한 가족들에게 무심해졌고, 평생을 함께 가야 할 소중한 친구들의 결혼식에도 참석하지 못하는 일이 다반사였다. 또 과도한 업무 때문에 건강에 적신호가 온 적도 있었다. 중요한 일보다 급한 일을 하느라 정신없이 달려왔다는 것을 나 역시 부정할 수 없다.

코카콜라의 회장, 더글라스 대프트의 말처럼 나 역시 언제든 튀어오를 수 있는 고무공에 너무 집중한 나머지 한 번 떨어뜨리면 상처가 나거나 깨져 버릴지도 모르는 네 개의 유리공(가족, 건강, 친구, 건강, 자아)을 함부로 한 것이다.

상처 입기 쉬운 네 개의 유리공을 돌보기 위해서는 최소한의 용기와 시간 그리고 열의가 필요하다. 이것들은 스스로를 돌아볼 수 있는 '휴식'이라는 여백을 통해서만 얻을 수 있다. 그리고 직장 속에 매몰되어서는 결코 진정한 휴식을 얻을 수 없다.

진정한 휴식은 그저 물리적인 쉬는 시간의 확보만을 의미하는 것이 아니다. 대부분의 직장인들은 일단 급한 일부터 하고 나중에 쉬면 된다고 생각한다. 하지만 주중에 모든 것을 다 쏟아낸 뒤 주말에는 다음 주의 과중한 업무 걱정에 밀린 잠을 자고, 다음 주 업무를 대비하기 위해 휴식시간의 대부분을 방전된 휴대폰을 몰아서 충전하듯이 에너지를 재충전하는 데 사용하게 된다.

또 다른 일의 준비를 위한 휴식은 아무런 여백을 만들지 못한다. 업무의 긴장감과 과도한 책임감으로부터 잠시 일정한 거리를 둘 수 있는 휴식만이 진정한 여백을 만들 수 있다. 그리고 진정한 휴식만이 정작 중요한 네 개의 유리공을 위한 여유를 만들 수 있다.

소중한 사람을 위한 휴식도 필요하다

삶은 시간이다. 소중한 사람과 함께 살아간다는 의미는 단순하고 명쾌하다. 함께하는 시간을 공유하는 것이다. 여기서의 시간은 물리적인 시간만이 아니다. 주말에 집에서 가족들과 함께 있기는 하지만 주중에 열심히 일했으니 피곤해서 잠을 잔다는 식의 물리적 시간의 공유는 별 의미가 없다.

정서적 교감이 없는 물리적 시간의 공유는 함께 있지만 서로 외로움과 허전함을 느끼게 하는 더 심각한 문제만을 발생시킬 뿐이다. 중요한 것은 정서적 교감과 대화다. 물리적 시간이라는 것도 정서적 교감과 대화를 할 수 있는 최소한의 자원으로서 의미를 가지는 것이지, 단순히 같은 공간에서 함께 있는 것만으로 가족이라는 중요한 유리공을 소중하게 다룰 수 없다.

평범한 사람들은 이해하기 힘든 예를 하나 들어볼까 한다.

미국 클린턴 대통령 당선과 함께 경제정책 인수 팀을 이끌었고 새 행정부의 인사에 막강한 영향력을 행사하며 노동부 장관으로 임명되었던 '로버트 라이시'라는 사람이 있다. 그는 미국 노동부장관으로서 새벽부터 밤늦게까지 일에 빠져 바쁘게 살아가는 미국의 전형적인 성공한 주류였다. 하지만 어느 늦은 밤, 아들과의 짧은 대화로 그의 인생은 완전히 바뀌게 된다.

"얘야 뭐 갖고 싶은 것 없니?"

"갖고 싶은 것 없어요. 그냥 내가 잠들기 전에 아빠가 집에 있었으면 좋겠어요."

그는 한동안 멍하게 앉아 있었다. 그리고 다시 숨 쉴 틈 없는 바쁜 일상으로 돌아왔지만, 아들과의 짧은 대화가 귓가를 떠나지 않았다. 그리고 그는 며칠 후 돌연 장관직을 사임했다. 장관으로서의 지위와 사회적 성공을 향한 열정을 접고 소중한 가족들에게 돌아왔다. 분명 쉽지 않은 결정이었을 것이다. 고무공은 다시 튀어오르지만 유리공은 깨어질 수 있다는 진리에 충실한 현명한 선택이었다. 하지만 나와 같은 범인으로서는 비범한 용단이라고밖에 말할 수 없다.

당시 로버트 라이시 장관의 돌연한 사퇴는 미국 전역에 뜨거운 이슈가 되었고, 성과 지상주의에 빠진 미국인들에게 진정으로 소중한 것이 무엇인지 물을 수 있는 사회적 질문을 제공하기도 했다.

나는 한 아이의 아버지이며 한 여자의 남편이다. 그들은 나에게는 무엇보다 소중한 사람들이다. 분명 그들은 지금 나의 일보다 더 중요하다. 그것을 잊지 않고자 노력한다. 사랑하는 가족을 위해 더 열심히 일하고 더 책임감 있는 직장생활을 해야 할 때도 있지만, 때로는 그 반대의 경우도 있을 수 있다는 것을 스스로에게 매일 되새긴다.

이제 시작하는 신입사원들 역시, 자신에게 진정으로 중요한 것이 무엇이고, 직장은 과연 나에게 어떠한 의미인지 스스로에게 물을 수 있어야 한다. 그것은 실제로 구체적 업무를 잘 진행하는 것보다도 중요할 수 있다.

건강을 잃으면 모든 것을 잃는 것이다

또 하나의 중요한 유리공인 건강은 어떠한가. 일을 아무리 잘하든, 그렇지 않든 아프면 말짱 꽝이다. 건강을 잃으면 정말 모든 것을 잃는 것이다. 직장인

중 87.8퍼센트가 직장에서의 업무 스트레스로 심리적·신체적 이상을 겪고 있는 것으로 나타났다. 잡코리아가 이코노미플러스와 함께 남녀직장인 917명을 대상으로 '직장인 조직 피로도'에 대해 조사한 결과다.

전체적인 통계 수치를 보지 않더라도 직장인들 중에 크고 작은 건강에 이상이 있다는 것은 이제 당연한 것처럼 받아들여지고 있다. 신입사원들도 곧 알게 되겠지만, 더욱 안타까운 것은 대부분의 직장인이 혹여 건강상의 문제로 인사에 불이익을 당할 것을 우려해 자신의 건강 이상을 솔직히 말하지 못하고 숨긴다는 점이다.

이 설문조사에서는 건강 이상을 유발하는 스트레스의 주요 원인으로 '과도한 업무량'이 34.5퍼센트로 가장 많았고, 회사의 비일관적인 정책이 18.5퍼센트, 무책임한 상사 13.0퍼센트, 과도한 성과 창출 요구 11.3퍼센트, 창의적 아이디어에 대한 부담 11.3퍼센트 순으로 나타났다. 결국은 과도한 업무와 적정 수준 이상의 긴장감이 건강 문제를 유발한다는 이야기다.

여기에서 중요한 문제를 짚고 넘어가고자 한다. 직장인은 피고용자다. 피고용자는 자본가가 아니므로 자신의 지적, 육체적 노동력을 팔아서 삶의 경제적인 부분을 영위한다. 즉, 피고용자에게 가장 큰 자산은 바로 자신의 건강이다. 그런데 일을 위해 건강을 돌보지 않는다는 것은 뱀이 배가 고프다고 자신의 꼬리를 먹어 들어가는 것과 별반 다르지 않다.

멀리 갈 것도 없이 나 역시 일을 하다 역류성식도염 판정을 받은 적이 있다. 아마 많은 직장인들이 겪어본 건강 문제일 것이다. 과도한 업무와 스트레스 때문이었던 것 같다. 몸이 아프면 자신의 삶 자체에 회의가 들 때도 있으니, 신입사원들은 열심히 일하는 것도 좋지만 항상 자신의 건강을 보살펴야 한다.

서울에서 부산까지, 나를 찾아 떠난 자전거 여행

가족과 친구, 건강 등의 문제에 가장 근본적인 영향을 미치는 것이 바로 자신에 대한 '고민'이다. 너무나 바쁘면 자신이 있는 곳이 어딘지, 내가 정작 가고자 하는 곳이 어디인지 스스로에게 물을 겨를도 없다. 그저 내 앞에 주어진 일을 해 나갈 뿐.

자신에 대한 철학과 삶에 대한 가치관이 정립되지 않은 수많은 선배 직장인들을 보았다. 겉으로는 무엇인가를 이루고, 흔들리지 않는 자신만의 삶의 방향이 있는 듯 행동하지만, 대부분 하나같이 허약하고 유약한 존재들이었다.

상사의 말 한 마디에, 주위의 평가에 천국과 지옥을 오가며 일희일비하고, 불안감을 이기지 못해 폭음을 하기도 하고, 직장에서의 권력이 헛됨을 잘 알고 있으면서도 그것을 위해 모든 것을 희생하고 달려간다. 회식 때마다 거뜬히 임원까지 달 거라며 호언장담하는 부장도 가방 깊숙한 곳에 넣어둔 '귀농 길잡이'란 책을 부여잡고 고민하는 것이 직장인들의 슬픈 현실이다.

자신의 존재에 대한 고민을 통해 자기만의 철학이 바로 서지 않으면 가족, 친구, 건강, 일에 대한 균형을 잡기란 불가능하다. 신입사원이든 부장이든 임원이든 관계없이 모두에게 적용되는 사실이다. 자신에 대한 철학과 삶에 대한 가치관을 정립하여 단단한 자아를 만들어가는 과정은 언제나 바쁘고 긴박한 직장인들에게 반드시 필요하다. 모든 관계의 중심은 자신이므로 자신이 바로 서지 못하면 주위의 모든 것이 흔들리는 것은 당연한 일이다.

직장인들에게는 자신만의 철학을 세우기 위한 적절한 휴식이 정말 필요하다. 자신의 철학을 바로 세우기 위해서는 자신의 존재에 대한 깊은 성찰이 필요하고, 여기에는 삶의 여백이라는 적절한 휴식이 필요하다. 다른 사람의 목소리가 아닌 자신의 내면의 목소리에 집중할 수 있는 물리적 시간과 공간이 필요하다. 이것은 뭐 대단한 철학적 사유를 하라는 뜻이 아니다. 어렵게 생각할 것 없다.

많은 신입사원들처럼 나 역시 신입사원 시절 회사를 그만두기 직전까지 가는 심각한 직장 우울증으로 힘들어 했다. 어느 정도였냐고? 우울증을 겪는 동안에는 일요일 저녁이면 다음 날 회사에 가는 것이 두려워 자취방에서 혼자 울곤 했다. 더 가관인 것은 여느 날과 다름없는 일상적인 아침에 갑자기 무엇이 그리 서러웠는지 업무를 하다 감정이 북받쳐서 화장실에 뛰어가 혼자 소리도 내지 못하고 울기도 했다.

쓰다 보니 좀 창피하긴 하지만, 어쨌든 나는 정말 이대로는 안 되겠다고 판단했다. 정말 내가 먼저 죽을 것 같다는 불안감이 밀려왔기 때문이었다.

팀에서 다소 급한 현안 문제들이 있는 시기였지만 무리를 해가면서까지 일주일간의 휴가를 내고 서울에서 부산의 부모님 집까지 자전거를 타고 혼자 여행을 했다. 그 일주일의 시간 동안 국도를 쉬지 않고 달렸다. 내가 내달리던 그 국도변에는 아무도 없었다. 사람이라고는 나 혼자뿐인 시간이 대부분이었다. 살면서 그토록 철저하게 혼자였던 적은 없었다. 그것은 내 삶의 여백이었고 그 여백으로 인해 나는 누구의 목소리에도 귀 기울지 않고 온전히 내면의 나와 조우할 수 있었다.

내가 지금 무엇이 문제이고 또 내가 왜 힘들어하는지, 그리고 내가 어떤 존재인지에 대해 끊임없이 물었다. 사춘기 때도 겪지 않았던 우울증의 정체가 무엇인지 알아야만 했다. 정말 절박했다. 아마 그렇게 절박했기 때문에 외향적인 내 성격에 스스로에게 그렇게 깊이 들어가 볼 수 있었을 것이다.

일주일의 여정을 끝으로 부산의 부모님 집에 도착했을 때, 물론 내가 겪고 있는 일련의 문제의 해답을 찾은 것은 아니었지만, 내가 무엇 때문에 힘들었는지에 대한 본질을 꿰뚫을 수 있었다. 그리고 내가 앞으로 어찌해야 하는지 또 나란 존재가 어떤 존재인지에 대한 충분한 힌트를 얻을 수 있었다.

지금도 신입사원들이나 후배들이 직장생활의 여러 가지 고민들로 상담을 부탁해올 때면 아무와도 만나지 말고 스스로와 조우할 수 있는 휴식기를 가지라고 말해준다. 이거 진짜 도움 된다. 경험자로서 말하는 것이니 다음에 나와 비슷한 증상을 앓거든 한번 써먹어 보길 권한다. 진정한 자신과 만날 때 비로소 자신에게 대해서 알게 되고 그로 인해 자신만의 철학과 가치관이 생겨나게 되는 것이다.

epilogue

나의 마지막 '설렘'을 전하며

나는 어려서부터 마지막의 설렘을 참 좋아했다. 무슨 책이었는지 정확히 기억나지는 않지만 어렸을 적 피아노 학원에서 짧은 위인전을 한 권 다 읽고 마지막 장을 넘기던 그 순간의 설렘을 아직도 잊지 못한다. 책의 내용이 감동적이었기 때문이 아니라, 아마 처음으로 책을 한 권 다 읽었다는 뿌듯함 비슷한 감정이 아니었을까 싶다. 초등학교, 중학교, 고등학교, 대학교 시절에도, 졸업식이라는 마지막에는 늘 묘한 감정에 설레었고, 군대를 제대하기 전날에도 나는 마지막이라는 설렘에 가슴이 두근거렸다.

시간이 흘러 그 감정의 원형이 무엇인지 알게 되었다. 내가 느낀 마지막이라는 설렘의 정체는 고단한 일상의 추억이었고, 지나온 시간에 대한 자부심이었다. 그래서 열심히 하지 않았던 과정의 마지막에는 그 묘한 설렘이 없었던 이유도 이제는 알게 되었다. 때로 일상은 고단하고 지루하며 막막하다. 하지만 나는 끊임없이 스스로를 뜨겁게 열정적일 수 있도록 설득한다. 그래야만 언젠가 만나게 되는 마지막의 설렘을 느낄 수 있기 때문이다.

모든 밥벌이가 그렇듯, 직장 또한 고단하고 지루하며 때로는 막막하다. 가끔은 하루를 그저 때우며 아무 생각 없이 대충 살고 싶은 욕망이 수시로 찾아든다. 그럴 때마다 나는 직장생활의 마지막을 생각한다. 원하든 원하지 않든 언젠가는 찾아오게 될 직장생활의 마지막에 마음껏 설레고 싶다. 나를 직장생활 마지막으로 데려가는 그 순간에는 지금의 삶의 고단함, 지루함, 막막함이 가을 저녁의 선선한 바람 같은 고즈넉한 추억이 된다. 그리고 지금 이 순간이 얼마나 소중한 것인지 깨닫게 된다.

나는 마지막으로 지금의 신입사원들에게 이 '마지막의 설렘'을 전해주며 이 글을 마칠까 한다.

직장은 현실이고 그 현실은 당신이 생각한 것과 많이 다를 것이다. 자존심이 상하는 일도 있을 것이고, 눈물 나게 억울한 일도 있을 것이고, 정말 꼴도 보기 싫은 사람도 있을 것이다. 견디지 못할 정도로 외로운 날들도 분명히 있을 것이다. 나 역시 그러했다. 하지만 현실은 바뀌지 않는다. 다만 내가 변할 수 있을 뿐이다.

힘들고 지치고 외로울 때는 직장생활의 마지막으로 자신을 데려가라. 치열했던 고3의 마지막 졸업식 날 기분이 어떠했는가? 정말 이제 지긋지긋한 생활 끝내서 마냥 좋기만 했는가? 아마 아닐 것이다. 무엇인가 조금의 섭섭함과 내가 놓쳤던 것들에 대한 미련이 아련하게 남았을 것이다.

나는 직장생활 역시 그러할 것이라 생각한다. 지금 힘들고 답답한 직장이라는 현실 또한 마지막 졸업식 날이 되면 현재 자신의 모습에 조금은 미련이 남게 될 것이다. 자신을 직장의 마지막 날로 데려가는 순간, 지금의 힘듦은 추억이 된다. 정말 꼴도 보기 싫었던 선생이나 친구들이 가끔 생각나듯 직장 역시 그러하리라. 그러고는 직장의 마지막 날에서 다시 현재로 자신을 데려오면 그나마 조금은 더 견뎌낼 만할 것이라고 생각한다. 그리고 그렇게 하루하루를 충실히 살아내고 진짜로 다가올 직장생활의 마지막 날에는 잔잔한 '마지막의 설렘'의 감동을 한껏 느낄 수 있기를 진심으로 바란다.

모든 신입사원들이 행복한 밥벌이를 찾게 되기를 바라는 심정으로 이 글을 썼다. 대한민국 모든 신입사원들을 진심으로 응원한다. 긴 글 읽어주어 감사하고 때로는 까칠하게 썼던 글들도 행간의 애정을 헤아려 이해해주기를 바란다.

대한민국 신입사원들 파이팅이다.